Godehard Schramm

Mein Gardasee

Mein Gardasee

Eine literarische Liebeserklärung
an eine Landschaft von
Godehard Schramm

Herbig

Für Ingrid –
mit Dank seit 1974

1. Auflage 1999
2. durchgesehene Auflage 2001

Schutzumschlag: Wolfgang Heinzel, München, unter Verwendung des Motivs Karl Friedrich Harveng: »Partie am Gardasee« (AKG Berlin)
Vor- und Nachsatzmotiv: Prof. Winfried Schmidt, Nürnberg
Satz: Uhl + Massopust, Aalen
Gesetzt aus 9,75/10,5 Punkt / Stempel Garamond
Druck und Binden: Wiener Verlag, Himberg
Printed in Austria
ISBN 3-7766-2078-1

Inhalt

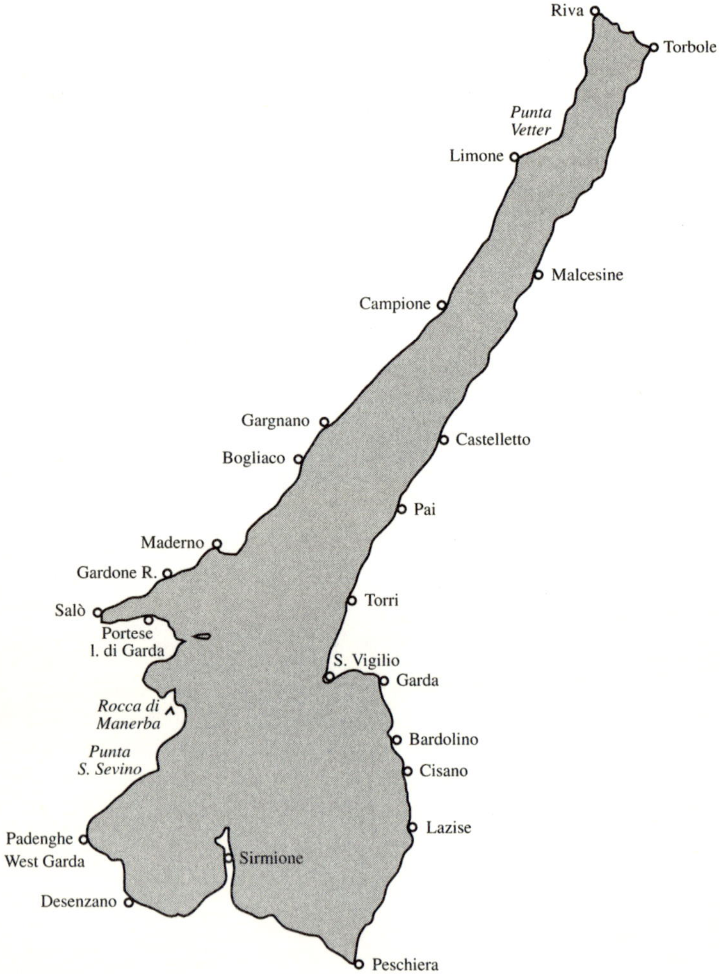
Riva
Torbole
Punta
Vetter
Limone
Malcesine
Campione
Gargnano
Castelletto
Bogliaco
Pai
Maderno
Gardone R.
Torri
Salò
Portese
I. di Garda
S. Vigilio
Garda
Rocca di
Manerba
Bardolino
Punta
S. Sevino
Cisano
Lazise
Padenghe
West Garda
Sirmione
Desenzano
Peschiera

»Heute abend hätte ich können in Verona sein,
aber es lag mir noch eine herrliche
Naturwirkung an der Seite, ein köstliches Schauspiel,
der Gardasee, den wollte ich nicht
versäumen und bin herrlich für meinen Umweg
belohnt.«

Johann Wolfgang von Goethe
(Torbole, den 12. September 1786)
Italienische Reise

Am Südfjord

Wie auch immer die Anreise sein mag: Für einen Augenblick ist der Gardasee »plötzlich« da – aus dem Gebirge aufgetaucht. Die Augen, von Autobahn und Bergstraßen angespannt, entspannen sich mit einem Mal: Der See ist die ganz und gar andere Landschaft.

Bald zeigt der Gardasee seine beiden Gesichter: Sein Nordkeil, bei gutem Wind bunt schraffiert von Surferschwärmen, ist der Bergsee, der Schmalufersee, der besonders an der Westseite felsschroff abweisend wirkt. Bis hinunter zur Landspitze San Vigilio bleibt der Lago di Garda auf seiner Ostseite ein Südfjord, dessen Ölbäume schon toskanischen Süden vorgaukeln, aber die Bergpranken halten ihn in ihren Nordklauen. Doch schon an der Linie seiner Taille, gezeichnet von der Fährverbindung zwischen Torri del Benaco und Maderno, beginnt er sich zu weiten; ab Garda wird der See zu einem weiten Becken imWeinHügelLand: keck hat sich der italienische Süden bis an den Alpenrand vorgewagt. Die Schneekappe des Monte Baldo mutet wie ein ewiger nordeuropäischer Winterling an – aber im weitgeschwungenen Becken, zwischen Salò, Desenzano, Sirmione, Peschiera und Bardolino lacht der italienische Frühaufsteher: der zeitige Frühling.

Der Gardasee, Italiens größtes Alpengewässer, liegt in einer Höhe von nur noch 64 Metern über dem Meeresspiegel.

Der römische »lacus Benacus«, an dessen Name Torri del Benaco erinnert, gibt zwei Orten das Vorrecht, ihn zu rühmen: Garda ist sein Taufpate – nach Bardolino ist sein leichter Rotwein benannt.

Zwischen der hintersten Nordecke, der kleinen, bergeingekesselten Hafenstadt Riva, und Sirmione auf der Südnadelspitze einer schmalen Halbinsel, entfaltet sich in rhythmischen Abständen die Perlenkette von Uferorten. Wie sehr auch in den vergangenen Jahrzehnten »modernisiert«, gebaut und erweitert wurde, so daß es bisweilen den Anschein hat, als führe man lediglich an einer einzigen Hotelkette vorbei: Ein Schutzengel hat darüber gewacht, daß alle Neubauten sich an eine imaginäre Oberlinie halten; zwar sind die bebauten Flächen im Uferlandgrün größer geworden, doch kein Haus fällt aus dem Rahmen; selbst größere

Hotels hüten sich davor, das Harmonische der Berg- und Hügellandschaft zu zerstören.

Die Landschaft rund um den Gardasee hält sich noch immer in einer Balance.

Freilich, in der Sommerhochsaison, wenn die schmalsaumigen Kieselstrände eher Sardinenbüchsen gleichen, die Uferstraßen zum Stauteer aufweichen und Parkplätze schwerer zu finden sind als Nadeln im Heuhaufen, die Uferpromenaden wie von Bienenschwärmen überschwemmt, sämtliche Hotels und Campingplätze ausgebucht und die Preise auf dem Höchststand: Dann kann einen ein Erstickungsanfall in panische Flucht jagen – nichts wie fort von diesem Massenrummelplatz! Abschreckend wirkt die Überfüllung, doch alljährlich staune ich über das Wunder der Widerstandsfähigkeit von Landschaft und Einheimischen: Beide haben den Vitaminstoß des Sommergeldes und den Sonnenbrand der touristischen Heimsuchung ganz gut überstanden – drei Monate Intensivbestrahlung haben zwar Schaden angerichtet, sind aber nicht an die Substanz gegangen.

Gleichwohl: Während der Sommerüberschwemmung, im Nilschlamm des großen Umsatzes, möchte ich nie längere Zeit hier verbringen – mein Gardasee ist an Ostern am schönsten. Dann zeigt er sich auch als Baumparadies und als großer Nutzgarten. Rund um den See sind die kleinen Zisternen Gottes, die verschiedenen Kirchen, noch nicht ausgetrocknet; bei aller Geschäftstüchtigkeit bleibt hinter der den Fremden zugewandten Geschäftsseite noch immer das unverstellte Antlitz der Einheimischen, die sich Kerne von Gemeinschaftsleben bewahrt haben. Die politischen Turbulenzen, die durchfallartigen Wahlerkrankungen Italiens: Hier spielen sie kaum eine Rolle – der Gardasee ist eine Landschaft bemerkenswerter Stabilität; sieht man von saisonalen Schwankungen ab. Diese Region blieb vom Fluch hoher Arbeitslosigkeit bislang verschont. Im Korsett überall gleicher Feriensiedlungen und augenbeleidigender Industriebauten ist die Gardaseelandschaft keineswegs zugeschnürt.

Der Deutschen liebster und nächster Südsee wird als Erholbad genossen, in Massen – aber schon im nahen Hinterland sind unverstellte Freiräume. Der Gardasee hat etwas von einer großen Wasserlunge, die besänftigt. Manchmal scheint mir, als wäre er auch dazu da, um uns das Eigenschaftswort »anmutig« in nuancenreicher Fülle zu zeigen.

Der Länge nach mißt dieses Alpengewässer 51,6 km. Seine Breite beginnt im Norden mit nur 3 km, doch im Süden schwillt sie bis auf 17,5 km an. 346 Meter wurden an seiner tiefsten Stelle gemessen. Auf seiner Oberfläche von 370 Quadratkilometern verlaufen die Grenzlinien der drei Provinzen: Trento, Verona und Brescia; der Lago di Garda gehört also zum Trentino, zum Veneto und zur Lombardei. Drei Schichten italienisch-österreichischer Geschichte stoßen da zusammen. Heutzutage könnte man, hätte man nicht die bosnischen Zankäpfel vor Augen, schmunzeln, daß in urvordenklichen Zeiten auf diesem Gewässer Schiffskriege zwischen Venedig und Mailand ausgefochten wurden – die dazu nötige »Flotte« fuhr mühsam auf den Flüssen stromauf, zuletzt mußten die »Kriegsschiffe« der Venezianer über den Sattel bei Nago, auf Baumstammrollen, von Ochsen gezogen, nach Torbole geschafft werden...

Erdgeschichtlich gesehen ist der Gardasee noch immer das »Läuterungsbecken« der tirolischen Sarca sowie der Zuflüsse Ponale und Toscolano.

Das »Läutern« meint ein Reinigen und Klären, bis alle groben Gesteinsstoffe aus den geröllführenden Gebirgsbächen herausgefiltert sind.

In früheren Zeiten wurde ja auch die Seele »lauter« gemacht – bis sie gereinigt, beinah durchsichtig war... Wenn auch das Wort »Läuterung« eigentlich aus unserem Wortschatz verschwunden ist: Fast jeder Werbeprospekt verspricht inzwischen auch »physische Entspannung«; neuerdings wird sogar »Meditation« angeboten, auch von »Spiritualität« ist wieder die Rede – wie wenn man gemerkt hätte, daß Freizeitsport allein doch nicht selig machte.

Der Gardasee als Läuterungsbecken...

Anderswo für eine Weile zu sich selbst kommen, sich neu sammeln: indem man sich einläßt auf ein Anderland.

Die Reisenden früherer Zeiten, die über ihre Erlebnisse und Erfahrungen berichteten, wußten, daß sie Durchreisende waren, keine Dauergäste – aber ihnen gelang oft eine innige Verbindung mit dem Fremdland; noch immer erfreut uns ihre Bilderbeute.

Jeder kennt das von seinen Reisen, wenn er die fotografische Ausbeute betrachtet: unter viel Ausschuß ein paar Treffer, einige Bilder, die einwurzelten in der Erinnerung. Auch ein Schriftsteller läutert seine Erinnerungen, dann faßt er das ihm Wichtige mit seiner Sprache zu Bildern zusammen. In diesem Auswählen gedeiht Freiheit – und das Abenteuer der innigen Zuwendung.

Mein Gardasee ist an Ostern am schönsten – das ist die Zeit reicher Begegnungen. In einem Vierteljahrhundert hat sich diese überschaubare Landschaft als unerschöpflich erwiesen; jedes Jahr kamen Wiederholungsvarianten zustande; ja, Wiederholung offenbart sich hier auch als gesteigerte Annäherung.

Mein Gardasee ist an Ostern am schönsten: Dann zeigt sich die Urgestalt dieser Landschaft im Licht der Frühjahrserneuerung – getüpfelt von den Einsprengseln der Bräuche zwischen Palmsonntag und den Ostertagen. Überdies hat diese Seehügellandschaft, punktiert von Orten und kleinen Städten, den Vorzug einer besonderen Ausgangslage: Von hier aus sind's nur noch Katzensprünge in die unvergleichlich nuancenreiche Stadtlandschaft Oberitaliens: Unverwechselbar sind die Stadtcharaktere von Verona und Brescia, Bergamo und Mantua, Vicenza und Padua, Mailand und Venedig, Parma und Ferrara, Cremona und Bologna, Modena und Reggio, Vigevano, Pavia oder Faenza und Ravenna…

Am Gardasee begriff ich: Neben der Arbeitsheimat, neben dem Heimischsein in der Muttersprache und zusätzlich zur geistigen Heimat kann es die befristete Gastheimat geben; zwei Wochen alljährlich können die unersetzliche Dichte eines Jahresringes annehmen, der zu unserem Leben gehört.

Befristet vertraut, Strichvogelheimat: Mein Ausgangspunkt ist die Hügellandschaft um Bardolino und Cisano. Die Muschelbucht von Bardolino ist für eine Weile mein Morgenland. Desenzano wurde zur Morgenstundenstadt; manches Schaufenster ist dort so dezent hübsch wie in Verona. Verlangt's uns nach eher subtropischer Vegetation, fahren wir mit einem der Schiffe der »Navigarda« hinüber nach Salò oder Gardone. Kurz vor Ostern endet der Winterschlaf der Flotte, die wie eine weiße Herde bei den Festungsmauern Peschieras versammelt ist. In dieser Zeit nehmen wir die Augengeschenke dieser Landschaft an – es gibt Augenblicke, da gelingt die Liebesbeziehung zu einer Gegend; freilich, die Zunge der Andersprache muß mitspielen, sonst bliebe vieles verschlossen.

Manchmal bringt ein Augenfangtag am See scheinbar nur kleine Fische – wie einst die frittierten kleinen Sardinen in Lazise oder wenn dir der betagte Gemüsemann, nach überstandenem Herzinfarkt, das Rezept verrät, wie die jungen Zucchiniblütenkelche mit einem dünnen Teig zum köstlichen Gericht werden… Manchmal sind es kleine Gesten, die mit einer Unbill versöhnen – ein Blumenstrauß steht zur Begrüßung auf dem Tisch, und am Ende der zwei Wochen wird der Signore Helmut unserer »Agenzia Europlan« mit einem Augenzwinkern eine Ausnahme machen: Sooft waren wir schon hier und haben manchen zum

Stammgast gemacht – wozu soll er da jetzt noch unseren Stromverbrauch vom Zähler ablesen...

Die Einheimischen tun den Fremden manches zu Gefallen – auch wenn sie mit einer geregelten Müllabfuhr jahrelang auf Kriegsfuß standen; die Einheimischen sind flexibel, aber zu ihrer Souveränität gehört auch eine Beharrlichkeit, die sie nicht hergeben – das beginnt bei der Mittagsruhe der Geschäfte.

Dort, wo wir unser Olivenöl kaufen, inmitten ausgedienter Ölpressen, in Cisano, hängt eine Weltkarte, die des Ölbaums Verbreitung auf unserer Erde mit Stecknadeln zeigt; wer die Nadelköpfe nicht zählt, sondern die Welt mit Bildern erfaßt, der kann dort mühelos Italien für die Weltmitte des Olivenbaumanbaus ansehen – und so ist für mich der Gardasee das Olivenherz der Welt, auch wenn die Früchte in ihrer winzigen Tropfenform weder mit griechischen noch mit spanischen Oliven konkurrieren können. Es ist auch noch der Anhauch einer biblischen Landschaft rund um den Gardasee – Feigenbäume, Ölbäume, Zedern und Zypressen: Urbäume der Bibel, die hier wundersam reich gedeihen.

Und wie gut, wenn Jahr um Jahr etwas Unbekanntes hinzukommt: ein Ristorante in den Hügeln zwischen Bardolino und Calmasino oder das »Miralago« mit dem Seeblick in Pastrengo... Oder, als wir im Moränenhügligen, südlich von Peschiera, in dem Nest Olfino zum ersten Mal erlebten, was für Einheimische das Osteressen bedeutet, zu dem die Großfamilie zusammenkommt, schmaust und erzählt... Wenn auch die Gardaseelandschaft nicht ausgespart bleibt von den erdbebenhaften Schwankungen der Wechselkurse, wenn die NATO-Jets über Vicenza aufsteigen und die Zeitungen nicht verschweigen, daß wir eigentlich in einem kosmischen Krieg leben: Es gibt, wie Bücher, Bilder und Musik, erleuchtete Fenster, die trösten – der Gardasee gehört dazu, und an Ostern ist er für mich am schönsten. Er vermittelt, daß wir auch hier in Unsicherheit leben – aber es ist eine »liebenswerte Unsicherheit«, jene »carta incertezza«, von der Guido Cernotti in seinen Büchern schreibt. Es ist eine Landschaft des Augenweckens – manchmal durch winzige Winke: wenn in den rundsteinreichen Weinfeldern im Frühjahr etwas Weißes aufstrahlt mit hellen Sternen an olivgrünen Zweigen, mit einer weißlichen Kante – das ist der Doldige Milchstern, der den steinigen Grund liebt... Und an manchem Weg zum Monte Baldo kann um diese Zeit etwas Dunkel-Violettes in fast giftgrünen Blättern flackern, daß ich zunächst vermeinte, ich wäre einer seltenen Orchidee begegnet – doch es war, mit einem jugendlichen Zartrosa blühend, dem Alpenveilchen gleich, die Hundszahnlilie, die zu den Grußbotschaftern der alpinen Flora gehört und ihr Weltstück schmückt.

Mein Gardasee ist an Ostern am schönsten – auch wenn es dann Stunden gibt, in denen auf den Straßen nur noch Kriechströme stinken: wir kennen Schleichwege im Hinterland ...

Ab und zu tut diese Landschaft auch in ihrer Winterstille gut – wenn die meisten Hotels im Winterschlaf sind. Oder das Einherbsten im späten Oktober ... Da leuchtete einmal ein Orange aus einem Baum, daß ich mir wie genasführt vorkam: Hier hast du doch noch niemals beim vertrauten Weinfeld einen Orangenbaum gesehen ... Beim Näherhingehen war ich vom glatthäutigen Orange verblüfft: Der Baum troff nur so von orangenen Weihnachtskugeln ... Schon griff ich nach einem Ast und war mitten im Mundrauben – da kam ein Mann, davonlaufen wäre jetzt Feigheit gewesen ... Aber es war der altbekannte Gärtner, mein »amico Lauro«, der mein Verdutztsein genoß: Stolz zeigte er mir seinen Khakibaum und hieß mich warten ... Gleich darauf kam er mit Leiter und Kiste zurück, stieg hinauf, pflückte die Holzkiste randvoll und beschenkte uns damit ... Seither ist das Herbstauge besonders wach: Tatsächlich, schon in der Gegend zwischen Rovereto und Torbole leuchten im Spätherbst die Orangetropfen mancher Khakibäume ins abherbstende Immergrün.

Mein Gardasee ist an Ostern am schönsten – wie herrlich bewachen die Loderfackeln der Zypressen das kleine Friedhöflein von Cisano ... Sonderlich sympathisch sind mir diese steinplattenkalten Totengehäuse nicht – aber ich möchte die Novemberstunde nicht missen, als ich an Allerheiligen »unseren« Pfarrer im Freien inmitten seiner Gemeinde vernahm: Zum ersten Mal seit Jahrzehnten hörte ich wieder die »Lauretanische Litanei«, diese wundersame Hymnuspoesie, diese galoppierende Verherrlichung der Gottesmutter ... »Stella matunina, du Morgenstern ... Mater amabilis, du liebenswürdige Mutter ... Regina Martyrum, du Königin der Märtyrer ...« Niemals sonst würden die Einheimischen dem Vortrag von Poesie lauschen – jetzt hielten sie still und hörten einer Sprache zu, die sie allenfalls in Ansätzen verstanden: Hie und da schimmerte aus dem Lateingrund ein Wort auf, das sich auch noch im italienischen Klanggewand halbwegs erkennen ließ ... Geduldig hörten sie zu, um dann die Gräber zu schmücken – jedermann zeigend, daß an diesem Tag im Jahr die Toten nicht vergessen sind. Und ebenso selbstverständlich, daß hier nach Ostern die Hausbesuche des Priesters beginnen –

Grappa oder Wein warten schon auf den erwarteten Besuch des Hirten, der seinerseits weiß: Wenn er nicht eines Tages eine Jugendband mit Elektroklavier samt E-Gitarre und Schlagzeug in sein Kirchlein läßt, dann hütet er bald nur noch ein Altenheim...

Noch immer setzen hier Kirchen ihren Akzent – keineswegs bigott oder bevormundend. Es genügt, daß ein Pfarrer immer wieder beteuert: »Macht eure Arbeit, so gut es geht! Kommt den Fremden entgegen! Verwöhnt sie! Aber vergeßt nicht: Wir alle sind Gottes Ebenbilder – und seit Christi Tod und Auferstehung brauchen wir vor nichts mehr Angst zu haben!« Manchmal wird dann in dieser Landschaft ein Synonym für die Liebe ganz schmackhaft und leichtverständlich: es heißt »sempre« – »immer«. Mein Gardasee ist auch deshalb an Ostern am schönsten.

Vielleicht liegt das auch am oberitalienischen »Sowohl-Alsauch«: Sie lassen an Hangterrassen neue Ferienwohnungen gedeihen – die Ortskerne, wenn auch geliftet, lassen sie unangetastet. Darüber hinaus gibt diese Landschaft noch eine Vorstellung vom Garten der Erde. Mancher nicht schlecht Betuchte hat hier ein uraltes Haus vor dem Zerfall gerettet – betörende Seeblicke lassen's einen dann spüren: auch das gehört zum Wiederaufladen der Seele; genauso wie eines Abends, wenn wir mit Freunden durch die Hügel bei Villavetro geschlendert sind und dann als Gäste in einem Hafenlokal in Bogliaco einkehren, wo zunächst eine riesige Schüssel auf den Tisch kommt, die überzuquellen scheint nur von verschiedensten Würsten, von denen mit Behagen stückweis abgeschnitten wird... Wenn dann ein großer Seefisch als Abendgericht kommt und schließlich die Gäste mit einem seidenweichmilden Grappa beschenkt werden – auch das gibt eine Ahnung davon, daß den Einheimischen durchaus noch eine Vorstellung von dem geblieben ist, was wir »heilig« nennen; geschäftliche Gerissenheit schließt das nicht aus: sie balancieren geschickt zwischen »sowohl« und »als auch«...

Die Gardaseelandschaft macht wach für elementare Dinge. Wer einen Blick für das Bauen hat, also die höchste Form von Gemeinschaftskunst, der kann hier noch UrGassen und UrPlätze entdecken, auch das Geschick für den repräsentativen Akzent der Villa. Eigentlich ist dieser Gardasee auch ein Vorhof für die Baukunst der Städte Oberitaliens.

An Ostern ist mein Gardasee am schönsten: Eine Mitgift der Erde teilt sich als Glücksfall mit. Für eine Weile probieren wir das Paradieskleid einer Landschaft an, die uns im Innersten entspricht – als HeimatErgänzung.

Morgenland um Bardolino

Den Winter haben wir auf dem Brenner überholt

Jetzt holt uns der Winter nicht mehr ein.
Koffer ausgepackt, Ballast abgeworfen. Wieder einmal die erste Stunde am See, ausgestiegen aus dem Wanderschuh Auto – barfuß gingst du jetzt am liebsten.

Wie die beiden Hornbögen einer Gazelle, aber nicht ganz symmetrisch, schwingen sich Uferstraße, Blumenrabatten und Uferweg in einer sanften Bewegung; von zwei vorstoßenden Spitzen läuft die Weglinie wie eine Schale zusammen, die sich am Hafen vertieft, und wie ein senkrechter Stiel führt die breite Fußgängerachse von dort zum Portal der Kirche. Diese Schalenlinie des Ufers von Bardolino gleicht zwei weit geöffneten Armen, die den See begrüßen.

Leise tätscheln Wellen den Uferkies und die Steinbrocken, die den Ufersaum bilden. Ein sanfter Morgenwind bewegt die Blätter von Platanen und Magnolienbäumen. Die Blumenrabatten sind mit Stiefmütterchen beflaggt. Auf den ersten Blick unverändert seit Jahrzehnten ist die Ufergestalt dieser weitgeschwungenen Bucht, als wäre Bardolino darauf bedacht, daß der Besucher zuallererst den Duft des Seewassers schmeckt. Bardolinos Ufer ist das unverstellteste am ganzen See; niemand wird durch irgend etwas bedrängt; erst wer sich vom Uferweg umwendet, sieht, daß ihn Cafés und Geschäfte erwarten.

Die erste Morgenstunde am See: als stelle seine Morgenfrische einen Scheck aus – ein Guthaben an Zeit. Wiederkehr und Wiederholung: Hier schmeckt das einladend – du kannst aus demselben jeden Tag etwas anderes machen, zwei Wochen lang wird dir der See den Winterschmutz aus den Augen waschen.

In der Bogenbucht Bardolinos, zwischen Punta Mirabello und Punta Cornicello, nimmt der Weg aus roten Steinplatten den See in seinen Arm. Im Rechteck des Hafens klirren Metallspangen an die Masten von Segelbooten, Wasser wiegt wenige Fischerruderboote; die Glutaugen gefüllter Gänseblümchen zeigen, daß sich die Gärtner des Ortes für dieses Jahr etwas Neues ausgedacht haben. Seit Strom, Kanalisation und Gasleitungen neu verlegt sind, das Straßenausbauen zur Ruhe gekommen ist, wird mit behutsamer Hand an der Innenausstattung des Ortes gearbeitet. In rhythmischen Abständen kamen Steineichen dazu; Kastanien und Linden fehlen nicht; ein sachter Wind bedient sich der Palmblätter als Fächer. Beinah brav mutet das Wasser an, beruhigend nimmt es einen bei der Hand; zuallererst schmeichelt es dem Auge, und die Fischschwärme am Ufer verscheuchen alle Gerüchte von minderer Wassergüte.

Fischsilber

An manchem Morgen werfen Angler ihre Schnüre aus. In ihren Behältern silbern fingerlange Sardinen, handtellerbreite Cavedani oder Arborelle, mitunter der Bleisilberstrich eines Vairone; seltener, mit roten Flossen und Stachelrückenkamm, ein Persico; frechkeck die getüpfelten Forellen. In Büchsen wuseln Köderwürmer. Unterm Landesteg die ruckartigen Schwadronbewegungen der Jungfischschwärme. In einem Bekanntmachungskasten sind die erstaunlichen Maße der Lachsforellen und Hechte verzeichnet, die von den Siegern des letzten Angelwettbewerbes aus der Schatztruhe des Sees geholt worden sind.

Fischduft steht für eine Weile über dem Hafen. Ein Mann säubert sein Netz – wie mit Silberschuppen ausgeschlagen ist sein Boot. Sein Fang glänzt aus styroporweißen Kästen. Ich kann den Fischfang mit den Augen riechen – tieflila glänzt ein Kiemenfleck.

Der Fisch in seinem Element – das uns von ihm trennt: das gibt ihm jenen besonderen Hauch elementarer Freiheit, er gedeiht wirklich noch wild; ein Ding, schön, anziehend und begehrenswert.

Manchmal halte ich mich gerne eine Weile in Maurizios Fischladen auf; neben Frischfisch führt er die kleinen eingesalzenen Fischlein, die zu mancher Speise munden: »Filetti di alici« und »Filetti di acciughe«, und wenn man einmal warm geworden ist mit ihm, dann weist er einen auch auf italienischen Thunfisch hin – unvergleichlich schmackhafter als Fangimport aus Fernost; mal kann die Dose aus Genua kommen, mal direkt aus einer »Tonnara« von Sardinien oder von Sizilien.

Maurizio mag es, wenn ein Fremder nicht nur die Gegenwart »seines« Ortes schätzt, sondern auch davon überzeugt ist, daß so ein reines Touristendörflein auch Geschichte habe... Bald sind wir mitten in den »tempi passati«. Einmal brachte er eine Zeichnung bei aus dem Jahr 1647: Da zogen jeweils zwei Bootspaare, gegen die Seeströmung mit Ankern gesichert, eine weite Schlaufenspur auf dem Wasser – vier Barken zogen ein volles Schleppnetz... Und plötzlich flackert etwas Kriegerisches in seinen Augen auf. Als sich im 15. Jahrhundert Veroneser und Brescianer Anrainer den See teilten, entstand immer wieder Streit um das Fischrecht, das »jus piscandi«; zwar wurden Preise für bestimmte Netzarten festgelegt, aber rechtlich gesehen herrschte auf dem See fast immer ein Zustand »ewiger Anarchie«...

Ich werfe blinzelnd ein: »Nun ja, Italien hat so seine Vorlieben...«

Und schon gerät er in Fahrt...

Schon 1645 mußte der zuständige »consiglio« das Fischen von »carpioni« und »sardelle« in der Zeit »degli amori« untersagen... Und bereits 1494 verbot ein venezianischer »Intervento« den Fang von Jungtieren, damit auch fernerhin der See »fischreich« bleibe für das »Gemeinwohl«... Man kann's gar nicht glauben: Aber vor zweihundert Jahren war unser Lago einmal ratzeputz leergefischt...

Ich befühle verstohlen die feuchte Schleimhaut der farbigen Forellen, das Schutzkleid, das ihrer Gestalt den Glanz gibt, und jetzt stupst mich Maurizio an: »Der Luccio da – wär das nichts für dich?«

Ein Prachtexemplar eines Hechts: Die rundkeilige Stoßform des Mauls, das flackernde Grün, dazu die Zahnwehr des Jagdfischs... Wer wollte da widerstehn? Schon zählt mir Maurizio alle Zutaten auf, die für den Sud erforderlich sind... Ich schlendere durch den Ort bis zum kleinen Gemüseladen in einer der schmaleren Gassen, und was ich an Zutaten vergaß: keine Sorge, der Gemüseverkäufer kennt dasselbe Rezept und erinnert daran, außer Knoblauch nur ja nicht den Stangensellerie, den »sedano«, zu vergessen... Und am passenden Weißwein wird sowieso kein Mangel sein.

Mancher murrt dann vielleicht über die feinen Gräten des Hechts – aber diese Fischkraft in solcher Gestalt... Ich konnte nie nachvollziehen, warum italienische Maler das »StillLeben« stets als »natura morta« bezeichnen – nichts an der gemalten Natur ist doch »tot«: verwandelt, gesteigert zu Farbe ist das Gemalte... Und dann verspreche ich den HechtgrätenVerächtern: Übermorgen gehn wir in eines der vorzüglichen Lokale – und dann gibt es Forellen mit Mandeln – oder, noch feiner, »Lavarello«...

Platanen begrüßen

Selbst wenn der deutsche Winter schneelos blieb, und Fichten und Föhren uns einen Grünschimmer bewahrten: Neidlos neidisch bin ich auf das oberitalienische Immergrün. Im März steigt der Hungerpegel nach Südgrün... Viel früher als bei uns beginnt hier der honigklebrige Glanz der Kastanienknospen – phallische Kobolde blinzeln uns zu; schon spitzt der orangene Flaum der Eichen hervor, dazu das saftige Orange der Pappelblätter. So sehr und so viel auch inzwischen hier in die Landschaft gebaut worden ist: Noch immer ist hier ein großes Stück Landschaft mit bloßem Auge als der Leib der Erde zu sehen – und die Baumpracht bildet die Haut.

Auf dem dunklen Grund der SchwarzfackelZypressen und den BlausilberGlanzkugeln der Ölbaumkronen hebt sich das Zartgrün noch fröhlicher ab. Ich bin immer wieder gerührt, wenn ich an der Promenade oder mitten im Ort betagte Männer sehe, die einander herzlich begrüßen, ein paar Sätze miteinander wechseln, hie und da berührt ein Arm den des anderen, sie trinken einen Espresso zusammen und dann geht jeder wieder seiner Wege... Alte Bekannte begrüßen – für mich gehören dazu Bäume. Das Wiedersehen mit einem Baum nach einem Jahr ist ein Glücksaugenblick: Er blieb verschont und jetzt beschenkt er die Welt mit seiner einmaligen Gestalt.

An der Promenade von Bardolino begrüße ich das weit ausschwingende Dach einer Platane. Ihre Rinde ist großflächig abgeschuppt; an ihrem Stamm zeigen sich Maserknollen, und unter den abschilfernden Rindenplatten leuchtet hellgelbes Gefleck – als häutete sich sich immerzu. Die »Morgenländische« oder »Gemeine Platane« mit mächtigem Stammumfang erzählt, wie fast jeder Baum, dasselbe: Alleinsein ist schön – aber ohne die Baumgeschwister wär alles trostlos.

Nicht minder mag ich das Schirmdach einer Pinie hinter einer Parkmauer. Mit japanischrotem Holz streckt sie ihre Äste aus, wie gewundene Speichen eines nadelgrünen Pfauenrades.

Blätterdach und Hausdach – wir brauchen beide Dächer über dem Kopf, und wenn dann zufällig der Blick über die Ginkobäume streift, ihre tiefgelappten Blätter, und dann den Giebel eines Hauses erfaßt: dann wird's wieder sichtbar als Bild – die besonders schöne Form der »Zwei« zeigt sich im Giebel: aus zwei entfernten Ecken neigen sich zwei einander zu – so tragen sie ein Dach, das Gemeinsame.

Augenweide

Früher verboten Schilder an Bardolinos Promenade »unzüchtig bekleidet« herumzugehen. Die Tafeln verschwanden, die Fremden ließen sich nicht einschwören auf diese Vorschrift. Nackt hier herumzulaufen: Keiner Italienerin würde das einfallen. Wenn bei jungen Frauen die Beinzeigezeit beginnt, führen sie ihre Füße spazieren: ganz, aus einem Guß wollen sie ihren Leib zeigen: schwarz eingeseidet unterm knappsten Minirock werden die Beine einladend – doch das gilt nur für die Augen der Passanten; der Lockvogelruf »Komm, schlaf mit mir!« ist anders gemeint: »Schau, Fremder, diese Freude bereite ich nur meinem Liebsten.«

Über Jahre hinweg halten Italienerinnen dem Dunkelblau die Treue; manchmal kommt ein sandfarbenes Braun dazu. Auf einer Bank sitzt eine Frau; ihre Bluse ist gelb und fast durchsichtig; ihr Rock schwingt weit aus; die Strümpfe geben ihren Beinen einen schwarzen, reizenden Rand. Die Boutiquen aber scheinen für Männer gemacht; sie flüstern ihnen zu: »Ihr habt eure Frauen unziemlich lange vernachlässigt – wir aber sind der wahre Verschönerungsverein…«

Diese blaue italienische Eleganz; dazu das Anzugblau der Männer, ab und zu kommt ein Cordjackenbraun dazu – meistens alles aus einem Guß. Von weitem erkennt man einen gut Teil der Deutschen: Als liefen sie Reklame für bedruckte Jogginganzüge; mit ihrer buntscheckigen Freizeitkleidung machen sie sich lustig über die wohlbedachte Kleidung der Einheimischen; viele gleichen einer Besatzungsarmee, die in Unterwäsche brüskiert.

Stöhnende Zeitungen

Wer morgens die Schlagzeilen der italienischen Tageszeitungen liest, könnte meinen, der Weltuntergang stünde unmittelbar bevor. Das Theaterstück »Regierungskrise« ist in zyklischen Abständen seit Jahrzehnten ein Renner. Laut ist das Gestöhn über den Osterverkehr, der wieder einmal kollabierte. Nach den

Ostertagen heißt es von den Restaurants: »tutto esaurito« – kein freier Platz mehr. In italienischen Tageszeitungen werden auch Dichter beschäftigt; als wieder einmal ein Terroristenmordanschlag aus Germania in die Schlagzeilen mußte, hieß es poetisch: »Die Zeit des Bleis« sei für die Deutschen wieder angebrochen; schön gesagt – beinah wie der Eintrag ins Kondolenzbuch des Nationalgefühls. Und auch diese Überschrift schmeichelte der Zitierfähigkeit des Deutschen: »Dalla Moralpolitik alla Realpolitik«. Ein Karikaturist malte einmal den Teufel an die italienische Zeitungswand: Gegen Italien taten sich Frankreich und Deutschland zusammen, und ein neues Land bedrohte manisch besessen das arme Stiefelland: »Framania«.

Rotgelbe Erinnerung

Als der Garten an der einen Spitze der Promenade von Bardolino noch von einer Hecke umschlossen war und noch nicht zum öffentlichen Park verwandelt, hatte er ein rotes Gartentor. Sein dunkles Mennigrot leuchtete deshalb so warm, weil dahinter ein Ensemble von hochschäftigen Palmen stand. Dieses wundersame Ensemble bestätigt, auch wenn's noch frischkühl ist: Du bist wirklich im Süden, du bist vor dem Deutschwinter gerettet... Und ebenso warm leuchtete, in einem milden Zitronengelb, ein Gitter an der Landspitze selbst. Von dort aus hat man den schönsten Blick auf die Bergkaskade, die in einem musikalischen Rhythmus von Garda herabfällt und ausläuft zur Landspitze von San Vigilio. Eine Landschaftslinie, so schön, daß sie die Scheu des Menschen, sich daran zu vergreifen, noch immer auf ihrer Seite hat. Diese gelbwarme Warnung einer Grenzlinie...

Windlitanei

Manchmal ein Windbraus am Morgen – danach sind die Konturen des gegenüberliegenden Ufers so klar und alles so vergrößert nah: wie wenn der Wind die Luft von allem Staub geläutert hätte. Auf dieses untrügliche Zeichen folgt alsbald Regen. Die Winde am See sind eine Geheimsprache, deren Grammatik zuverlässig ist. Da gibt es welche, die wehen stets zur selben Zeit aus derselben Richtung; die einen blasen aus Norden, die anderen aus Süden – als wären sie mit ihren Wehbahnen auf immer zufrieden.

Und sogar die kleinsten Winde, die nur an einer Bucht koboldieren, haben ihre Namen – sie klingen am besten im Brescianer- und im Veneto-Dialekt: wie ein Rosenkranz: Balinòt und Boscaröla, Gardesana und Visentina, Ora und Golesàna, Pontiröla und Lüganot, Boaren und Fassanèla, Ponale und Brumaröi... Über 40 Winde kennen Fischer und Segler am See; sie können die Blaszeichen der Winde mühelos lesen, um das Wetter zu bestimmen; auch die Wolken verstehen sie noch als Zeichen. Man könnte das alles lernen... Gleich neben dem Windkatalog steht mein Zentralratbuch: Jean Gionos »In Italien, um glücklich zu sein«.

Bei jeder Reise an den Gardasee haben wir stets eine kleine Reisebücherei dabei: »Morgenwind in buchförmigen Dosen« könnte man sagen. Wie gut ist so ein kleines Handgepäck zum Lesen... Wenn man bei Regen auf Krimis mit lokalem Bezug zurückgreifen kann: auf die ›venezianischen‹ der Donna Leon, die ›florentinischen‹ der Magdalen Nabb oder die sizilianischen von Camillieri...

Im Land vom Land selber lesen: zwischendurch Gedichte von Ungaretti, Montale, Umberto Saba, Giorgio Caproni oder Mario Luzi (»Wein und Ocker«)... Dazu eine Prise scharfer kritischer »Teegedanken« von Guido Ceronetti, der einmal den Verlust der »guten lokalen Lebensmittelversorgung« beklagte; nicht nur die Studenten »essen alles« – um dann angesichts des gedruckten Wirrwarrs an »permanenter Magenkolik« zu leiden: »Dem ruinierten Magen entspricht auch ein zerstörtes Gehirn.«

Die kritische Zustandsbeschreibung ist wichtig – wie Gianni Celatis Schilderung der Landschaft des Po (»Landauswärts«). Das allein aber genügt nicht. Zum Lesen gehört auch die Sehnsucht nach dem Beständigen. Um den geistigen Reichtum dieses Landes besser zu begreifen, greife ich immer wieder gerne auf die beiden ›Klassiker‹ von Jacob Burckhardt zurück: »Die Kultur der Renaissance in Italien« und seine »Anleitung zum Genuß der Kunstwerke Italiens«, dem »Cicerone«.

Mit einem Mal begriff ich hier, daß ›die Geschichte‹ Italiens besonders von den ›großen Familien‹ gestaltet wurde – in Verona waren das die »Della Scala«, in Parma die »Farnese«, in Genua unter anderen die »Doria« und »Grimaldi«... Vor Ort also zum Augenöffnen lesen: »Die großen Familien Italiens«. Da geht einem dann die Sehnsucht ›der Italiener‹ nach dem »immer« auf, nach dem Beständigen. Und dabei sind uns Bücher jene unersetzbaren »hilfreichen Hände«, von denen Ungaretti schrieb: »mani soccorrevoli«.

Palmsonntag

Palmzweige

Jede Generation sprengt Fesseln und ist dann froh, wenn sie eine Vormundschaft beseitigt hat. Mitunter scheint's, als kämen wir schon fast ganz ohne Bräuche aus – was da an pittoresken Zubereitungen einst nötig war, das beschauen wir uns allenfalls noch in Museen; wir scheinen diese Fesselstricke nicht mehr zu brauchen. Und doch: Sehnt man sich mitunter nicht nach dieser rhythmischen Wiederkehr von Dingen, die nicht nur Schmuck sind, sondern dem Menschen wirklich etwas bedeuten?

Jedes Jahr freue ich mich auf ein Bild am Palmsonntagmorgen. Es ist ein Bild, das ganz beiläufig sagt: Nur als Nutzvieh sind wir keine Menschen – zwischendurch brauchen wir das Unersetzliche, eben das Zeichen... Jedesmal erfreut mich vor der Seitentür des kleinen Kirchleins von Cisano an diesem Morgen ein Haufen Ölzweige; die Einheimischen kommen entweder mit selbstgeschnittenen Zweigen, oder sie bedienen sich vom bereitliegenden Haufen. Die Glocken an den Rädern im Turm singen jetzt die Melodie vor, und die kleine Gemeinde singt mit, wenn der Pfarrer im roten Ornat anstimmt: «Hosianna, figlio di David! Hosianna il redentor!« Die kleinen Ministrantenbuben sind nie ganz sicher, ob sie zum Segnen der Zweige erst Weihwasser oder Weihrauch reichen sollen – aber der Pfarrer macht ihnen wieder einmal die Reihenfolge klar... Ganz beiläufig segnet der Priester, und wieder einmal spürt man's, in der heimatlichen Fremde, daß solche Zeichen Menschen miteinander verbinden; das Segenszeichen erinnert daran, daß ein Mensch, der segnet, nicht sich selbst, sondern die anderen meint und daß er für sie alle etwas erbittet. Für eine kurze Weile wird einem wieder einmal klar, daß eben nicht alles selbstverständlich ist und von alleine kommt.

Diese Morgenstunde ist Einstimmung: Der Garten Gethsemane, »Gat-shmanim«, bezeichnete ja den Ort der Ölpresse – und diese pressende Verwandlung erinnert daran, daß uns manches leichter fiele, wenn wir eines Tages wirklich frei würden: »frei im liebevollsten Muß« – wie das Nietzsche einmal schrieb... Bereitschaft zum Annehmen...

Hernach, jeder seinen Palmzweig in der Hand, plaudert man noch eine Weile an der Bar, bei einem Espresso oder Macchiato... An den meisten Häusertüren werden Ölzweige als Palmzweige angebracht; mitunter mit rosa Bändern oder mit weißen Vögeln geschmückt. Ein Zeichen wurde gesetzt – wie wenn die Einheimischen wüßten, daß ein heiliger Zweig einfach dazugehört, auch wenn einen die biblische Geschichte nicht mehr im Innersten trifft.

Frühlingsbänder

Der Mensch ist die lebende Unzulänglichkeit – aber wir gestehen uns das nicht gern ein. Manchmal spüren wir das Leck in unserem Boot nicht – aber eines Tages fühlen wir's um so stechender: Wieder ist Lebenszeit unwiederbringlich dahin.

Also trösten wir uns mit Bräuchen: alle Jahre, eben nur leicht verändert, wieder dieselbe Stelle im Kalender zu erreichen – das ist wie in den Hafen kommen, auch wenn der Wasserstand sank...

Daher unser Aufwand für Weihnachten: Der Weinstock des Lebens braucht das Spalier der Wiederholungen. Wir schmücken mitten in der Fastenzeit Zweige mit bunten Seidenbändern. Jedes Jahr kommt etwas dazu. Mal gefiel uns ein Kranz aus Ölzweigen: An den ließen sich schön bemalte polnische oder böhmische Ostereier hängen... Ein andermal lasen wir dem Kind Werner Bergengruens »Zwieselchen und der Osterhase« vor...

Jedes Jahr freu' ich mich in den Straßen mit, wenn Geschäfte mit Ölzweigen geschmückt sind. Irgend jemand versah sie mit weißen Vögeln – auch das gefiel uns, und wir erwarben nach und nach einen ganzen Schwarm. Vier hätten genügt – wie die vier Evangelien, die am Palmsonntag vorgelesen werden... Da taucht manche Stelle aus dem Vergessensdunkel wieder auf: Als sie Jesus verhöhnten – wenn er jetzt ein »Wunder« täte, dann glaubten sie ihm... Aber gerade im Ausweglosen würde das Wunder verspielt... Zum Wundersamen der Osterzeit gehört, daß wir nicht alles verstehen. Doch zur Feier des Tages sind Wiesen und Wegränder forsythiengelb beflaggt.

Brokatrot – mit Pfarrer

Gut bedient werden und vorzüglich essen, die Speisekarte in deutsch, Zimmer mit Seeblick – als Grundlage genügt das vielen;

mit Geld läßt sich jedes Fremdland streicheln, aber das Land berühren, ihm wirklich begegnen: ich zweifle, ob das mit Veranstaltungen gelingen kann vor der fremdschönen Kulisse der Landschaft. Dabei ist dieser italienische Landstrich leicht zugänglich – sprich nur ein Wort, und schon geht der Fensterladen eines Mundes auf und bald eine Tür...

Wir plauderten mit dem 75jährigen Don Piero, dem Pfarrer von Bardolino. Nach uns fragte er nicht – er malte uns sein Altersziel vor Augen: Das Geld fürs Altersheim habe er zusammengebettelt, und dort werde er im Alter arbeiten... Er öffnete die Tür zum nahen Pfarrhaus. Brokatrote Tapeten bespannen den Raum: Herrschaftsrot. Er thronte im Stuhlrot, bot Wein an, Gebäck stand auf dem Tisch. Zwinkernd schickte er seine 90jährige Schwester, »la vecchia«, hinaus, die ans Abendgebet erinnerte: »Du siehst doch, daß ich Besuch aus Germania habe! So genau nimmt's der liebe Gott nicht mit der Uhr...«

Seit Jahrzehnten hat er denselben Blick: Die Kirche im Rücken, der See – alles unverändert: »Nur die Menschen brauchen natürlich immer Veränderung... Die Straße ist viel schöner geworden, gepflegter...« Und Geschichte?

»Nein, große Geschichten hat es hier nie gegeben...« Er bringt unserer Tochter ein Geschenk – ein Glas mit Seidenschleifen. Jetzt müsse er aber wirklich hinüber in die Kirche... Ein Mann hält ihn an der Tür auf: »Das zweijährige Kind ist ihm gestorben... So ist das Leben... è la vita, mà ... aber, il Signore, der Herr, hat ihnen nach neun Monaten wieder ein neues Kind geschenkt: Ecco, è la vita... Und ihr, ihr geht an den See, abends ist er so schön – freut euch daran, das ist soviel wert wie ein Abendgebet mit dem alten Don Piero!«

Eine Rutschbahn Gottes

Etliche Jahre amtierte in Bardolino ein Pfarrer, der aus Stummholz geschnitzt war – eine Liturgiemarionette. Ganz anders sein Amtsvorgänger, Don Piero – längst verstorben. In seiner Amtszeit lernten seine einheimischen Schäfchen, daß in der Osterliturgie das Ausländerdeutsch nicht stören sollte – man las ihren Gesichtern ab, daß die Gastsprache hier nicht sehr willkommen war. Während einer Osternacht wurde auch ein Kind getauft, und jemand brachte dazu auf dem Arm ein echtes Lämmchen mit, samt rotem Halsband – und mitten in die Taufstille hinein blökte das Lamm: Don Piero lachte übers ganze Gesicht, und in heiteren Wellen schallte das schmunzelnde Lachen der ganzen Gemeinde durch die Kirche, diesen Ausbund an neoklassizistischem Barockkitsch – wie wenn ein Bann gebrochen wäre. Unbefangen, wie Don Piero... Unser Umgang mit ihm sorgte bei den Ortspolizeigewaltigen für eine Weile dafür, daß wir nun zur Kategorie »Ein-Auge-zudrücken« gehörten – eventuelle Strafzettel waren mit gut begründeten Ausreden in Luft auflösbar... Unbefangen... Und mit derselben Unbefangenheit rutschen seit Jahrzehnten Kinder auf den beiden breiten Marmorschrägen neben der Kirchentreppe hinab. Eine schönere, in den Ort einbezogene Rutschbahn, ohne alle Spielplatzkünstlichkeit, gibt's nirgendwo sonst am See. Unermüdlich krabbeln Kinder die Stufen hinauf, und selbst im feinsten Sonntagskleid droht vom glatt gerutschten Marmor niemals Schmutz. Sorglos können Eltern ihre Kinder rutschen lassen – die beiden rotgefleckten Steinrutschen münden auf dem Kirchplatz, der zugleich Geschäftsauslage und Kaffeeterrasse ist: Piazza eben, Ortswohnzimmer.

Wenn das Kindern im Gedächtnis blieb: »Vor Bardolinos Kirche konnten wir immer herrlich rutschen...«

Schwarze Zigeuner

In Verona gehen sie einem manchmal mit ihrer geöffneten Bettelhand auf die Nerven. Mit ihren Säuglingen im Arm drücken sie gerissen auf unsere Tränendrüsen; mancher hält angesichts der zigeunerbraunen Frauengesichter seine Geldbörse jetzt besonders fest. Am See ist das Betteln verboten – nicht aber das Hausieren. An Feiertagen bieten Afrikaner Schmuck, Kassetten, Uhren und Geschnitztes aus Taschen an, das sie auf Tüchern auslegen. Jemand murrt über den billigen Ramsch: »Niemand von uns würde doch unseren Mist in Nigeria oder in Angola auf offener Straße anbieten. Eigentlich passen die doch gar nicht hierher!«

Jemand anderer bemerkt: »Manche können erstaunlich gut italienisch, englisch sowieso – sogar deutsch radebrechen sie manchmal nicht schlecht; na ja, wenn junge Leute auf ihr billiges Gelump hereinfallen... Mich stören sie nicht, aber herpassen tun sie nicht, diese schwarzen Zigeuner...«

Bei der »Bar Mimosa«

In einem Vorgarten fiel mir das steingrüne, zartgefiederte Blattwerk einer Mimosenart auf. Nahezu 25 Paare dieser Fiederblättchen sitzen an einem Zweig. Schon spitzten an den Ästen die hellgelben Büschelblüten hervor. Wer so einen Zweig berührt, begreift mit einem Mal das Mimosenhafte: Ein empfindsames Wesen zuckt zusammen, wenn es von fremder Hand berührt wird. Eine Frau als Mimose: Ist das nicht ein Gütezeichen?

An der Eingangstür der neu eingerichteten »Bar Mimosa« waren Prachtexemplare dieses Zierbaums in Tontöpfen aufgestellt; schon hatten sie ihre gelben Blühbüscheldolden geflaggt – es war wie bei manchem Wirtshaus in Franken, wenn vor dem Gasthaus »Drei Linden« wirklich drei echte Linden stehen – als ging's gar nicht ohne den Segen des leibhaftigen Taufpaten. Wenn beides miteinander harmoniert, ist die Erwartung besonderer Bewirtung besonders hoch – egal, ob die gelben FeuerwerksBlühkügelchen hier nur als Lockvögel aufgestellt wurden: Als Vorspeise zeigten sie im Vorbeigehen, in welcher Dichte hier das Gelb vorkommt und besonders harmoniert mit dem bläulichen Steingrün der feingefiederten Blätter.

Ebenmaß

Auf Fotografien aus der Jahrhundertwende wirkt die Platzgasse zwischen Kirche und Hafen in Bardolino enger als heutzutage – sie scheint breiter geworden, doch wurde kein Haus verrückt; man nahm nur die Gehsteige weg. Wenn auch die Fassaden geliftet worden sind: Der Charakter blieb. Manchmal scheint der Platz zu platzen, manchmal ist er Konzertsaal, manchmal ein Becken der Stille. Irgendwie ging das Gespür nicht verloren für das Gesicht eines Hauses – selbst wenn Schaufenster größer und die Räume vertieft wurden: das Maß des Ganzen ist nirgendwo gesprengt. Beharrlich behalten die Einheimischen das Maß der Häuser bei; die Krone bildet das flache Dach mit runden Ziegelrippen; ein wenig springt es als Schutzsaum vor. Zumeist sind drei Geschosse das ideale Maß; das oberste hat eine verkürzte Höhe – mit diesem Halbtonschritt wird der Dreiklang einer Fassade vollkommen. Sachtfarben gehören dazu; manchmal trägt ein Haus Kratzputz als Schmuck; hie und da zwinkert eine Madonnennische. Den wahren Schmuck stellen Blumentöpfe; auf handtuchschmalsten Balkonen glänzt noch ihr Brustgehänge; vor Türen salutieren sie liliengrün als Wachsoldaten. Es ist das tiefe Wohlbehagen an der Form, die regellos vieles regelt.

Piazza: die Schwester des Feldwegs

Die hämische Verdeutschung von »FIAT« – »Fehler in allen Teilen« – trifft zwar gelegentlich immer noch zu, aber niemand kann den kleinen wendigen FIATs absprechen, daß sie wie ein I-Tüpfelchen für enge italienische Gassen konzipiert wurden. Gassenflutscher sind sie, WinkelwegWiesel für Einheimische, die mit Führer- und Kfz-Schein einen zusätzlichen Freibrief erhalten: »Für euch ist die Erde fortan befahrbar, auch abseits der Wege...« Ein Wunder, daß es da noch Feldwege gibt. Die Schwester des ungeteerten Feldweges ist aber nicht die Fußgängerzone – die gehört zur Familie der Ghettos, und sie muß ein paar Schlupflöcher für Ausnahmen haben. Dem wilden Feldweg entspricht die StädtchenPlatzGasse: Befahrbar, begehbar, die Aufgaben von Gasse und Platz mischend. Ihre wichtigste Eigenschaft ist Anstiftung von Gelassenheit. Jeder Ort am Gardasee verfügt über einige dieser Wunder – sie erinnern den Menschen daran, daß das eigentliche Maß des Menschen das Fußläufige ist: wenn er zwischendurch mit seinesgleichen zusammentreffen will. Die kleine Piazza ist das Begegnungszimmer eines Ortes – so spart sich jedes Wohnhaus einen Raum und gewinnt dadurch einen für das Intime des Hauses.

Und was für eine Wohltat, in mancher kleinen Stadt am Gardasee das Urbild der »Piazza« selbst zu erleben... Ich sehe den leichten Sichelbogen, samt seinen Treppenstufen, der die zum Hafen geöffnete Piazza in Desenzano prägt. Oder wenn wir mit dem »SpeiseSchiff« von dort aus an der Westküste entlangfahren: Wie schön es beim Schmausen ist, wenn man schiffslangsam in die Hafenplätze einfährt: In Salò, Gardone, Bogliaco, Limone und schließlich in Riva. Die Piazza ist jedesmal eine schöne Variante vom »nie zu groß«.

Schließlich die Paradebeispiele der Piazza in Verona... Gefolgt von Mantua oder Vicenza, Padua oder Brescia... Nochmals gesteigert von den umlaufenden Kollonadengängen in Bologna... Für mich besonders schön ist der an drei Seiten von Kollonaden umfaßte Platz in Vigevano, westlich von Mailand: umfriedet, geborgen – und die Zugänge beinah diskret verborgen. Die Piazza setzt den friedfertigen Menschen voraus.

Alltag am SüdostUfer

Frau in der Brella

Indianer beim Tanz um den Totempfahl erwartet hier niemand; Aborigines bei archaischer Götterverehrung sind auch hier nicht mehr zu sehen. Aber an manchem Morgen kann sie noch auftauchen, zusammen mit einer anderen: eine Frau mit einem Korb Wäsche. An die wellige Kieselkante des Ufers stellt jede Frau einen Holzkasten – eine Art Schublade, die hintere Längsseite offen; am vorderen Holzbrett ein Griffloch. Am Wasser steht der Wäschekorb, die Frau kniet sich in den Holzkasten, als habe sie einen Hemmschuh unter ihre Knie geschoben, damit sie nicht in den See rutscht. Wäschestücke werden ausgeschlagen, mit Seife eingerieben; zwei Fäuste rubbeln das Gewebe. Kniend knetet jede Frau die nassen Wäschewürste. Natürlich hat jede der Frauen eine Waschmaschine zu Hause; so altmodisch sind sie nun auch wieder nicht: Aber einmal die Woche, am frühen Morgen, die großen Wäschestücke im milden Seewasser flößen – das sei allemal unersetzlich, man könne ein bißchen schwatzen dabei, und nie kommt ein Fremdenführer zur verabredeten Stunde, um hier »echte Folklore« zu demonstrieren. So sieht manchmal das melancholisch stimmende Wörtlein »noch« aus.

Flügelnüßchen-Ulme

Hinterm Stacheldrahtzaun eines Strandstücks fiel mir der hellgrün büschlige Austrieb an Ästen auf: Was mochte das für Blattwerk sein? Bäuchlings kroch ich hinzu. Eiförmige Blattbüschel umschlossen heranwachsende Samen – grünbüschlig blühte der Baum, den ich seit der Kindheit als »Rüster« kannte, aber offenbar noch nie zu Gesicht bekommen hatte... Üppig hatte die Ulme ihre Samennüßchen noch vor dem Blattwerk ausgetrieben: bald werden sie flügge – in einem Flugapparat aus pergamentartigem, durchscheinendem Flügelsaum; Ein-Mann-Flieger, die nach der Landung im Feuchten sogleich zu keimen beginnen können; sind diese Kamikazes aber im Trockenen gelandet, behalten sie ihre Keimfähigkeit bis zum nächsten Jahr. Um solche Reserven beneide ich die Ulme, deren Ästchen eine wunderbar scharfe Symmetrie gegen den Himmel zeichnen. Wie achtlos die Flügelnüßchen später, braun geworden, auf dem Pflaster liegen werden... Fährt man auch deshalb nach Anderland, um etwas Beiläufiges, etwas Natürliches plötzlich in neuem Licht zu sehen? Haben wir im Alltagstrott dafür kein Auge? Arbeiten wir nicht überhaupt in Deutschland zu berserkerhaft? Hier sind die Pausen des Verschnaufens zwischen den Arbeitsspannen länger – vor allem die Mittagspause hat hier noch etwas von heiliger Strenge, was freilich nicht ausschließt, daß bei Bedarf überzogen wird; ein strengerer Rhythmus grundiert hier den Tag. Und als ich dann in einem Buch las, freute ich mich an der Ulmenbekanntschaft: Manche Erzählung, mancher Roman und insbesondere Gedichte behalten über Jahrzehnte ihre Keimfähigkeit – es bedarf nur der feuchten Neugier eines Lesers...

Bruder Okapi: Bei einem der letzten Schuster

Im Umland wirbt Schuhfabrik auf Schuhfabrik mit »Direktverkauf«, ein Billy Billig neben dem anderen. Zugleich die erlesen schönsten Schuhe in der Geschäftsstraße Veronas – nur Schuster sind kaum mehr zu sehen. Einer hatte seinen pechfinsteren Laden in Bardolino; längst leuchtet dort ein glashelles Geschäft mit zeitgenössischem Küchendesign. Der Schuster schien vertrieben. Ein Pappschild verkündete, er sei verzogen; ich suchte. Nicht weit weg, an der Mauer des großen Rizzardi-Parks in Bardolino, ist ein Turmhäuslein angebaut, ein Wächtertürmlein. Die Tür ist schmal. Die betagte Holztreppe ächzt. Oben, in zwei Räumen, ist seine Werkstatt. Pappschachteln hüten Geheimnisse. Eine Kugelschalenlampe leuchtet. Fertige Schuhe warten aufs Abholen. Im kattunschwarz glänzenden Mantel sitzt der Calzolaio bei der Arbeit. Das Gußeisen einer alten Singer-Nähmaschine glänzt. Schuhspanner aus Holz und hölzerne Schuhformen, dazu der Duft von Leder. Am Ausguß stehen Flaschen. Ein Riemen treibt eine Achse an, auf der verschiedene Räderbürsten auf die Aufforderung zum Poliertanz warten. Staubschichten auf ausgedienten Schuhen. Der Calzolaio trieb mit seinem Hammer Holzstifte in eine Sohle. Neben ihm lag die Ahle. In einem Blechschüsselchen glitzerten Nägel. Ein Messer lachte. Der Calzolaio spannte einen ausgetretenen Schuh auf sein eisenschwarzes Dreibein; er holte Leder und Nägel; er hob den Hammer behend; dann prüfte er das Genähte und bog das Leder. Mit jedem Handgriff ist er mit Materie, mit Urmaterial verbunden.

Hier nistet Zeit.

Hier wird Geduld gehortet.

Eine Frau kommt die Treppe herauf und fragt, ob ihre Reparatur fertig sei. »Aber natürlich! Die Sohlen waren ganz schön durchgelaufen, Signora!« Er ist in seinem Element, er steckt die Schuhe in eine Plastiktüte, nennt beiläufig den Preis – beinah geschenkt.

Hieronymus in seinem Gehäuse.

Sind wir in einem Handwerkermuseum?

Die Augen des Calzolaio blinzeln vergnügt. Jedesmal bringen wir kaputte Schuhe mit – er macht sich zum Anwalt unseres reparaturbedürftigen Schuhwerks. Dieselbe Achtung, die ihm seine Kundschaft entgegenbringt, gibt er als Echo zurück – voller Zuwendung nimmt er sich eines jeden Schuhs an, verantwortlich, daß er wieder eine Weile taugt, ohne daß man sich gleich neue Schuhe kaufen muß.

Die Dinge in seiner Werkstatt findet er blind. Es ist eine lebendige Ordnung; Staub und Schuhcreme gehören ebenso dazu wie der Lederduft und das Behagliche der Handarbeit.

Wenn ich ihm mit kaputten Spitzen oder Absätzen komme, weiß er, daß meine Zeit bemessen ist: Am besten brächte ich ihm die Reparatur gleich morgen früh – um sieben Uhr sei er längst in der Werkstatt; die Morgenstunde sei am besten für die gröbsten Arbeiten... Und mittags könne ich gleich wiederkommen.

In seiner Werkstatt hängt eine Fotografie: Er, als junger Lehrling, inmitten einer Schustersschar – seit Jahren sei er jetzt schon der einzige, der letzte...

Wenn ich unsere Schuhe abhole, den geringen Preis bezahlt habe und weiß, daß das eine Paar jetzt mindestens noch ein halbes Jahr hält, dann kommt eine köstliche Fermate: Der Calzolaio steckt das Geld ein, steht auf; wir gehen zusammen die Treppe hinab, er sperrt seine Werkstatt ab, wir gehen ein paar Schritte bis zur nächsten Bar, und dort trinken wir zusammen eine »ombra«, ein Glas Weißwein mit einem Schuß Cinzano oder Select. Dabei behält er den Eingang seiner Werkstatt im Auge, um bei Bedarf sofort zur Stelle zu sein – für die Länge unseres Drinks, den immer er spendiert, hat er jetzt Zeit für mich. Er erzählt von seiner Freude, am frühen Morgen mit dem Arbeiten beginnen zu können; mittags geht er nach Hause, und wenn er am frühen

Abend fertig ist, widmet er sich seinem Garten. »Urlaub?« Ach, da schmunzelt er: »Als wir silberne Hochzeit hatten, waren wir ein paar Tage am Meer; war ganz schön ...« Und die Konkurrenz der Schuhfabriken? Mit einem malefizischen Lächeln beschreibt er mir den Wirrwarr des italienischen Steuersystems, trinkt aus und sagt: »Für uns langt's noch allemal.« Er geht in seine Höhle zurück – ein Beschenkter schaut ihm nach: Diese Gattung stirbt aus wie das Okapi im Tropenwald.

Calzolaios Geschenk

Wieder einmal waren Schuhe für den Schuster fällig. Als ich zum Werkstatthäuschen in Bardolino fuhr, brach der Maestro gerade auf, das Fahrrad mit Tüten beladen – er wollte soeben seine Reparaturen ausfahren, hielt aber an und nahm unsere Absatzwünsche entgegen ... Als ich gegen Mittag, bei Regen, zum Auto kam, das in der Nähe des Schusterhäusleins abgestellt war, sah ich den Calzolaio winken – so hurtig kann er doch nicht gearbeitet haben, daß er jetzt schon fertig wäre ... Ich sauste unterm Regen hindurch, geheimnisvoll rief mich der Schuster zu sich, deutete noch einmal auf die bei ihm eingerahmt hängende Nürnberger Zeitung, worin einmal eine ganze Seite über ihn erschienen war, mit Fotos und meinem Text: Heute habe er ein Geschenk für mich ...

Aus feinstem dunkelbraunen Schuhleder hatte er mir ein Geldbeutelchen gefertigt, quadratisch zierlich, acht mal acht Zentimeter, mit einem derbkräftigen Druckknopf, zwei Fächlein für Scheine und dazu ein druckknopfgesichertes Münztäschlein ...

Ich umarmte ihn – überrascht, erfreut und beschenkt, und dann wies er noch darauf hin, daß er seine Arbeit, wie ein Maler, auch eigenhändig signiert habe: »Gigi«.

Ich halte Gigis Gabe als Kostbarkeit in Ehren – ich verwahre darin jene Fünfhundert-Lire-Fehlprägungen, die Europa zeigen, doch Deutschland noch ohne die »befreiten« Bundesländer.

Einheimisches

Noch immer hat die Bar in dem Hauseck am Kirchenvorplatz von Bardolino ihren altmodischen Charme. Als die Telefone noch nicht auf dem heutigen Niveau waren, konnte man von hier aus nach Deutschland telefonieren. Eines Tages wird auch hier der Zugzwang zum Umbau umkrempeln, aber solange der Wirt das Sagen hat, werden die alten Fotografien vom Hafenort die Wände schmücken, so daß wir uns das »Einst« vorstellen können, die vortouristische Zeit: als es einmal soviel geregnet hatte, der See über die Ufer trat und man in Booten die Weintrauben ernten mußte; als es die Seepromenade noch nicht gab und die anmutige »Villa Rosa« noch unmittelbar am Wasser stand...

Unmittelbar...

Gegenüber hat sich ein Hotel in einen attraktiven Café-Ableger vom »Cristallo« verwandelt – mit schickem Design.

Unmittelbar aber bleiben die Begegnungen in der kleinen Bar, die nicht einmal ein Namensschild hat; das Firmenschild einer Kaffeesorte genügt; man steigt ein paar Stufen hinab, als ging's in ein Kellergewölbe. Rechts und links an den Wänden des kurzen Raumes ein paar Tische. Die Wände geschmückt von großen Ölbildern des Schwiegersohns. Und dann die betagte Frau, die Herrin hinter der Bar – wenn sie nach einer Weile auftaut und stolz von ihrer Frühzeit erzählt... Wenn man sie dann bittet, geht sie in den Keller und holt selbst angebauten »Tocai«; die Flaschen ohne Etikette, der Inhalt vorzüglich... Und wenn dann der 70jährige Padrone selbst kommt, davon schwärmt, daß er sein Leben lang als Bauer, auch als Weinbauer gearbeitet habe und noch immer einmal im Jahr in die Berge des Trentino fahre... Wie eine lange gehaltene Stellung mutet diese Bar an: unaufwendig, längst abgehängt von der rasenden Lokomotive »Fortschritt«, aber eben einheimisch gemütlich. An Ostern bereiten sie für sich weder Fisch noch Hase, auch die Ziege kommt nicht auf den Tisch – ihr Osterlamm ist ein Huhn, nach altem Rezept zubereitet: »Pollo ripieno in brodo«. Seine Augen strahlen, als er das Foto von 1991 zeigte: stolz in den Dolomiten. Und wie ihn einer der Einheimischen den »Löwen der Berge« nannte, strahlte er übers ganze Gesicht. Sein Wein ist vorzüglich – ein Pendant zum reichhaltigen Angebot von Guerrieri-Rizzardi. Unseren Roten holen wir auch gerne im Weingut »Tre Colline«, etwas südlich von Calmasino – auch so ein einheimischer Hinweis: 6000 Lire für ein Fläschlein »Bardolino«, da läßt sich nichts dagegen sagen, zumal der Suchweg durch die Hügellandschaft gratis dazukommt.

Circolo degli anziani

Die Theke mit der Kaffeemaschine; Tische mit Tischtüchern; Fotografien aus vergangenen Zeiten; alte Männer in ihrer Unterhaltung versunken; ein wunderschöner Neger, fließend italienisch sprechend, turtelt mit einer beleibten Frau, deren grüner Hut über die Mode lacht, und ein Glas Wein oder ein Cappuccino kosten (1988) nicht mehr als 1000 Lire, und die Wirtin: eine Schäferin, eine Menschenhüterin. Hier trafen sich die Alten des Ortes – jahrelang; dann wurde die Kneipe geschlossen; sie störte wohl ein wenig in der Nähe des fotogenen mittelalterlichen Stadttores von Bardolino – aber die Alten ließen nicht locker, sie wollten wieder einen Platz haben für ihren »circolo degli anziani«, und die Gemeinde ließ sich nicht lumpen: Das einstige Bahnhöflein der Linie Garda–Bardolino–Verona, mit seinem Rotweinrot, wurde wieder hergerichtet: ein Schutzhafen allein für die Alten, touristenfrei, ganz nah am See. Das Lachen der Betagten kollert manchmal heraus – wie Bocciakugeln.

Wirklichkeit

Die Pfarrkirche Bardolinos reicht selbst an hohen Feiertagen mühelos aus; wer alte Kirchen aus dem 12. Jahrhundert sehen will, hat ebenfalls ein reichhaltiges Angebot. Niemand ist bekümmert, daß in diesem Jahrhundert an der Durchgangsstraße das Kirchlein der Hl. Cristina abgerissen wurde; an ihrer Stelle steht seit langem der Supermarkt »Christina«, mit Parkplätzen, die kein Geschäft innerorts anbieten kann. Vor ein paar Jahren wurde das einzige Weinfeld mit See-Bardolino, unmittelbar hinter der Uferstraße gelegen, abgeräumt; daß das darauf erbaute Hotel »Gritti« wesentlich mehr Umsatz macht, ist klar. Außerhalb der Saison verblüffen auch Grittis Sonderangebote. Niemand weint den heimatvertriebenen Weinstöcken nach, denn Wein wächst hier noch immer genug.

Beim »Batticarne«

Er und sein Mitarbeiter hinter dem Glaswall der Theke tragen stets das zartblauweiß gestreifte Metzgergewand, samt weißem Schiffchen – wie wenn der italienische Gesundheitsminister herausgefunden hätte, daß nur diese Dienstkleidung jedes Fleisch vor Krankheit schütze. Beide gehen mit Wollust mit ihrer Ware um: Sie zerteilen Genußmittel. Mit einem metallisch glänzenden Klopfer, dem »batticarne«, machen sie Schnitzel schmackhaft dünn; ein dort gebratenes Huhn duftet stets nach einem Rosmarinstrauch. In diesem Laden lacht das Fleisch; beide Männer sind stets zu Scherzen aufgelegt – nur die Frau des Fleischmeisters ist zurückhaltend still; sie gleicht einer Straßenbahnschaffnerin, die nichts anderes an ihrem Sitzplatz zu tun hat, als zu kassieren. Es scheint, als wäre diese Arbeitsteilung von Rom als Urheilmittel vorgeschrieben – gegen die Arbeitslosigkeit. Wer im augenschmeichelnden und geldbeutelerfreuenden Laden dieser »macelleria« einkauft, kann die angewiderten Blicke desjenigen verstehen, der von den angeblich bequemeren Einkäufen im AllesUnterEinemDach-Supermercato nichts hält, weil dort nur noch Verkaufsknechte angestellt sind und keine launischen einzelnen mehr.

Signore Mezzaluna

Unter diesem Namen findet niemand sein Geschäft in Bardolino. Im Gegensatz zu manchem lichtdurchfluteten Laden, in dem das Modisch-Schicke lustvoll lacht, gleicht der seine einer Finsterhöhle – auch wenn im Entrée die Köstlichkeiten von Alessi nur so blitzen und funkeln. Er sitzt tief hinten an einem uralten Ladentisch; ein gut Teil seiner Waren schlummert in Schachteln. Er residiert in seinem Reich aus Haushaltsgeräten. Bei ihm hab ich den Gläserdreisatz des Gardasees gelernt: dieselbe Grundform, klein: für den Weißwein; dieselbe mittelgroß: für den Roten und die Großform fürs Wasser; die »Flöte« für den Sekt und das Kleinglas mit der Taille fast am Trinkrand für die Grappa. Er ist ein Herr. Wenn wir ihm sagen, zu welchem Preis wir die wunderbare Zitrusfrüchtepresse von Alessi in Desenzano oder Lazise sahen, dann wird er die Preisliste holen, uns ansehen und sagen: »Aber bei mir bekommen Sie's für soundsoviel tausend Lire günstiger – bei Barzahlung, ohne Euroscheck.«

Wer könnte da zögern? Bei ihm haben wir endlich die »passafrutta« gefunden, mit der sich die geschälten Tomaten so herrlich passieren lassen zur Spaghettisauce … Er hat die herrlichen Holzgriffmesser, mit denen allein sich der störrischweiche Bröckelkäse, der Parmesan, schneiden läßt … Als mir, heißersehnt, der

Bogen eines Wiegemessers, mit Holzgriffen, auffiel, fragte ich nach dem Namen: »Mezzaluna!« Was für ein Name – derlei können nur Dichter erfinden: »Halbmond«... Und seither begrüße ich ihn stets mit »Signore Mezzaluna«.

Kleine Hymne auf Alessi

»O Gott, dieser Kitsch!« Wer hätte nicht schon oft angesichts übervoller Schaufenster und Läden diesen Stoßseufzer in die tauben Ohren des Gottes des Marktes geschickt – aber dann besänftigt ihn ein Blick in die Neuigkeitenschau eines Haushaltswarenladens... Wie wenn einem Modedesigner das perfekte Destillat von Claudia Schiffer für den Sektor der Gebrauchsgüter gelungen sei. Es ist, als ob wieder einmal einem Designer die Verwandlung geglückt wäre: etwas vom Anbetungswürdigen einer schönen Madonna und einer perfekt-attraktiven jungen Frau zum erotisch-handlichen Küchengerät, hochglanzschön und ferrarischnittig; konkurrenzlos eben... Eines Tages wird Alessi in den Katalog der italienischen Nationalhelden aufgenommen und vom Papst zumindest seliggesprochen werden.

Wer könnte dem Spaghettitopf von Alessi widerstehen? Er ist die Wiedergeburt der Urform des Topfs, in dessen schwerem Glanzmetall die Urform einer zweihenkligen Amphore einschmolz. Diesen Topf in die Hand nehmen, heißt Spaghettikochen zelebrieren. Wenn im sieblöchrigen Einsatz das Wasser zu brodeln beginnt... Wenn der schlanke Topfleib zu summen anhebt... Wenn ein Rauchfähnlein aus dem Kugelkopfkrönlein faucht... Wenn die dreizinkige Holzgabel die Schlangenbündel aus Hartweizen wendet... Wenn du zur Probe eine Spaghettischlaufe an die italienische Küchenkachel wirfst: bleibt sie haften, hat sie den richtigen Biß... Und daneben die Pyramidenrundform des Wasserkessels mit dem taubenblauen Griffbügel, dessen Zwitschervögelchen in der Schnaube beim Kochen pfeift... Nicht jedes Stück von Alessi wird einem gefallen, aber manchmal spüren deine Augen: Alessi hat jenen Kammerton »a«, auf den man eine perfekte Form von Haushaltsgeräten stimmen könnte: kein Schnickschnack, kein Schnörkel; eindeutig und klar – konkurrenzlos.

Unverfrorenes, fast unsichtbares Kriegerdenkmal

Welcher deutsche Fremdenverkehrsort würde es wagen, genau zwischen Hafen und Hauptstraße an sein Militär, und damit ans »Vaterland«, »Pro Patria«, zu erinnern? In Bardolino steht, ohne jemals zu stören, das Kriegerdenkmal mitten in der Brandung der Besucher, immer ist es mit Blumenpracht geschmückt. Niemand stört sich an dem Dargestellten: An einem sandfarbenen Obelisken zwei Soldaten aus schwarzem Metall; der eine tot; der andere, den gefallenen Kameraden haltend, schlägt mit erstarrter Geste mit einem Meißel die Inschrift in den Stein. Als ob beide Soldaten sagten: »An uns lag's nicht, wenn aus der ganzen Sache kein glänzender Sieg wurde. Wir haben unser Bestes gegeben.« Außen herum spannt sich eine schwere Stacheleisenkette von einer leeren Granatenhülse zur anderen. Auf den glatten, rotfleckigen Marmorplatten der Fußgängerstraße sausen Rollerskater vorbei.

Als dort einmal AlpiniVeteranen Blumen niederlegten, erwähnte jemand die drei dünnsten Bücher der Welt: »Die amerikanische Kulturgeschichte, das Kochbuch von McDonald's und die italienischen Heldensagen.«

GeldwechselUrzeit

In den ersten Tagen reicht das mitgebrachte Geld, aber dann... In unserer Frühzeit hatten die Banktyrannen ja nachmittags immer geschlossen. Und wehe, du hattest am Vormittag deinen Paß im Palast der Wechsler vergessen! In langen Warteschlangen standen wir nicht – wir knieten, um des Gnadenerlasses der Verwandlung von Deutschmark in Lira teilhaftig zu werden. Angesichts dieser herrlichen Landschaft: Wäre jetzt nicht ein Extraeintrittsgeld fällig? Und wenn mit unnachahmlicher Grazie die Angestellten die Wechselformulare mit mindestens 17 Durchschlägen an den nächsthöheren Unterschriftsbevollmächtigten weiterreichten, dann hast du dich tief verneigt: Sie vertrauen der Rechenmaschine nicht; auf Heller und Pfennig prüfen sie nach, und erst recht werden deine Geldscheine auf ihre Echtheit hin getestet – hättest du nicht zugleich noch ein polizeiliches Führungszeugnis mit vorlegen sollen? Im Warten half alles Fluchen nicht, auch wenn du beiläufig bemerktest, daß die italienische Währung die großmäuligste sei: Hier gehörten die Nullen zum Nationalcharakter... Längst weiß man: Sie lieben bis zum Eurobeginn ihr 1000-Lire-

System: Es verhüllt auf elegante Weise, daß eine echte Lira viel mehr wert ist als eine Mark. Es ist eine Teufelswährung, die zur Ungenauigkeit erzieht, es fehlen die Nuancen hinterm Komma – jeder Preis wird immer irgendwie aufgerundet für die Wechselgeldfaulen.

Längst sind diese Ohnmachtszeiten vorbei. Auch die Bankangestellten sind von der Wechselfron befreit. In einem Interim wurden Automaten installiert, die mühelos in ihren Schlitzen D-Mark, Schillinge, Gulden und Dänenkronen einzogen... Längst genügt das EC-Zauberkärtchen; die Automaten funktionieren rund um die Uhr – Ausnahmen bestätigen die Regel.

Mit dem Fahrrad

Einheimische Italiener würden alltags niemals ein Fahrrad benützen. So ein wackliges Gerät machte aus einem stolzen Körper doch nur einen Zappelphilipp, der balancieren muß – zum Reden mit Händen und Füßen ist's völlig ungeeignet. Aber wenn sie in ihrer Freizeit in die geschmeidigen, enganliegenden Rennanzüge schlüpfen, aerodynamische Helme auf dem Kopf, zu Rennradrudeln zusammengeschlossen, dann bilden sie einen Volkschor; ihre Muskeln in farbiger Pracht sprechen das Gebet unserer Zeit: »Herr, da sause ich dahin – sieh an meine Kraft!« So heiligen sie den Sonntag, und jeder heitere Priester wird ihnen vergeben, denn schon der heilige Thomas von Aquin schrieb: »In jeglichem sündigen Tun verbleibt etwas Gutes.« In hellem Seidenblau flitzt eine neue Schwadron vorbei. Mühelos nimmt sie die nächste Steigung, als huldigten alle dem Zukunftsberg: »Wenn wir den mit der 16-Gang-Schaltung schaffen, dann packen wir auch den Alltagsberg...« Und mit welcher Lust erobern sie in der Zeit um Pfingsten die Steilschlaufenkehren rund um den Monte Baldo... In den Kurven liegen die zuversichtlichen Auffangstrohballen – selbst der heilige Thomas staunt noch immer: »Das Staunen ist eine Sehnsucht nach Wissen...«

Morgenstunde bei Salesianern

Sagt eigentlich noch jemand ebenso selbstverständlich, er sei katholisch, ebenso wie er fahre einen BMW? Und wenn's jemand beiläufig gesteht, dann schon ohne den Zusatz »römisch«. Jedenfalls sind deutsch-katholisch und italienisch-katholisch zwei Welten. Wer hat die einen so verschämt werden lassen? Daß ein Nordkatholik werktags zu den Südkatholischen ginge: Dafür wird er doch seine kostbare Urlaubszeit nicht vergeuden. Eigentlich könnte man Werktagskirchen sorglos vernageln – kein Bedarf mehr, wenn nicht Kunstschätze im Kirchmuseum verwahrt sind.

Auf der Schulter eines Hügels, zwischen Uferland und Eremo-Rocca bei Garda war mir manchmal ein Glockenturm aufgefallen – ein Betonbrett mit Loch: Vielleicht trägt ein Frühgottesdienst etwas bei zu unserer Erleuchtung?

In blindem Vertrauen auf die Uhrzeitangabe an der verschlossenen Pforte; das ganze Kloster im Dornröschenschlaf. Irgendwo Licht: Jaja, üblicherweise schon, aber derzeit wären die Buben alle in den Ferien, da begännen sie etwas später…

Die Kirche bleibt zu. Wir kommen in einen Nebenraum – als wären wir bei einer Familie zum Frühstück. Zwei Stuhlreihen, ein Altar – alles in Kleinformat. Vier sehr betagte Männer – als wären sie Gärtner. Das Morgengebet… Einer reicht uns ein Gebetbuch; ich lese in den Ordensregeln des heiligen Franz von Sales… Es entzückt mich und bekümmert mich zugleich: Wir sind auf einem langsam versinkenden Schiff; die letzte Stammbesatzung – Nachwuchs wird keiner mehr kommen. Die Beter sammeln sich, versammeln sich: damit die Wiederholung kein stumpfes Messer wird – als wetzten sie mit Gebeten das Hoffnungsschneidemesser der Messe. Zwei der Betagten gingen schweren Schritts zu einer Nische hinterm Altar, kleideten einander an mit Priestergewändern. Hier nicht zur Kommunion gehen, hieße, ein Frühstück zurückweisen… Der Zauber der letzten Bastion. Gebet: Jedes vorgegebene Wort so nachsprechen, als wär's das eigene – manchmal wird's dann zu einer Treppenstufe.

Hernach erfreute uns der Blick auf die Bucht von Bardolino. Auf einer Steintafel der Aussichtsterrasse werden Vergil, Goethe und Dante zitiert. Die Morgensonne spiegelte sich in großen Pfützen der Sportplätze; Tischtennisplatten, Basketballkörbe – katholische Knabenseminaratmosphäre: so wahrscheinlich nicht mehr lange zu halten…

In der Kirche, neben Glasrosette und dem Bild vom »Lamm Gottes« Buben als Fußballer… Die alte Geschichte: damit sollen die Jungen vom Sex abgehalten werden… Mir schien: Die verstanden hier Fußball durchaus auch als eine Form von Gotteslob. Ein anderes Bild pries ein Paar, ein Brautpaar… Vergil… Goethes

Land, wo die Zitronen blüh'n und Dantes Altitalienisch: »e' ha nome Benace...«

Solche Orte, einst mit Stolz erbaut, inzwischen verblutet, haben etwas vom Mut der Verzweiflung: Sie sind ein »trotzdem«, das darauf verweist, daß uns immer etwas fehlt, wenn unser Leben in der Primitivform der irdischen »Zwei« verläuft – eben nur zwischen Arbeit und Freizeit... Längst ist das Seminar erloschen; wie eine verlassene Bergfestung mutet die Kirche an; nicht mehr Gläubige werden in Europa vertrieben – der Glaube selbst ist auf der Flucht. Sehnsüchtig zielen Golfspieler auf die Löcher im englischen Rasen – ich möchte jemandem begegnen, der mit mir über die 150 Hügel der Psalmen ginge: Zum gemeinsamen Lobpreis der Landschaft wäre hier immer noch Anlaß genug.

Trost in einer Autoofficina

Bis es passiert, wiegt dich der ADAC-Schutzbrief in Sicherheit; wenn aber das Auto bockt, verwandelt es seine Besatzung in Zeitbluter: die bemessene Zeit sprudelt nur so davon. Nicht gelernt zu haben, was Bremsseil oder Zündkabel auf italienisch heißt: Die Reue kommt zu spät. Der Hund der Erinnerung wird durch alle Straßen gehetzt: Wo sah man denn das Markenschild seines Autos? Notfalls wird man sich mit dem Fingerdeuten behelfen, schließlich ist die Sprache der Autopannen international. Jetzt kommt alles darauf an, das Fahrzeug in die Oase einer Werkstatt zu bringen, wo entweder alle vollbeschäftigt sind oder gerade Pause gemacht wird. Wenn der Meister, besorgt über einen italienischen Motor gebeugt, den Eindruck erweckt, für die nächsten zehn Tage ausgebucht zu sein, kommt es auf die Zauberformel an: Einem freundlichen »buon giorno« sollte die abfällige Bemerkung über die nicht mehr so tadellose deutsche Technik folgen, dann ein Hinweis auf die Faustregel, daß Italiener immer eine Lösung fänden – und schließlich das Geständnis, daß es im deutschen Italienischlexikon kein Wort für »unmöglich« gebe, außerdem sei es wohl nur eine Kleinigkeit... Nun wird sich das Gesicht des Meisters aufhellen; wenn er jetzt zuhört, verpflichtet er sich, deinen Kummer zu seiner Sache, also zu einer seiner Ehre zu machen – es gilt dann nur noch, ihm zu verstehen zu geben, daß man es nicht eilig habe; italienische Facharbeiter werden auf den Zuruf »Ich hab's aber eilig« auf der Stelle schwerhörig.

Dem Pannenfahrzeug widerfährt jetzt die Zuwendung in

einem Wechselbad aus High-Tech und Handarbeit; Auftragsformulare werden nicht ausgefüllt – das Signal, daß der Schaden bis zum Nachmittag behoben sein könnte, genügt. Jetzt muß man ihnen Zeit lassen, denn sie sind Liebhaber ihrer Tätigkeit. Wann immer man wiederkommt und am Gesicht des Meisters abliest, daß die Sache längst erledigt sei: Zum Dank gehört das Geständnis, daß es hurtig wie Zauberei gegangen sei. Und um sich für künftige Notfälle die Sympathie des Meisters nicht zu verscherzen – wer weiß, welche Überwindung es ihn gekostet hat, von seinem FordTelefon aus bei VW in Verona anzurufen –, ist es angebracht, keine Rechnung zu verlangen; wozu auch die Mühsal einer genaueren Auflistung: Material und Kleinteile sowie Arbeitszeit ergeben immer eine runde Summe; natürlich wäre der Meister zur Rechnungsstellung verpflichtet, doch wozu ihn nötigen, die darin enthaltene Umsatzsteuer an seine Staatskasse zu überweisen... Diese eingesparte Summe bietet sich als Trinkgeld an, sozusagen als Gedächtnisstütze fürs nächste Pannenmal... Unersetzlich das Gefühl: Als Ausgelieferter sich zugleich in guten Händen zu wissen...

Kleines Wunder

Signor Luccio, ich meine Maurizio, den Padrone des Fischgeschäfts, hatte eines Tages wieder ein Buch für mich – jetzt fände ich bestimmt das kleine hübsche Kirchlein San Francesco, oben am Berghang in Paerno; er verriet mir auch, wo ich läuten müßte, um den Privatbesitz geöffnet zu bekommen. Ich bedankte mich froh, kaufte Fischdosen ein... Nach einer halben Stunde hatte er mich an einem meiner Lieblingsplätze wiedergefunden – ach was, es war zwei Tage später: Er gab mir 10 000 Lire, ich stutzte: Ach, er habe sich doch bei den Thunfischdosen aufs sträflichste verrechnet...

Kirchlein mit Schinkenkammer

Im Beschildern ist hier europäischer Standard erreicht – Überfluß auch da. Bevor jemand, von Bardolino kommend, auf der Uferstraße nach Garda die Kurve unterhalb der »Rocca« nimmt, fällt das Schild auf, das auf eine »Chiesa« aus einem frühen Jahrhundert hinweist. Der Steinturm spitzt aus Oliven- und Weinbergsgrün hervor; wer in den schmalen Weg zu dem flachgiebligen Kirchlein einbiegt, bekommt vielleicht schlechtes Gewissen – das steingraue Kirchlein von San Pietro aus dem 13. Jahrhundert scheint zu einem Gehöft zu gehören... Grün tummelt sich um das Haus; innen ein paar Bankreihen, zwei Fresken, dazu zwei kurze Pilaster, die Rankenwerk und Figurenschmuck tragen... Eine kleine Kutsche Gottes, irgendwo abgestellt, ausgespannt. Die Beize des Alltagsgebrauchs fehlt, die Mauern sind kalt; wie lang die Dachbalken noch halten, weiß niemand. Eine Frau ließ mich allein. Wozu die aufwendigen Neubauten von Meditationszentren? Es wäre doch alles zur Hand – ein Platz zum gemeinsamen Danken... Ich schaute mich in der erloschenen Feuerstelle Gottes um, sah die Sakristeitür, ging hindurch, öffnete eine schmalere Tür und gelangte in einen schmalen Felsengang, der immer dusterer wurde. Ich zündete ein Streichholz an: Vom Gewölbe hingen Würste, Schinken und Salami – also wenigstens als Schinkenkammer taugt San Pietro noch; ich bedankte mich beim Heiligen und nahm eine trockenharte Salami mit – sie schmeckte vorzüglich.

Mittagssignal

Wunderbar dehnbar sind hier die Ladenöffnungszeiten; des Abends scheint kein Verkäufer müde – ein flexibles Land: und dann diese Strenge der Mittagspause. Schlag zwölf Uhr dreißig betritt ein unsichtbarer Muezzin die Minaretts über den Dächern: Man hört es rasseln und quietschen und schlagen – jetzt krachen die eisernen Rollos ins Schloß. Die heiligen Stunden der Mittagsruhe beginnen – neidisch erblassen alle Fundamentalisten.

Ein Lieblingslokal

Jeder hofft, daß er findet, was ihm in Innersten entspricht. Wenn die Gemüsesuppe nach frisch geernteten Gärten schmeckt und darauf Parmesankrümel schmelzen, bist du schon nahe dran. Während die Pannini zerkrachen, futtern Kinder die Grissinistengelchen auf. Und dann die Leber mit gedünsteter Zwiebel – »fegato alla veneziana«... Die Venezianer lieben die Leber deshalb so sehr, weil sie das weiche Fleisch an ihre eigene Sprache erinnert: eine Sprache ohne Knochen, »una lingua senza ossi«... So bißweich muß auch das gedünstete Gemüse sein... Jahrelang war man zufrieden, und dann macht irgendein Modernisierungseffekt die ganze Atmosphäre zunichte – man zieht um, und plötzlich fällt einem am Eck in Bardolino ein lange übersehenes Lokal in die Augen: Klein, intim, ohne Schnickschnack; die Mutter des Chefs kocht eigenhändig und trägt sogar noch selber auf… Zartes Fohlenfleisch – und dazu Polenta: Nicht diese Fertigfladen aus dem Supermarkt, im Heißluftofen aufgewärmt – wenn sie so frisch zubereitet ist wie hier, eine Creme, leicht körnig: dann ist's, als hättest du auf Weltzeit hin einen Schmausankerplatz gefunden, den du nicht jedem verraten willst…

Betteloni

Von einem Denkmal wird Unmögliches verlangt: Es soll immer frisch bleiben, ins Auge springen… In der nördlichen Kehle von Bardolinos Hafenpromenade steht auf halbmannshohem Sockel das Bronzeporträt eines Mannes; auf dem Stein darunter zwei Gesichter – ich hielt sie für Variationen, wunderte mich aber über die vielen Vornamen von »Betteloni«, dessen hier gedacht wird: einer, der den Gardasee in Gedichten besang. In Literaturgeschichten taucht er nicht auf.

Cesare Betteloni… An einem grünen Haus erinnert eine Tafel an ihn. Drei Bettelonis waren es… Einer war der Dichter… Kein Buch im Handel… Irgendwie hat es Maurizio aus dem Fischladen geschafft, daß mir jemand ein Bändchen mit Gedichten besorgte: Hymnen von 1834: »Il Lago di Garda« – das Wogengeschnalz hat er gepriesen, die Girlanden der Gischtkräusel; kein Wort über den Streit der Einheimischen… Cesare Betteloni, 1808 in Verona geboren, 1858 in Bardolino gestorben – das Denkmal verschweigt seinen Selbstmord: als dürfe man sich in so schöner Landschaft nicht umbringen… Vielleicht böte sich Bardolino einmal an für ein Festival von Poesie: nur von Selbstmördern.

Und eines Tages brachte mir jemand »Versi in dialetto veronese« von Gianfranco Betteloni, 1947 in Verona gedruckt. Da begann die Seesprache anders zu klingen; ohne die italienischen Schmuckschlußvokale: erdtrocken heißt hier der »Bardolino« »El vin de Bardolin« – er gebe Mut, el dà coraio… Fast spanisch heißt der See »El Lago de Garda«, »el gran lago italian!«, und er, der Dichter wisse nicht, ob ihn die Demokratie in Händen halte: »l'abia in le man…« Und dann waren es nur noch wenige Schritte, um in einen versteckten Garten zu gelangen, in dem allenfalls einmal im Jahr jemand spazierengeht – um sich darin Blüten von Sprichwörtern aus dem Veneto anzusehen. Derber, wie überall, und direkter ist auch hier der Dialekt...

Höflich lautet die italienische Variante: »Es gibt kein Hemd einer Alten, das sauber wäre – non c'è camicia di vecchia pulita« – deftiger klingt's im Dialekt: »Von einer Alten gibt's kein Hemd ohne Scheiße – non gh'è camisa de vecia senza merda.« Das gefiel mir ebensogut wie der Spruch vom Kuß: »Ein Kuß macht kein Loch – er ist die Leiter, um schließlich auf den wahren Grund zu kommen: Baso non fa buso, ma xe scala per andar suso – Un bacio non fa buco, ma è scala per arrivare in fondo.«

Beiläufige Begegnung mit »Dante«

Die Form des Sees bleibt seit Jahrzehnten gewahrt, nur der Zustrom an Besuchern nimmt in den SaisonHochzeiten immer noch zu, auch wenn ein Hotelmanager einmal nachdenklich sagte: »In eine Literflasche kann man nicht mehr als einen Liter hineinschütten...« Manchmal scheint's, als wäre der Flaschenbauch dehnbar und das Fassungsvermögen der Landschaft noch längst nicht erschöpft. Eines Tages bot jemand doppelsitzige rote Rikscharäder zur Uferpromenade an... Wenn eine jugendliche Schar mit ihren Paddelbooten ausschwärmt, schrumpft der See noch lange nicht. Auch für junge Leute in schwarzen Tauchanzügen, Bleigürtel um den Bauch, ist Platz genug. Im Jahr 1981 befuhr Jacques Picard mit seinem Mini-U-Boot »Forel« den See. Eine der frühesten Erwähnungen fand der See »Benaco« in Dantes »Göttlicher Komödie«, im 20. Gesang, der die »Hölle« beschreibt. »Hölle«, »Fegefeuer« und »Paradies« sind die drei Orte der »Commedia«. Vor dem Dantedenkmal in Verona sagte einmal jemand: »Das ist also der Erfinder des Olivenöls?« Vermutlich hatte er das minderwertige Industrieöl »Olio Dante« vor Augen... Eines Morgens schien die Schmähung des Dichternamens perfekt: Eines der betagten und kleinen Passagierboote der »Navigarda«, das längst nicht mehr für den Linienverkehr eingesetzt wird, arbeitete, leicht umgebaut zum Bauboot, in der Hafeneinfahrt von Bardolino, um die Fahrrinne für die Tragflügelboote auszubaggern. Das schmuddelige Schifflein hieß »Dante«; am liebsten hätte ich es, wie in »1001 Nacht« eine Sklavin, freigekauft – und dann wären wir so lange damit über den See gefahren, bis wir die dreiunddreißig Gesänge, in Karl Vosslers

Übertragung, gelesen hätten: »Des Himmels Fügung läßt sich bändigen/ durch heiße Liebe und lebendige Hoffnung,/ wodurch der Mensch den Willen Gottes zwingt...«

Meine Zeitungshexe

Es war aussichtslos. Niemand konnte gegen sie gewinnen. Zusammen mit ihrer Schwester herrschte sie im einzigen Buchladen, zwischen Hafen und Kirche. Hier war immer das Postkartenangebot am buntesten, aber wer eine Briefmarke extra haben wollte, der bekam sie nicht – nur in Verbindung mit Ansichtskarten. Hier war das Zeitungsangebot fast so international wie im Münchner Hauptbahnhof; ach, und all die herrlichen Zeitschriften...

Unterstehe dich, in ihrem Laden eine Zeitung aufzuheben, anzuschauen, mehr als die Überschrift zu lesen und nicht zu kaufen – wie ein Habicht stürzt sie sich auf dich: Sie selbst kommt auf dich zu; eine Geheimpolizistin, deren dickglasige Brille schon allen Zorn der Kurzsichtigen ausdrückt, deren scharfem Blick aber nichts entgeht... Nuschelnd und scharf zugleich hämmert sie dir den Preis des Journals ins Ohr: als wüßtest du's nicht, als wolltest du nicht glauben, daß das Deutschblatt hier, eigens für dich aus Ferngermania hergebracht, einen kleinen Lirezuschlag kostet...

Unterstehe dich, zwei Zeitschriften verschiedenen Titels nach nur flüchtigem Ansehen unordentlich übereinanderzulegen: Sofort wird sie das schamlos Zerlesene wieder in Ordnung bringen – jede Gebärde ihrer Hände ein Vorwurf an den schaulustigen, aber nicht kauflustigen Fremden.

Sie war die Schildwache des schlechten Gewissens.

Wie ein Wachhund kommt sie nach draußen, wo das wunderbare Angebot der Weltzeitungen wartet – wenigstens die BundesligaErgebnisse könnte sie dich doch umsonst lesen lassen... Arglos hältst du die »Welt am Sonntag« in der Hand – ach, Schalke hat leider verloren... Da knurrt sie dir den Zeitungsnamen ins Ohr, samt dem Preis – als könntest du nicht lesen. Empört ist sie, daß du nicht kaufst.

Immer wieder fasziniert mich am Morgen das Spektrum der italienischen Tageszeitungen – so ein schillerbuntes Angebot haben wir zu Hause doch nicht... Allein schon die Überschriften... Doch kaum hast du mit dem Lesen begonnen, kommt sie schon wachhundknurrend daher – als hätte sie dich soeben auf frischer Lesediebstahlstat ertappt.

Einmal war ich gar zu lang in eines der Blätter vertieft – da riß sie mir's aus der Hand. Ich fauchte zurück: Das also sei die berühmte italienische Höflichkeit?

»Das hat mit Höflichkeit nichts zu tun, Signore! Meine Zeitungen haben alle ihren angestammten Platz! Das wird doch in Germania genauso sein! Sie sind zum Verkaufen da! Nicht zum Anschauen! Ecco!«

Nichts zu machen, wenn du bei fünf gekauften Ansichtskarten noch eine zusätzliche Briefmarke haben willst: Barsch ist ihr Bescheid: »Da drüben, im Tabakladen!«

Manchmal hat sie mich zur Weißglut gereizt. Unverfroren riß ich die Plastikverpackung eines neuen Buches auf, das ich bereit war zu erwerben – da kam der Zornknurrhund schon daher und nahm mir das Buch aus der Hand.

»Tut mir leid, Signora-Commandante, aber ich kann beim besten Willen nicht durch die Plastikfolien hindurchschauen, um zu sehen, ob mir das Buch auch wirklich gefällt; ich kauf doch keine Katze im Sack!«

»Bei mir, Signore, gibt's keine Katzen im Sack! Sie können den Titel lesen, basta! Nur wenn man das Buch kauft, macht man es auf! Schmutzig würden doch sonst alle Bücher! Äh! Man blättert doch auch nicht im Salat! Äh! Ecco, Signore!«

»Verdammte Diktatur!« gab ich geschlagen zurück.

Verwundert stellte ich fest, daß dieses giftsprühende Weib einen Mann hatte und auch eine Tochter... Welchem unsichtbaren Charme muß ihr Mann einst erlegen sein?

Einmal sah ich, wie sie bei nicht verkauften, also veralteten deutschen Tageszeitungen die Titel abriß – indem sie ein schweres Lineal auflegte und die Kopfleiste abfetzte, als wolle sie mit jedem genußvollen Riß sagen: »Da habt ihr euren Dreck wieder! Sowieso kaum was dran verdient! Erniedrigen muß man sich mit diesem Fremdsprachenzeug! Nur die Deutschen stochern darin herum – die Holländer sind wenigstens dankbar, daß sie hier als ständige Botschaft aus Nederland ihr ›Het Parol‹ bekommen...«

Die Zeitungshexe reizte mich. Sie blieb unerbittlich.

Eines Tages hatte mir der Ortspfarrer ein entzückendes Buch gezeigt, italienisch-kitschig-hübsch illustriert: »Leggende del Garda«, Sagen und Legenden vom Gardasee, 1977 erschienen...

»Wahrscheinlich ist's längst vergriffen... Aber die Signora in der Buchhandlung könnte noch Restexemplare haben...«

»Ah, bei der Zeitungshexe...«, gab ich zurück.

Don Piero lächelte: »Rauhe Schale – guter Kern!«

Bücherhunger ist unstillbar ...

Ich ging zur Zeitungshexe.

Böse funkelte ihr Blick: Sie erkannte mich als den provozierenden Dorn in ihrem Auge ...

»Signora«, sagte ich, »Don Piero hat mir da ein entzückendes Buch gezeigt... Leider vergriffen... Aber, die Königin der Bücher könnte vielleicht noch eines haben... Die Legenden vom Gardasee ...«

»Äh, Leggende del Garda... Äh!« Sie nickte. Sie lächelte. Sie verschwand in einem Hinterzimmer. Gleich darauf kam sie aus der Finsterhöhle zurück, mit dem Gewünschten: »Ecco, Signore!« Sie nannte den uralten Preis ... Seit Jahren trauere ich im längst umgebauten »modernen« Laden, in dem jetzt jedermann nach Herzenslust schmökern darf, meiner Zeitungshexe nach.

Ein Goethe für alle

Auch wenn mancher Einheimische abfällig über die wenigen Bedürfnisse vieler Deutscher hierzulande redet: »Die sind zufrieden mit Wurstel con Krauti, mit Weizenbier und Pizza ...« – nie kämen sie auf den Einfall, die Devisenbringer zu kränken, selbst wenn die deutschsprachige Ausgabe mancher Speisekarte ein Hohn auf die Grammatik ist: »Die Tedeschi spüren doch, daß es gut gemeint ist ...« Als eine besondere Geste den Deutschen gegenüber anstand, beschlossen die Fremdenverkehrsdirektoren, das neue Tragflügelboot »Deutschland« zu nennen – dies Wort aber hätten die Einheimischen nicht aussprechen können; hätte man's in der italienischen Umschrift geschrieben – »Dojcilant« –, wäre das den Deutschen wie eine Veräppelung vorgekommen; also kam man auf den Einfall, mit dem rasanten Schiff den großen Dichter »Goethe« zu ehren, dessen Namen jeder aussprechen kann... Als das Schiff seinen letzten Schliff bekam, schlug jemand vor, auf einer Folie hinter Glas an Bord des Bootes jene Stellen von Goethes »Italienischer Reise« zu zitieren, die den Gardasee betrafen. Das nähme zuviel Platz ein, gab der Chefdesigner der »Navigarda« zu bedenken – man müßte die Texte ja dann auch auf italienisch wiedergeben ... Auch die Reproduktion von Goethes Zeichnungen sei viel zu aufwendig ... Ebenso wurde der Vorschlag zurückgewiesen, Goethes »Reise« in einigen Buchexemplaren an Bord mitzuführen – deutsch und italienisch ... Die wären, wandte der Navigardamann ein, schon nach einem

Tag alle geklaut... Betrübt sagte dann bei der Schiffstaufe ein Journalist: »Er hatte doch recht... Man nennt die Italiener ›Kinder der Sonne‹. Sie hießen besser ›Kinder des Schattens‹. Ihre Seelen sind dunkel und nächtig. Wenn sie sich wohl fühlen sollen, dann müssen sie sich in dunklen Unterschlüpfen und Höhlen verbergen können...«

Beleidigt gab der Navigardamann zurück: »Das stammt von Goethe?«

Der Journalist sagte: »Nein, nein! Ist von D. H. Lawrence, ›Twilight in Italy‹, aus seinem Buch ›Italienische Dämmerung‹...«

Worauf der Navigardamann fauchte: »Hab ich mir gleich gedacht! Ein Engländer! So ein Hund!«

Hot Pizza

Einfach, einfältig, unauffällig, unaufwendig – die Eigenschaftswörter treffen allesamt zu auf Cisano, und das ist sein Glück, denn bei allen behutsamen Modernisierungen blieb das Straßendorf unversehrt. Der kleine Platz, hinter einem Torbogen, am winzigen Hafen, braucht als Schmuck nichts weiter als das Rotgeflamm blühenden Oleanders. Die monochromen Plastikstühle der Lokale, nun ja... Doch an der Durchgangsstraße, wie Anlegeplätze, Bar und Ristorante und Pizzeria. Mal hält die Küche Pferdefleisch bereit, oder auf einem warmen Forellenfiletstreifen liegen als Würze Kapern und gesalzene Sardellen; ein andermal gibt's zum Entree Polenta mit Gorgonzola... Unterdessen stand ein Ungeduldiger im Raum und wartete auf seine Pizzas. Der Pizzabäcker schien den Ofen anzutreiben, dann rief er dem Eiligen: »Deine Pizze sind fertig, reich deine Hände her! Und schon klatschte er ihm den ofenheißen Fladen auf die bloßen Handflächen. Der Hurtige schaute verdutzt. Mit seinem Holzschieber holt der Pizzabäcker den zweiten Fladen heraus, läßt sie in eine Pappschachtel flutschen; der Kunde steht immer noch ratlos da. »Für deine Frau!« sagte der Pizzabäcker, schob zwei im Ofen gewärmte Teller in die Pizzaschachtel: »Nun geh schon! Ihr wollt sie doch heiß! Die Teller bringst du mir aber wieder!«

Kinderufer

Schmaler Kieselsaum. Plätscherwellen. Fischschwärme, ufernah. Sand für eine Kinderhand. Steine übers Wasser hüpfen lassen. Wasserkuhlen graben. Angeschwemmtes Holz sammeln und kleine Feuer machen. Pinienzapfen sammeln. Weder der nahe Campingplatz noch die Wellen des Aliscafo stören. Für eine Weile genügt der Strand von Pacengo zur Seligkeit.

Regenmorgen

Seit Tagen hatte es geregnet. In solchen Gegenden gleichen dann viele Erwachsene schmollenden Kindern: Sie haben hohe Eintrittsgebühren entrichtet, nun habe die Sonne gefälligst Hochsommer zu spielen... Der Regen wirkt auf die Beleidigten wie ein deutschfeindlicher Affront. Ich freue mich mit Wein- und Olivenbauern: »Pioggia nel aprile – ogni goggia un barile« – Regen im April, da ist jeder Tropfen Gold wert...

In der Morgendämmerung fuhren wir nach Peschiera, um mit dem ersten Schiff nach Bardolino zu fahren. Das Motorboot rieb sich den Schlaf vom Deck; alles war noch regennaß; der erste Cappuccino wurde heiß – für uns allein fuhr das Boot. Der lange Pinienbogen am Ufer wirkte in der Regenschwärze wie ein Schwamm, der das Feuchtschwarz behielt; dann stellten die Wolken ihren Kannenguß ein. Das Regenwolkige machte die Uferhänge klar. Das Frühlingsgrün nahm verschiedene Farben an – und trotz aller Neubauten schien mir, als wäre die Landschaft noch immer in einem Gleichgewicht zwischen Baunutz und Grünschutz. Das Olivensilber schimmerte hell zum Generalbaß der Zypressenstrichschwärze. Wir lasen einander aus einem Buch über Johann Sebastian Bach vor. Musik, immer wieder neue Musik, ihr klingendes SoNochNie – das ist der Regen, von dem ein Land nie genug bekommen kann... Wir nahmen uns vor, einmal die wichtigsten italienischen Opern zu hören ... am neugierigsten wäre ich jetzt auf Dallapicollas »Hiob« gewesen... Dem Regenwetter ein Schnippchen geschlagen, begrüßte uns der Padrone im »Cristallo« freundlich, servierte die ersten, noch warmen, marmeladegefüllten brioces – seinem Geschäft schadet der Regen nicht: Die meisten Touristen haben ja eine Reise gebucht – da gibt's kein eigenmächtiges vorzeitiges Heimfahren.

Gemüsefrau

Manchmal nahm sie einen Mangoldbüschel wie einen Wedel, um Fliegen zu verscheuchen. Schwarz stand sie in der Tür. Wenn du nicht aufpaßt, mogelt sie dir einen angefaulten Apfel in die Tüte – nimmt ihn aber anstandslos wieder zurück, um sich sogleich beim Auswiegen der verschiedenen Salatsorten zu ihren Gunsten zu verrechnen. Der Rechenmaschine traut sie nicht – sie hat Zeit im Bleistift, mit dem sie auf der Tüte zusammenzählt.

»Unfug«, sagte sie zu fertig verpacktem Gemüse: »Der Mensch hat doch Hände... Ecco!« Irgendwann wird sie ihren kleinen Laden für immer schließen. Vielleicht sitzt sie dann abends in der kleinen Bar, auf einen Grappa, und bringt ihrem Mann eine Flasche »Tocai« ohne Etikett mit. Noch bietet sie Veroneser Spargel an. Klein ist ihr Laden, sehr klein – und dann sagt sie neidlos: »Jaja, da drüben – die Käseauswahl ist eine Pracht; wenn's mich mal gelüstet nach Pfirsichmarmelade von hier oder gar nach Feigenmarmelade, dann kauf' ich sie dort – bessere gibt's weit und breit nicht... Aber, Signore: Sie haben den Stangensellerie, den Sedano, vergessen – ohne den kann man doch kein Essen beginnen...«

Verschwunden ihr Laden inzwischen, ebenso ein prachtvolles Lebensmittelgeschäft an einem Eck mitten in Bardolino. Die ältere Generation geht in Rente, die jüngere zieht das »schnellere Geschäft« vor. Wer will ihnen verdenken, wenn sie mit der Zeit mithalten wollen... In mancher Gasse eine Schwemme von anspruchslosem Kitsch – etwas an Stil, an Lebens- und an Baustil geht da verloren, stellenweise. Und dennoch: Es halten sich die Inseln des »noch«: Noch gibt es Geschäfte, wo der Einzelne wirklich bedient wird als Kunde; noch gibt es Weingüter, in denen nicht das Pompöse überwiegt, sondern ein überschaubares Angebot; noch kann ich zum Kloster des »Eremo« fahren und im kleinen Laden an der Pforte köstliche Marmeladen kaufen oder in Cisanos »Ölmuseum« das breite Spektrum lokaler Honigsorten. Ich feue mich jedesmal über diese kleinen widerstandsfähigen Bastionen des »noch« – mögen noch so viele Menschen die Supermärkte bevorzugen, etwa in Affi, gleich bei der Autobahnausfahrt. Ich möchte nicht verzichten auf das Lokale, das sich noch immer individuell zeigt – wie die Bäckerläden mit ihren köstlichen Torten in Bardolino. Auch sie haben etwas vom Gemütlichen des »Nur-hier« – wie im Hotel »Kriss« in Bardolino, wo regelmäßig der lokale Kulturkreis »La Preonda« zusammenkommt, um das Unverwechselbare zu erhalten.

Im WeinHügelland

Ölbaumsilber

Alljährlich ertappe ich mich bei einem romantischen Traum: Die Jahreszeiten würden nicht nur durchs Wetter, sondern auch durch tätige Menschen sichtbar. Längst leben wir im Bewußtsein, jede Jahreszeit überlisten zu können – am Gardasee aber legen Menschen immer noch Hand an, als wollten sie den Kurzzeitbesuchern zeigen, daß die Einheimischen gerne die Dolmetscher der Jahreszeiten sind. Im Frühjahr riecht's nach schwelenden Feuern: Ölbaumzweige werden verbrannt, ein rauchiger Duft zieht übers Land.

Der Olivenbaum, im Südheißen des Mittelmeerraums daheim, hat sich keck im Schutz des milden Gardaseeklimas bis an die Ausläufer der Alpen vorgewagt – mit seinen Kugelkronen bringt er mediterranes Licht weit nach Norden. Noch jung verformen sich Ölbäume zu einer Verkrüppelung – als wollten sie absichtlich demütig den Stamm klein halten; ihre zähen, oft verdrehten, manchmal gerissenen Stämme lassen dann die Zweige noch anmutiger erscheinen. Sie tragen zweifarbige schmale Blätter: sonnenwärts ledrig dunkelgrün – erdwärts weißgraugrün. Wenn ein Windhauch beide Farbtöne vermischt, entsteht jener Lichtball, den nur der Ölbaum vorweist: Das graugrüne Kronengeleucht des Olivenbaums hat etwas von einem Heiligenschein – ein Hauch Silberlicht ist um diese Baumkugelgestalten. Sie strahlen aus: die selbstverständliche Ehrfurcht vor dem Fruchten und Wachsen, das sich nicht beschleunigen läßt. Wer sich mit synthetischem Öl nicht begnügt, der braucht eben die Jahresgeduld fürs Olivenöl. Es ist ein Lebensbegleiter, für den es keinen Ersatz gibt.

Übermütig haben die Ölbäume getrieben – nach dem Winter werden sie unerbittlich geschoren. In ihre vollgewucherten Kronen werden lange Rundhölzer gestellt, durch deren Löcher in regelmäßigen Abständen Sprossen gesteckt sind; auf dieser einbeinigen Leiter, dem handlichen »scalión«, steigen Männer mühelos bis zu den höchsten Spitzen und sägen aus. Bald liegt rund um den Baum die Silberastschur; für eine Weile sehen die gestutzen Bäume verstümmelt aus – doch dann schießt Kraft erneut in ihre

Äste ein: in herrlichem Kontrast zu den groben Stämmen und zum Silbergrün der paarig wechselständigen und lanzettlichen Blätter entfalten sich um Pfingsten herum die weißen Sternlein der Blütenrispen – und im November glänzt dann saftschwarzschwer das Gehänge ihrer Früchte... Das erste, kaltgepreßte Öl trägt daher den Namen des heiligen Martin – das Ölbaumsilber hat sich zu grünschillerndem flüssigen Gold verwandelt.

Der Ölbaumbestand des Gardasees zeigt ein Dilemma unserer Tage: Ertragreicher wird ein olivenbestandenes Feld, ist's in eine neue Feriensiedlung verwandelt; die Mühsal der Ernte mit Händen und Netzen kann nicht soviel abwerfen, und im Bedarfsfall wird eben Olivenöl aus Spanien oder Griechenland importiert – nur, eine charakteristische Mitgift dieser Landschaft, die sie unverwechselbar macht, gerät immer mehr in Bedrängnis. Die Geduld, die ein Ölbaum fordert, wird lächerlich angesichts der raschen Umsätze in den nahen Supermärkten. Der Ölbaum war einmal eine Garantie relativer Unabhängigkeit; noch aber leuchtet er mit seinem Silber auch als Bild, denn der Olivenbaum ist ja auch einer der Urbäume der Bibel... Wenn dann Don Vittorio, der Pfarrer von Cisano, in seiner fünf Sätze kurzen Sonntagspredigt an das Ölbaumausschneiden erinnert und sagt, daß man genauso in der Seele Frühjahrsputz machen müsse, leuchtet das jedermann ein. Und ich war entzückt, als ich durch die lichten Bestände der Olivenbäume wieder einmal das fliegende Zimtbraun vom »Upupa« flügeln sah: mit den schwarzweißen Schwingen und dem stolzen Kamm – noch ist hier der Wiedehopf heimisch.

Messer Nespola

Jahrelang versah er seinen Dienst als Hausmeister in unserer Wohnanlage »Casetto Cisano«. Zuverlässig kam er, wenn das Gas für die Heizung nicht zündete oder Strom fehlte; ab einer bestimmten Abendstunde stellte er sich auch bei größeren Mängeln taub – man konnte seinem Gesicht ablesen, daß es ihn wurmte: als betagter Mann nun als Diener für Deutsche zu arbeiten. Er fluchte laut über die Gören, die in seinen Bäumen seine Äste abbrachen und in seinem noch trockenen Schwimmbassin seinen erst frisch angebrachten Putz mit ihren verdammten Fußbällen zum Abblättern brachten – und mochten die deutschen Geldbringer noch so sehr auf ihrer Mittagsruhe beharren: Wenn der Tag des Grasmähens war, fuhr er mit der schnarrenden Ohrensäge durch den Garten, bis das letzte Gänseblümchen und Veilchen abrasiert war. Er hatte ein Knurrhahngesicht, und es ärgerte ihn nicht die säumige italienische Müllabfuhr, sondern der Abfall, den die Deutschen in der Nähe seines Häusleins abluden. Für Unterhaltungen hatte er wenig übrig. Erst, als er endlich in Pension war, begann sich sein Gesicht zu glätten; jetzt sah man es im Sonntagsanzug leuchten, wenn er mit seiner Bauernmütze und im warmbraunen Samtjackett zur nahen Trattoria ging, um dort mit Gleichaltrigen Boccia zu spielen. Mit jedem Wurf schien es, als würfen sie Goldkugeln aus einem unerschöpflichen Zeitsack aus – die Last der Fremdherrschaft schien weniger drückend geworden zu sein. Die Unterhaltung erweiterte sich nun auf drei Sätze: eigenes Wohlergehen, der vergangene Winter und das derzeitige Wetter – wenn's in die Palmzweige nicht regnet, dann in die Osternester...

Eines Nachmittags wollte ich von ihm wissen, wie ein Baum mit ledrigen, gewellten, ovallangen Blättern heiße, der zimtfarbene Ansätze von Blüten trug... Er schaute kurz auf: »A, nespole! Nespola giappone« – als wär's das einfachste, die japanische Mispel zu benennen... Seither nannte ich ihn für mich »Messer Nespola«, und seitdem habe ich einen Blick für diesen kugelkronigen, dunkelgrünen Baum, der bei guter Witterung zu einer uns ungewohnten Zeit fruchtet; mit datteldicken, pflaumengroßen, orangefarbenen und glatthäutigen Früchten, deren dicke Haut geschält werden muß, um das saftige Fruchtfleisch zu essen – darin steckt ein glitschigbrauner Kern, dattelkerngroß... Und mit einem Mal entsinne ich mich, wie bitter Messer Nespolas Satz war: daß die Mispel früher reichlich hier geerntet wurde – jetzt wäre sie kaum mehr auf dem Markt; aus Spanien importiere man sie – es werde immer weniger mit den heimischen Früchten, seit soviel Häuser für Fremde gebaut würden...

Trauerschwärze

In einem anderen Jahr kam die Frau des Hausmeisters trauerschwarz in den Garten. Während ich das Auto entlud, blieb sie so beharrlich zwischen den Beeten, daß ich sie fragen mußte nach dem, was ich ahnte. Mit Tränen sagte sie's: Im ausgehenden Winter sei ihr Mann gestorben... Auf dem Hof zusammengebrochen... Ach, und bis endlich der Arzt gekommen sei... Und der Sohn wär an diesemTag auch nicht zur Stelle gewesen...

In den folgenden Tagen brach ihre Klagewunde immer wieder auf; das Tränenblut war nicht zu stillen... Wie wir uns verrenkten: als müßten wir einem Menschen seine Schmerzlast leichter machen... Einmal sagte ich ihr, wie um einen Tränendamm aufzurichten: »Aber Signora, Sie haben so viele gute Erinnerungen an Ihren Mann... Wer kann schon in den Armen seiner Frau sterben...«

Ihre Bekümmerung blieb. Wie ein schwarzer Mühlstein bedrückte sie die junge Familie im Haus. Doch einmal, als sich schon leichter Schorf auf der Leidwunde gebildet zu haben schien, da sagte sie, mit einem Lächeln: »Von Ihnen hat er oft gesprochen: ›il prete‹, der Pfarrer ist wieder da... Er hat Sie mit Ihrem großen schwarzen Hut immer für einen deutschen Pfarrer gehalten... Nicht wahr, für Sie lebt Gott doch auch in der Natur...« Ich nickte – eigentlich schön, wenn man dem Fremdbild, das ein anderer von uns hat, annähernd gleicht... Doch in dem Trauerschwarz der Frau brannte auch ein VorwurfsBittergift – nur als Beraubte will sie sich noch zeigen.

Signor Merlo

Er arbeitet im Ölmuseum von Cisano: als Verkäufer, Lagerarbeiter, Berater. Als nach dem spanischen Olivenölskandal und dem Nachweis von PER in anderen Ölen panische Vorsicht ausbrach, schaltete er sofort und ließ, zweisprachig, dem hiesigen Olivenöl eine absolute Unbedenklichkeit durch das Gutachten eines deutschen Chemie-Untersuchungsamtes bescheinigen.

Von ihm weiß ich, daß das um den MartinsTag herum kalt gepreßte »Olio di San Martino« das zarteste ist. Ihm nahm ich ab, daß das angegebene Verfallsdatum reine Formsache sei – dieses Öl hält sich über Jahre, wenn man's nur dunkel und kühl stellt. Jedes Jahr schwankt die Erntemenge eines jeden Baums.

Er ist ein Besessener: Mit Anbauten und Dächern hat er sein Haus erweitert; auf treppenartig angelegten Brettern stehen Blumentopfbatterien, in denen er aus jedem nur erreichbaren Baumpflänzlein eine BonsaiAusgabe zieht. In seinem Garten, zwischen Salaten, Gemüse, Kiwi, Ölbäumen und Weinstöcken hängen Käfige. Wenn er morgens, vor Arbeitsbeginn, seine Menagerie versorgt, sieht man sein Herz in seinen Augen lachen: »Cantanno«... Sie singen so herrlich, nicht wahr... Er liebt seine Singvögel, und da unter seinen Finken auch eine Amsel als Solistin zu hören ist,

»merlo«, nannte ich ihn fortan »Signor Merlo«. Ich darf ihn so nennen. Mir verriet er, daß die Ölbäume seiner »Oleoficina« niemals gespritzt würden – obwohl's auch am Gardasee Sünder gebe... Wo gibt es die nicht... Ja, wenn einmal das Vertrauen gestört ist, und mit derselben Selbstverständlichkeit sagte er: »Wie groß muß die tagtägliche Enttäuschung Gottes sein... Má...«, und in diesem Augenblick begann der lang ersehnte Regen herabzustürzen, »un' aqua come Dio la manda... Ein Wasser, wie's der liebe Gott zur rechten Zeit schickt...« Seine Zunge schnalzte beim Wort »dio« – als habe er den süßschweren Tropfen eines »Recioto« gekostet.

Schwarzholz

Als wir wieder einmal ankamen, frühlingssüchtig, da standen schier zahllose Ölbäume schwarz da – »bruciati«: Die ungewöhnliche Frostglut eines Winters hatte sie »verbrannt«. Die Bäume dauerten mich. Im Jahr darauf waren die frischen Wunden an den Olivenbäumen unübersehbar: wie geköpft standen sie in den Feldern; von manchen waren gerade noch Stammstummel geblieben... Doch nur wenige Jahre später – wie um uns eine Ahnung zu geben von dem, was ein Wunder ist –, da trieb aus den Beschnittenen mit verblüffender Kraft das Schößlingsgrau – so geschmeidig, so zuversichtlich, als lachten die Ölbäume, daß nun endlich einmal ihre schlummernde Kraft zur Regeneration zum Vorschein kommen kann... Für die Ölbaumbesitzer sprach, daß sie nicht blindlings abholzten, sondern ihren Bäumen diese Nachwachszeit zubilligten, einräumten – und irgendwie den Verlust kompensierten... Etwas Zählebiges ist im Ölbaum... Gegenstände, aus dem gemaserten Olivenholz gedrechselt, lassen nicht minder etwas Eigensinniges aufscheinen – als ob dunkle Wellenlinien sich kräuselten... Und wenn dann die wiedergenesenen Herden der Ölbäume die Haut der Erde an manchen Stellen mit ihrem Silberlichtflaum schmücken, ist's wie Schamhaar an einer kostbaren Stelle, die bittet, nicht verletzt zu werden.

Sattelzeder in der Entroterra

Ein wenig abschätzig klingt unser Wort »Hinterland« – die italienische Entsprechung, »entroterra«, wertet dasselbe als Vertiefung auf, eben mitten hinein in die Erde. Da leuchtet bisweilen

Freude als Mitfreude auf: wenn eine hügelreiche Landschaft, erfüllt von verschiedenen Grüntönen, in sich harmoniert; wenn Menschennutz und Wachstum auf den Wellenlinien der Felder in einem Gleichgewicht sind, also in einer Balance, die zugunsten der Freiheit des anderen auf die radikale Ausbeutung verzichtet.

Wenn ich jeweils von Cisano aus auf die Hügelfelder blicke, die sich bis Calmasino hinziehen, und wenn ich sehe, wie hohe Berge die Tiefe dieser Landschaft mit einem einzigen Schwung begrenzen, dann spüre ich etwas vom eidechsenhaften Atmen dieser Landschaft. Der Hügelzug von Calmasino neigt sich nordwärts zu einer Mulde, wo ein anderer Hangzug ansteigt: In diesem Paßtrog steht, mit fast waagrecht ausgestreckten Astarmen, eine Zeder. Manchmal bescheint sie des Morgens die Sonne so, daß sie scherenschnittschwarz ihre stattliche, ihre königliche Gestalt zeigt. Wenn ich meiner Frau einen Morgengang vorschlage »zur Sattelzeder«, weiß sie sofort, welches Ziel gemeint ist. Auch solche gemeinsam verliehenen Namen verbinden mit der Landschaft der Gastheimat.

Wirtelhölzer

Übermäßig groß sind die Weinfelder des Anbaugebiets vom »Bardolino« nicht. Sehr groß sind die Geschmacksunterschiede der verschiedenen Weingüter auch nicht – je samtmilder der frische Rote, desto besser.

Wenn im Frühjahr die steinbesäte Erde mit einem Pflug hinterm Traktor grob aufgebrochen ist, werden die Arme der Weinstöcke festgebunden – an Drähten, zwischen Betonpfählen gespannt.

Drei Männer tragen am Gürtel jeweils ein orangenes Bündelbüschel frisch geschnittener Weidenzweige, die »vimine«; sie haben ein gebogenes Messer in der Hand; am Gürtel hängt die »fucola«, das an der Spitze gebogene, scharfe Messerbeil. Jeder hat einen Weidenzweig im Mund. So gehen sie von Weinstock zu Weinstock und schneiden mit sicherem Blick; dann binden sie zwei oder drei starke Triebe fest. Auf der Erde häuft sich der Ausschnitt. So bearbeiten sie eine Weinstockzeile nach der anderen. Machen sie Pause, so liegt am Zeilenende ein Beutel mit Käse, Brot und Weißwein.

Einer gestand einmal lachend, daß er noch nie in der »Arena« von Verona gewesen sei. Ich verglich ihre Arbeit mit einer Erzählung von Cesare Pavese: »Lavorare è un piacere« – Arbeiten sei ein Vergnügen... Sie schüttelten den Kopf: Nur Handwerk sei's – »un mestiere«... »Handwerk des Lebens«: So lautet der einleuchtende Titel von Paveses Tagebuch, das er bis unmittelbar vor seinen Selbstmord führte; darin steht der merkwürdige Satz: »Eine Kriegserklärung ist so etwas wie eine Liebeserklärung« (13.6.1940). Ich höre die Männer vom »vin da Bardolin« sprechen – auch Pavese mochte den Dialekt: Da spreche man »aus Instinkt«.

Nun sah ich, wie einer der Männer zwei handspannenlange Rundhölzer nahm und mit ihnen die Weinbergsdrähte fester spannte. Beide Hölzer sind so gegeneinander gestellt, daß sie – drahtumwickelt – lange halten. Es war, als stimme der Mann eine Saite der Weindrahtharfe mit diesem DoppelholzWirbel – mit keiner anderen Mechanik könne man so gut zwischendurch nachspannen...

Bald fand ich im Weinberggras Haufen solcher Wirtelhölzer – sie hatten ausgedient, der vielfach um sie gewundene Draht war gebrochen, und plötzlich wurden sie zum Bild: Ein sachtes Kreuzblau ist in die Drahtlinien gebunden. Mir gefällt dieser Blauton, der vom Kupfervitriolspritzen stammt; dazu das Rostbraunrot ihrer Taille – wo die Drähte sie einschnüren. Eines dieser Wirtelholzpaare bildete ein Kreuz, das eine unserer Töchter ehrfürchtig aufhob und mitnahm. Handanlegen – Drähtespannen – Saitenstimmen: die blauen Wirtelhölzer erinnern an unsere Sehnsucht, für eine Weile mit der Welt übereinzustimmen.

Bardolino Classico

Uralter Aberglaube – mit nichts zu beweisen: Am besten schmeckt der Wein dort, wo er wächst. Wir glauben's mit jedem Schluck: Eigentlich trinken wir einen Extrakt dieser Landschaft; See und Zypressen, Hügel und Moränengeröll, Glühsonne und Mildregen schmecken wir mit: Die erste Flasche roten Weins im März: Das ist wie Frühjahrssonnenwende. Ein Flecken auf dem Tischtuch: ach, der lacht; du hörst den Regen wie Erlösung in die steinharte Trockenerde fallen. Selbst die Edelstahltanks, im Freien stehend, löschen die archaischen Bilder nicht aus: Die Arbeit im Weinberg hat noch immer das Rhythmische, das aller Maschinenwelt fehlt. Zwar wie ein Krüppel steht der Weinstock da – doch seine ausgepreßte Frucht macht vieles leicht. Mit einem Mal leuchtet's ein, wenn jemand einen Wein »vergöttert« und eine Lage abgöttisch liebt ... Und plötzlich bekommt das Wort »JahrGang« zwei Seiten – wie eine Münze.

Bardolino Classico Superiore

Mancher »Nur-Bardolino« wurde vielleicht in Trento abgefüllt. Auch der »Classico« soll frisch getrunken werden – die Steigerung zum »Superiore« meint nicht die Stufenleiter, die wir von deutschen Weinen kennen: vom Q.b.A. über die Spätlese hinauf; der »classico superiore« kommt aus dem Kernland des Anbaugebiets, aus dem Buchtbogen am südöstlichen Seeufer. Jemand mag den aus der Gegend um Affi am liebsten, weil in diese Mulde die Sonne am stärksten hineinbrennt – jemand anderem ist der von den Uferhängen lieber, mit einem Hauch Seeleichtigkeit.

Chiaretto

Gekränkt, beleidigt hatte ich einen Winzer, da ich anfangs den roséfarbenen »Chiaretto« für einen Verschnitt aus »Bardolino« und irgendeinem »Bianco« hielt ... Bis ich endlich begriff, daß diese Rebsorte unserem »Weißherbst« ähnelt ... Seither achte ich diesen Zwitterfarbenen – manchmal stimmt er heiterer als der reinrote »Bardolino« oder der dunkelrot schwere »Cabernet«.

Novello

Wundersame Überraschung: Daß das ImmerGrün dieser Landschaft doch auch sein starkes HerbstBunt hat ... Am frühen Morgen bellen die Schüsse der Jäger durch die WeinlandHügel. An den abgeernteten Rebstöcken glüht ein mildes GelbBraunRot. Hinter einem Weinfeld glimmt es orangerot aus einem schon blattlosen Baum: Das sind die NovemberLeuchtkugeln der Khakifrüchte. Unter den Ölbäumen werden schwarze Netze ausgebreitet, Männer und Frauen steigen auf der einstämmigen Leiter in die Olivenbäume und streifen Ast für Ast ab – nun purzelt's schwarzgrün in die vorbereiteten Auffangnetze. In früheren Zeiten mußte dazu eigens das Gras kurz geschnitten werden, und dann breitete man Tücher aus. Diese Erntebilder haben etwas von der Schürze des Sterntalermärchens, und wenn du die Mühsal des Olivenerntens am Straßenrand oder in steilen Ölbaumbeständen wahrnimmst, kannst du ermessen, wie angemessen der hohe Preis für jeden Liter dieser kostbaren Frucht ist. Handarbeit, unersetzlich, auch wenn dabei schon mancher stürzend zu Tode kam. Jetzt ist die Zeit für den »Novello«, den frisch in Flaschen abgefüllten neuen Rotwein... Auch das ein guter Grund, wieder einmal hinter Calmasino in das winzige Örtlein Palú zu fahren, um im Weingut »Tre Colline« zu tanken – am besten den ganzen Kofferraum mit »altem« und »Novello-Bardolino« füllen... Wundersam klarkühl ist jetzt der See – an einem Sonntagmorgen haben ihn die Veroneser endlich als Hauspromenade für sich; das »Cristallo« ist zwar schon im Winterschlaf, dafür hat das elegante »Café Bardolino« neu eröffnet – wie gut, wenn auch auf diesem Feld immer wieder ein »Novello« hinzukommt... Und wie wir am späten Nachmittag vom Weintanken zurückkamen, hing da an der Tür unseres Casettos ein Zettelchen unserer Freunde: Balbina und Helmut fragten an, ob wir am Abend nicht zu ihnen auf eine »castagneta« kommen wollten... Nichts lieber als das... Im offenen Kamin schüttelte der Freund über der Glut die durchlöcherte Pfanne, worauf die Eßkastanien nach und nach aufplatzten, um hernach noch eine Weile in einem feuchten Tuch aufbewahrt zu werden, damit sie sich besser schälen lassen... Es ist Mitte November, von Weihnachtsvorbereitungen ist die Rede; der »Heilige Abend« ist hierzulande nicht der Geschenktag – an Santa Lucia werden die Kinder beschenkt, hie und da wird dann auch noch am Epiphaniastag ein Sack oder ein Strumpf von der »Befana« gefüllt. Am selben Tag trifft man sich auf der großen Wiese von Cisano, verbrennt mitsamt den Gartenabfällen die »schlechten Geister« des alten Jahres und ißt gemeinsam Suppe... Und schon fällt der blinzelnde Ausblick auf den Februar: Auch im Winter wäre Verona mit seinen Krippen und dem großen Leuchtstern eine Reise wert, und überhaupt der Karneval, der ja dort eine längere Tradition habe als in Venedig... Wir indes sprachen dem »Novello« zu, und dieser Farbfaden dürfte nicht fehlen fortan im Gardasee-Teppich. Ja, diese Fäden der Menschenbegegnungen... Mit einem Mal mußte ich glücklich jene Zeilen summen, die ich aus dem Lied von Giorgio Conte so liebe; in seinem »Passano le nuvole« (Die Wolken ziehen vorbei) besingt einer einen Aschenbecher, der mit Wolkenzeichnungen geschmückt und mit einer wunderbaren Lebensmaxime beschriftet ist: »Passano le nuvole, ma il cielo resta sempre li« / Die

Wolken ziehen vorbei, aber der Himmel bleibt immer da. In diesem Zauberlied, mit der eingängigen Melodie, wird aus dem »portacenere«, dem »Träger der Asche« ein »Glücksbringer«, ein »portafortuna«. Giorgio Conte besingt darin die Fähigkeit des Menschen, etwas so Zerbrechliches wie einen Aschenbecher aus Glas so zu hüten wie den geliebten Menschen: »stai attenta, paß auf, è fragile, zerbrechlich ist's, se ti scivola, wenn du dich unvorsichtig bewegst... ti cade sai, du kannst fallen... und das will ich nie: non vorrei mai...«

ReciotoRot

Bardolinorot, Chiarettorosé und Custozaweißgelbgrün – der Weindreiklang war jahrelang genug; wer Wein aus anderen Regionen am Gardasee trinken wollte, suchte eine »Vinothek« auf, und ohne weitere Umstände passierten die Nachbarn Valpolicellarot und Soavegoldgelb die Weingrenzen. Eines Tages aber besann man sich wieder auf einen Urwein aus Veroneser Nachbarschaft – man könnte ihn beinah »vino antico« nennen. Für den »Recioto« läßt man erlesene Trauben vortrocknen, dann werden sie nochmals zum Trocknen aufgehängt, alles Wäßrige verdunstet – und im Dezember werden dann eigentlich schon Weinbeeren gepreßt: trinkbarer Purpur nannte ihn einst Kassidor und Veilchennektar. Schwersüß ist der fast violettrote »Recioto«, noch ein wenig schwerer sein Bruder »Amarone« – und auch den Soave gibt's mittlerweile recioto-süßschwer. Beide sind die Gedichtegeschwister des Tischweins. Schluckweis am besten: Umberto Saba, Mario Luzi, Giorgio Caproni, Ungaretti und Montale flüssig: Das sind »mani soccorevoli«, »hilfreiche Hände« zum Träumen.

Geste zum Himmel

Wie heruntergeklappte Cabrioverdecke muten schwarze Rollen an, die an Rändern von Weinfeldern hinter Calmasino ausgespannt sind, um bald nach der Weinblüte ein Schutzdach zu bilden, das mit seiner Feinmaschigkeit nicht nur vor Vogelplünderung schützt, nicht nur durch seine Einschwärzung wie ein Brennglas den Laubengängen der Weinstöcke stärkere Sonnenwärme zuführt, sondern auch wie eine geballte Faust Richtung Himmel wirkt: »Wir sind vor Wetter und Unwetter auf der Hut!«

Colle dei Cipressi

»Ewig Leben«, »Höll« und »Mausloch« – unendlich ist der freudenreiche Rosenkranz deutscher Weinlagenbezeichnungen; hier genügen die Namen der Weingüter – »Salinas« oder »Guerrieri-Rizzardi«... Wenn dann ein Name die Landschaft der Herkunft erinnert, wenn eine ganz eindeutige Landschaftsbezeichnung sich mit dem Wein verbindet, dann fällt dem Gedächtnis das Merken ganz leicht. Östlich hinter Calmasino erhebt sich ein stattlicher Zypressenhügel; rings um seine Fackelbäume gedeihen Roter, Weißer und Rosé; zwischen den Weinstöcken hoppeln Kaninchen herum, ab und zu streicht ein Fasan ab. Die Zypressenhügel geben diesem Wein eine Würzprise – kaum zu schmecken; es ist dieses Quentchen »mehr«, das als Segen zur Arbeit hinzukommt. Wenn in 6er oder 12er Kartons die Weinflaschen massenweise gestapelt in Lagerhallen oder Kellern warten, spürt man das alles nicht – aber ein Schluck schon, und die Landschaft der »Zypressenhügel« steigt aus der Erinnerung auf. Und durch diese Landschaft ritt einmal Radetzky... 1866, als italienische Truppen bei Custoza und bei Valeggio vom österreichischen Heer geschlagen und über dem Mincio zurückgeworfen wurden... Vielleicht sollte ich hier doch einmal Joseph Roths Romane lesen: »Radetzkymarsch« und »Die Legende vom heiligen Trinker«... Über der Landschaft kräuselt sich der würzige Rauch verbrannter Olivenzweige – und die Zypressen würzen den Wein, das Verborgene in ihm; und da funkelt ein Satz aus Joseph Roths »Hiob«-Roman: »...die Seele Menuchims, die Gott verborgen hatte in dem undurchdringlichen Gewande der Blödheit!«

Gärtnergrün – bei Lazise

Auf seinen Feldern gedeiht üppige Grünpracht. Zwar ist auch zur Mittagszeit das große Tor sperrangelweit offen, aber untersteh dich, zu klingeln: Ein Fenster geht auf, und unwirsch-bestimmt sagt eine Frauenstimme: »Wir sind gerade beim Essen!« Strenger kann ein päpstliches Dekret nicht sein. Erneuter Anlauf am Nachmittag... Eine Palme sticht dir ins Auge... Der Gärtner ist jedesmal über unsere Unkenntnis entsetzt: Jede Pflanze habe ihre eigene Sonnenverträglichkeit; manche brauche einen Sonnen-Vorkoster, also einen Sekundanten, der der anderen Wurzelwerk Schatten spendet... Und dann dieses törichte Deutschengefrage nach dem Gießen... Ein Griff in die Erde, und man weiß doch, wieviel Feuchtigkeit einer Pflanze zuträglich ist... Die meisten würden in Deutschland an nassen Füßen krepieren... Und selbst wenn du einen Anhänger voll bei ihm kauftest, dazu passende Tontöpfe, in denen das Südlicht mit einschmolz: Bei ihm ist kein Rabatt auszuhandeln – es sei denn, man leere vor seinen Augen die Geldbeutel aus und leiste den Offenbarungseid, daß wirklich 5000 Lire zu den geforderten 155 000 fehlen... Dann greift er entschlossen zum Spaten, sticht die Palme aus, als müsse er sie jetzt aus seinem Herzen reißen, weiß er doch, daß es in Germania so eine kieseldurchsetzte Erde nicht gibt... Ach, diese herrlichen Fächerblätter der Palme – er aber packt sie beim Schopf, zerrt sie grob aus dem Boden, verschnürt sie und stellt uns das Ding wie einen Kartoffelsack hin... Zehn deutsche Winter hat die bei ihm erworbene, ja erflehte grüngelb gefleckte »Aucuba japonica« überstanden – bei der Palme mußten wir beichten: vom ersten Frost überrascht; darauf der Grünkönig: »Was sind schon 600 Kilometer Lehrgeld...«

Schauspiele

Während eines Morgengangs auf der steil abfallenden Mascagni-Straße in Cisano sah ich einen toten Igel, eine erschlagene Ratte; in einem Weinfeld stolzierte ein prächtiger Hahn inmitten seiner Hennen. Hochmütig schaut er zur Himmelsnadel, der Zypresse – den Schattenschirm einer Pinie braucht er noch nicht. Dem abfasernden, wundgescheuerten Kleid des Weinstocks kräht er zu. »Verbogener Sklave! Knecht! Läßt dir die Arme fesseln!« Dann zitiert er den Historiker Gregorovius: »Ich war nie in irgendeinem Dienst. Meine Natur erträgt das nicht. Ich verdanke alles mir selbst, und ich will frei bleiben; diese Unabhängigkeit ist mein einziges Gut.« Der Hahn hat richtig zitiert: Gregorovius, »Römisches Tagebuch«, 7. 8. 1863.

Wieder einmal der Wiedehopf

Am Wegrain, aus fast rundgeschliffenen Moränensteinen geschichtet, blühen Wiesensalbei, Traubenhyazinthen und Wolfsmilch. Schön, wenn ein Stück Ödland wieder mit Ölbäumen bepflanzt wird – und sei es auch nur als Schmuck für ein Gelände, das alsbald von Freizeitreitern genutzt werden wird... Damit die Ölbäume gut angehen, muß zuvor zwei Jahre lang der Boden vorbereitet werden.

Und plötzlich war das Wiedehopfpärchen wieder da: Die anmutigen Federhauben; der schlanke, zimtfarbene Leib und dann die zebragebänderten Flügel... Wenn sich der nach hinten gerichtete, schwarzbraun gefleckte Schopf zu einem Fächer aufspreizt... Wenn sein blecherner »wudhup«-Ruf durchs lichte Gehölz scheppert, der lange, leicht gewölbte Schnabel zu sehen ist, dann beginnt wieder einmal Schauspielzeit. Oft ist im Frühjahr das schwer zu ortende, einen mitunter lange narrende »upupup« zu hören – erst nach einer langen Geduldsprobe taucht er wieder auf, mit seinem schmetterlingsartigen Flug: wie wenn er während seiner wellenförmigen Flugbahn mit seinen Flügelkräften geizig umginge... Ein Vogel, der eigentlich auf dem Boden lebt. Diese bizarre Eigenart des Wiedehopfs – mit seinem Sichelschnabel und dem rötlich »isabellfarbenen« Gefieder... Was sich so vom alltäglichen Sichtbaren abhebt, schärft den Blick und weckt Sehnsucht nach einem »Kostüm«, das unverwechselbar und eigensinnig ist.

Der Schriftsteller Goffredo Parise gestand einmal, daß er – wenn er als Kind Tiere tötete – das »Geheimnis ihrer Wildheit« besitzen wollte: so wie die »geliebte Frau besessen« wird... Eine schaurige Vorstellung vom Haben.

Mauersaumweg zu San Vito im Weinberg

Auch hier schwinden die Wildnisse – wie wenn den Reisenden nur noch geteerte Direktverbindungen zugemutet werden könnten, als ob die sich scheuten vor Schritten ins Weglose, als hätten sie Angst vor dem Programmlosen... Ich bin immer wieder vergnügt, wenn ich einen Schleichweg finde... Beinah versteckt biegt einer von der »strada panoramica«, oberhalb von Cisano Richtung Bardolino, aus dem Glatten ab ins Holprige. Feldschutzmauern aus grobrunden Steinen säumen den Weg. Ich begann zu stromern. Der trockene Schmalweg führte zu einem verlotterten Gehöft, dessen Zufahrt zur nächsten Straße von zwei Loderzypressen flankiert wird. Das Gebiet heißt »Murano«. An umzäunten Weinfeldern vorbei... Hinter den austreibenden Stöcken zwinkerte ein Kirchlein. Eine Frau wurde befragt, und die rief ihren Mann, der alsbald mit einem Schlüsselbund kam. Wir liefen durchs Gras. Er sperrte das steingraue Kirchlein auf: Manchmal, bei Familienfesten, werde es noch benutzt. Keine Kunstschätze. Zwei uralte Symbole an Steintafeln im rohen Kirchenschifflein: Trauben und Tauben... Unleserliche Schriftzeichen. San Vito – im Namen klingt die heilige Weinrebe an. Wenn auch nur selten gebraucht: einer Knospe gleicht das Kirchlein – sobald hier verehrt wird, blüht sie auf. Dieser gemeinsame Nenner der Kirchenschiffsform... Ein Segenszeichen: ausschließlich für Gottesdienst gebaut. Ahnt man noch den Zusammenhang? Mögen sie die Rebstöcke spritzen wie anderswo auch: Es ist ein Unterschied, ob man bloß Wein züchtet oder ob man inmitten der Weinstöcke noch ein Gebäude duldet, das aufblüht, wenn sich darin Menschen zum Gebetsbitten versammeln... Auf dem Rückweg fiel mir auf, daß an den Kirschbäumen Warnschilder angebracht waren: Die Kirschen seien gespritzt...

Der Mann zwinkerte: »Ein bißchen muß man die Kirschendiebe doch abschrecken...« Dann beruhigte er seine anschlagenden Hunde, holte Gläser und hier angebauten Wein... Kosten im Freien... Wieder hat die Wünschelrute der Sehnsucht eine Quelle aufgespürt – schlummerndes Kirchlein, Weinfelder und Wein und ein wenig plaudern. Das zufällige Finden, das mit einer Landschaft verbindet – man spürt das: Du wirst hier nicht nur als künftiger Kunde von »Ca Vecia« hofiert – für ein Weilchen bist du wirklich wieder einmal Gast.

Amico Lauro

Die Fähigkeit, uns selbst zu täuschen, ist vermutlich bei uns am besten ausgebildet. Andererseits – die Welt nie richtig verstehend – antworten wir vielleicht instinktiv richtig, wenn wir uns daran machen, Träume zu verwirklichen.

In unseren GardaseeAnfangsjahren glaubten wir, daß uns Pflanzen aus dem Süden die Wartezeit verkürzten. Eine große Aralie hielt sich jahrelang; die Palmen erwischte eines Oktobers alle ein früher Frost – dann verzichteten wir auf diesen Südimport. Der letzte Versuch war mit einem Kirschlorbeer gemacht worden – seine lackgrünen Blätter hatten es mir besonders angetan... Der Gärtner betrachtete den »Lauro« und riet, ihn tüchtig mit Eisenkost zu füttern; doch auch ihm mißbehagte der deutsche Winter. Seither nannte ich den Gärtner »amico lauro« – so wie eine italienische Oper den Völkerfreundschaftstitel »Amico Fritz« trägt... Amico Lauro beschenkte mich zwischendurch mit Sprichwortpflanzen: »Pianta la vite per te, l'ulivo per tuo figlio – den Weinstock pflanz' für dich, aber den Ölbaum für einen Sohn...« Dann fügte er hinzu, daß die Zypressen »per secoli«, für Jahrhunderte gepflanzt würden, die Palme aber für die Ewigkeit, »per l'eternità«...

An einem Ostersamstagabend brachte er ein Telegramm, das uns die Ankunft von Freunden für den nächsten Tag ankündigte. Es sei schon mittags gebracht worden, aber da habe er uns nicht stören wollen – alles, was wichtig sei, erfahre man immer rechtzeitig... Er gehört zu den letzten Mohikanern, die noch die Fülle des Landbebauens erlebten – das freilich schon nicht mehr eine ganze Familie ernährte; doch konnte er auf den »Gärtner« ausweichen, der die Flächen rund um Ferienwohnungen umsorgt. Inzwischen ist sein Sohn sein Nachfolger geworden: Solange die Touristen aus dem Norden kommen, ist sein Arbeitsplatz halbwegs gesichert...

Pirlo-Luxus

Jemand schwärmt für den Golfplatz bei Marciaga; die Lage ist herrlich; allein schon die Auffahrt von Garda her – als führe man in einer Arena hinauf. Auch unsere Töchter schwärmen für diese Gegend, weil sie von da aus zu herrlichen Ausritten aufbrechen – manchmal seien sie erschrocken über die Geländegängigkeit der Pferde, wie Steinböcke gingen sie sicher übers Gefels... Ich versuche mir einen Überblick über den Baumbestand zu verschaffen – das ist mein Luxus. Fürs erste genügt das bloße unterscheidende Erkennen.

Ein grauhäutiger hoher Baum war mir aufgefallen; seine Krone loderte wie bei heimischen Buchen, aber das austreibende Blattwerk deutete eher auf einen Ahorn hin, doch die schmalen, lanzettlichen Blätter, scharf gezähnt, an der Unterseite hellgrau und leicht behaart, oberseits dunkler im Grün, mit deutlich sichtbaren Adern – sie widersprachen. Ich mußte auf die Blüten warten: auf haarfeinen Stielchen kamen sie, genau in der Blattstielachsel angesetzt, getreidekornförmig; über die Stempel wölbten sich, wie kleines Widdergehörn, die Staubgefäße... Jetzt verdichteten sich die Verdachtsmomente, die kriminalistisch genaue Beschreibung schien zuzutreffen: Zum ersten Mal hatte ich einen Zürgelbaum gesehen – und mein Amico Lauro bestätigte: Jaja, das sei der »Pirlo«, dessen Holz sei früher zum Schnitzen verwendet worden: das »Triester Holz«. Die kleinen eßbaren Steinfrüchte heißen in Südtirol noch immer »Zürgeln«; nur noch höchst selten werden die Zürgelbäume obstmäßig angebaut; zu groß die Mühe mit den kleinen Früchten... Wohl aus denselben Gründen verschwand in Süddeutschland nach und nach der Speierlingsbaum... Noch aber gedeiht hier der Baum aus der Sippe der Ulmacea-Bäume; seine Krone lodert, und stets dreinervig ist sein Blattgrund, gabelig verzweigt sich seine Mittelrippe. Die Bäume bilden auch das Schamhaar einer Landschaft.

»Komm doch auf ein Gläschen...«

Querfeldein bin ich gegangen, an den Königszypressen einer Panzervilla vorbei – und das zerfallende Gehöft auf dem Hügel-BuckelFeld stand noch immer, der Verwitterung preisgegeben... Manchmal fühlen wir uns wie in einem Schraubstock – im Schraubstock der Welt, und plötzlich kann dieser Druck nachlassen; mir fiel ein Satz von Federigo Tozzi ein, aus seinem schmalen Buch »Tiere, Dinge, Menschen«: »Ich sah auf meiner Anhöhe wieder die Zypressen und Hecken... i cipressi e le siepi...« Wenn dann im Tiefblau ein Rotkehlchen leuchtet...

Ich lief auf das Gehöft zu, das in der Nähe der Locanda »La Pradá« liegt. Die kleinen Hunde versuchten, ihre Winzigkeit durch gefährliches Gebell zu kompensieren... Ich rief ihnen zu und sagte dann dem Mann hinterm Gebüsch: Bei solchen Wachhunden lebe er ja sicher wie in Abrahams Schoß... Da kam der Mann an die Gartentür, beruhigte seine kläffende Meute – es war derselbe Mann, der am Morgen neben mir in der Kirche von Cisano gesessen war. Er erkannte mich ebenso: »Prendi un bicchiere...«

Die Einladung zu einem Gläschen – gehört das nicht zum eigentlichen Glück im Ausland: Daß dich ein Mensch anspricht, dem du bislang beinah nur grußlos über den Weg liefst... Daß da jemand aus Mitfreude dir ein Gläschen seiner Lebenszeit anbietet...

Und schon war ich im überdachten Vorhof seines Hauses. Damals war der Mann mit seinen Prankenhänden und ausstrahlendem Antlitz schon über siebzig Jahre alt; seine Augen leuchteten stolzfroh, als er erzählte, daß er hier zeit seines Lebens als »contadino«, als Bauer gearbeitet habe. Als die Felder noch Olivenhaine und Weinfelder waren... Wie das alles nach und nach verschwunden sei, wie Spekulanten nach und nach Bauernland aufkauften... Er freilich wolle sein kleines Stück Land behalten... In seinem Refugium blühten Kamelien; auch ein paar Bananenstauden hat er, wegen der schönen Blätter. Dann rühmte er den 97er Bardolino, das sei ein ganz toller...

Sein Weißwein kommt aus vier Rebsorten zustande, darunter Trebbiano und Malvasia. Kanarienvögel trällerten in Käfigen: »Wer sich mit dem, was er hat, zufrieden gibt, der genießt das Leben... Qui si contenta gode...«

Vier Töchter habe er, sagte der Mann, drei Rote... Die Braune kam, in Jeans, in hellblauem Pulli; Brust und Becken, heiteres Gesicht – da stimmte alles zusammen; und sie brachte jetzt die Gläser. Im Antlitz des betagten Padrone strahlte der königliche Stolz eines »Padrone«, der gerne sein Anwesen zeigt, samt seiner Vielfalt. Zwei seiner Kläffer seien gute Jagdhunde; mit denen ginge er hin und wieder auf Fasanenjagd. Dann zeigte er mir die lange Speisetafel in der Küche, und mit unverhohlenem Stolz die anderen Gebäude, an denen er eigenhändig mitgebaut habe: Für die Töchter... Man wolle ihnen ja etwas mitgeben...

Ich konnte mir's nicht verkneifen, seine KellnerinTochter zu preisen: »Den künftigen Schwiegersohn kann man schon jetzt beglückwünschen – da hat er einmal ein Goldstück...« Der Mann strahlte, wir prosteten einander zu.

Das Haus der Hexe Firlifaga

Auf einen Berghang gebaut ist Cavaion. Unter dem Häusergewürfel war mir ein dunkelrotes, quadratwürfliges Haus aufgefallen – ebenmäßig dem Licht zugewandt, in einem Hangterrassengarten, und als ich es aufsuchte, fand ich eine windige Steintreppe, die zum flachen Terrassendach führte. Dort stand ich oft und genoß den Morgenblick auf den See. Ein Haus in einem verwunschenen Garten – und als ich im Salon, auf dem Flügel, die Fotografie von Maria Callas sah, mit eigenhändiger Widmung, wußte ich: Das kann nur das Haus der Hexe Firlifaga sein... Sie muß

Witwe sein, wahrscheinlich gibt sie Gesangsunterricht... Ich war durchs verwilderte Gartentor hereingekommen, stand am Fenster, schaute auf die Callas-Fotografie und summte eine Stelle aus Tschaikowskys »Pique Dame«: »Je sens mon cœur, qui batte, qui batte – je ne sais pas pourquoi...« Und auf einmal hörte ich dieselbe Stelle in einer metallwarmen Stimme, zugleich berührte mich eine Hand: Firlifaga, im roten Morgenmantel, mit orangenen Sternblumen darauf...

»Sie sind seit Jahren der erste, der sich für das Bild interessiert – kommen Sie, Signore... Es war am 2. August 1947, da sang die große Callas in der Arena – einen ihrer größten Erfolge hatte sie damals als ›Gioconda‹ in Ponchiellis Oper... Sie war oft hier... Sie wissen es sicher, Signore: Goethe, Chateaubriand, Stendhal, sogar Ihr Heinrich Heine war in unserer Gegend; in Desenzano nächtigte Byron; meine Großmutter kannte noch Carducci, sogar Trakl ist sie begegnet und Gustav Klimt... Alle waren sie für ein paar Stunden glücklich am Gardasee... Nach dem Krieg ist das Publikum zahlreicher, aber dünner geworden... Ich habe noch Jean Tardieu erlebt; aber schon André Gide ließ sich nicht mehr bewegen, von Torri hierherzukommen; ich bin ihm immer noch böse, daß er im September 1948 nicht herkam, und so schreckliche junge Leute hatte er um sich; aber er schrieb damals in sein Tagebuch: ›Noch nie habe ich eine so lange Folge so schöner, so prächtiger Tage erlebt...‹ Hier, sehen Sie, Signore, Gides Widmung: ›Prendre les choses, non pour ce qu'elles se donnent, mais pour ce qu'elles sont.‹ – ›Die Dinge so annehmen, wie sie sind, und nicht, wie sie versuchen zu sein.‹ Er war ein großer Dichter; Journalisten mochte er nicht, die schreiben nur, was morgen weniger interessant ist als heute, sagte er – nicht wahr, Sie sind kein Journalist?...« Plötzlich hörte ich eine junge Frauenstimme, in deren hellem Sopran schon eine sachte Alttiefe mitschwang... »Ah, meine Schülerin, eine Tedesca... Sie lebt hinter dem Berg, in Incaffi, hat sich in einen Italiener verliebt; das bekommt ihrer Aussprache sehr; nur wenn man einen Menschen in einer anderen Sprachwelt liebt, öffnet sich die fremde Sprache... Unsere Dolmetscher heutzutage – alles perfekt, aber sie lieben nicht... Und, man muß eine Sprache singen – für die Inbrunst des Singens gibt es keinen Ersatz...« Die junge Sängerin im Nebenraum sang etwas Russisches; es war ein Gedicht von Schúkowskij: »Gdje-sche ty ptítschka, gdjesch ty pewítschka... Wo bist du, Vögelchen, wo bist du, Sängerin...«

»Schukowskij, nicht wahr?«

Die Hexe Firlifaga lächelte: »Erraten, Signore! Schade, daß

man hier so wenig Russisch hört... Denken Sie sich, 1906 kam ein Russe vom fernen Ural hierher, nach Garda: Michajl Osorgin... Er schrieb für russische Zeitungen... Meine Großmutter hatte ein Verhältnis mit ihm... Er starb 1942, in Frankreich... Vielleicht finden Sie noch irgendwo ein Buch von ihm: Michajl Osorgin... Oh, ich hör' mein Herz, es schlägt und schlägt, und ich weiß nicht, warum... Je sens mon cœur qui batte, qui batte, je ne sais pas pourquoi... Signore, wenn Sie wieder hinausgehen, nehmen Sie Schwertlilien aus meinem Garten mit... Die große Callas hat sie sehr gemocht... Sie müssen sie mit der bloßen Hand ausgraben... Unsere Schwertlilien haben magische Kräfte... Sie werden wiederkommmen... Ich muß zu meiner Schülerin...«

Als ich die Schwertlilien in den Kofferraum tat, hat mich niemand gesehen.

Inneres der Erde

Die Landstraße an der Etsch entlang zeigt es knallhart: Hier ist's aus mit der Toskanaseligkeit von Wein und Oliven – hier wird die Erde ausgebeutet, hier wird aus ihrem wehrlosen Leib das wertvolle Gestein ausgeweidet. Hier staubt es über den steinharten Eingeweiden der Erde. Hier blutet der Berg. Hier wird der Marmor gebrochen. Hier macht es die Masse. Hier liegt Steinstaub über der Erde. Hier wirbeln die tonnenschweren langen Laster den Marmorstaub auf. Hier siehst du's: Nur der Steinreiche ist hier wirklich der Reiche. Unermeßlich scheint der Reichtum der Erde. Die Wundflecken sind riesig. Die Wundkrusten haben noch manchmal einen staubgrünen Wundsaum. Geröllgrau ist die vorherrschende Farbe. Erst beim näheren Hinsehen werden die Farben deutlicher. Ein weiß durchschossenes Rot leuchtet auf im Polierglanz; dazwischen das kaltweiß gemaserte Marmorgrün und dann lange Platten mit rauchigem Blau. Marmorblöcke auf Marmorblöcke. Aus den Abfällen werden Aschenbecher geschliffen, auch Tischplatten und Lampenfüße. Das Blutgerinnsel der Erde in grüner Kugelform. Die Blutadern der Erde... Und wie dieser Veroneser Marmor zu glänzen beginnt, wenn er in Jahrzehnten, Jahrhunderten von Füßen getreten wurde: dann erst fängt er zu leuchten an – glatt geschürft, beinah seidenglatt. Wundersames Volk, das manchmal so heißköpfig anmutet – in seinen Kirchen liebt es die Steinglanzkühle des

Marmors: wie wenn sie sich erst in den Kirchen darauf besännen: Ja, wir fühlen uns wohl auf dem steinharten Grund unseres Marmors; das ist unser Edelstein – wenn wir ihn mit rasender Liebe schleifen und polieren, dann erst zeigt er uns seinen verborgenen Glanz. Sind wir nicht Geburtshelfer Gottes, die seine verborgene Mitgift erst schön machen?

MorgenBrot

Jeden Morgen zum Bäcker fahren und dann ein Stück zu Fuß: dieser Rückfall in kindliche Zeitvergeudung – zu Hause huldigt man doch allenfalls samstags dem Luxus, Backofenfrisches auf dem Tisch zu haben... Aber es geht ja nicht nur ums frische Brot, wiewohl man weiß, daß italienisches Brot anderntags ungenießbar ist... So ein morgendlicher Einkaufsgang ist ein anderer Schuhlöffel in den Tag: wer zu Fuß geht, schlüpft besser in das Schuhwerk eines neuen Tagewerks. Der Weg führt an Plakaten, altem Mauerwerk vorbei; mit einem Mal beginnt es nach Brot zu duften. Verglichen mit anderen Geschäften ist der Laden meines »panificio« in Cisano eine Armseligkeit: die Auslage hinter Glas ist dürftig; nur die vier Brötchensorten liegen in Holzkisten hinter der Theke, und ob es die mit Marmelade gefüllten »Brioce« tatsächlich immer zur selben Stunde gibt, weiß man nie. Zwei verschiedene Brotsorten sind schon ein Luxus – aber der Brotduft aus der nahen Backstube... Seit Jahren gleich barsch befördert die Bäckersfrau das Gewünschte in braungrobe Papiertüten, und ihr nachfolgendes »altro?« beschämt mich, wenn ich nur ein paar »panini« gekauft habe... Aber der frische Brotduft... Und wenn der mehlbestäubte Meister keine Lust hat, einen 50 000-Lire-Schein zu wechseln, sagt er: »Ah, dann zahlen Sie eben morgen!« Nun macht er sich auf, Bars und Geschäfte zu beliefern. Ein paar Jahre lang bestand der einzige Zierrat des Ladens aus einem »Lago di Garda« aus Brotteig in der Glastheke – das Wasser stellte ein blaubemalter Karton dar... Wenn ich mir vorstelle, welches Warenangebot ein deutscher Bäcker heutzutage bereithalten muß... So wie der »panificio« ist, so gehört er zum Ort – noch genügt sein »genug« den Einheimischen. Jedesmal freut's mich, daß neben seinem Haus noch immer der mächtige Rosmarinstrauch um diese Zeit blüht. Der Brotduft zieht durch die Gasse bis zur Hauptstraße vor – die breitere Angebotspalette im Laden an der Ecke duftet nicht so. Ich nehme einen Morgenkaffee, die umsonst gelesenen Zeitungsüberschriften genügen, und jedesmal bange ich, ob das Zwergenpostamt nicht inzwischen eingespart worden ist – soviel Briefmarken kann der Mann gar nicht verkaufen, als daß er rentabel arbeitete: Aber mit welcher Anteilnahme erfüllt er meine Wünsche nach neuen »francobolli«, und Zeit für ein paar Sätze hat er allemal; er teilt die Meinung der Bäckersfrau nicht, die auf ein Ambiente pfeift, in dem man nicht mehr nach Belieben fischen und jagen kann... Jetzt wäre das resche Brot fertig – ein offener Laden bedeutet noch lange nicht, daß auch alles Gewünschte zur Stelle ist... Es scheint, als wäre ihr Vorrat an »morgen« größer: also, »domani«...

Kleine Veränderungen

Das Haus des Bäckers war verschlossen – wie wenn es aufgegeben wäre. Der Seitenstichschmerz dessen, der sich einer Selbstverständlichkeit beraubt fühlt wie ein Betrogener. Wieder ist etwas auf immer verloren... Ich fragte in der mit schwungvollem Design veränderten Bar nach dem Bäcker: Der sei jetzt in Pension... Später traf ich ihn wieder – als wäre eine schwere Bürde von ihm abgenommen... Der Barmann bedient inzwischen auch schon einen Computer, mit dem er die Lotterielose annimmt. An manchen Tagen bedient jetzt auch die junge Tochter – ein Modeschöpfer scheint sie von Kopf bis Fuß stimmig eingekleidet zu haben. Und dann dieser leicht blechernkecke Tonfall ihrer Stimme: »Äkko – il kaffä!« Auch das erhöht den Reiz dieses Augenschmauses... Wir sonnen uns ja gerne in mancher Eigenschaft eines anderen.

Als wir am kleinen Hafenplatz von Cisano standen, kam ein Quietschen auf, das schwer klang – ein Geschwader von drei Schwänen erhob sich – wie wenn in den Scharnieren ihrer gewaltigen Schwingen das Öl fehlte... Sich in die Luft schwingen: zuversichtlich.

Aralienfeuerwerk

Seit langem mag ich die dunkelgrünen Lappenblätter mit sieben bis acht Spitzen, deren Adern hellgrün leuchten. Jedes neu ausgetriebene Blatt der Aralie ist von sacht glänzendem Lindgrün. So eine Pflanze kann einen stattlichen Busch bilden; die Blätter werden zum Sonnenfangdach. Eine einzige Pflanze, im Tontopf oder in der Erde, kann einen Hof grünselig machen. Diese eine, mit daumendickem Stamm, hatte eine Spitze vorgetrieben: mit Rispen. Jeweils wechselständig zu jeder Seite waren 21 Stiele hervorgeschossen und auf jedem eine Krone mit über 30 grünen Kugeln... Lauter kleine Reichsäpfelchen... Fülle, die sich rundet; in Fülle daherkommen – so war einst »vollkommen« gemeint: voll daherkommen – nicht »perfekt«, aber vollendet. Und nach ein paar Tagen platzte das Vollendete: lauter weiße Sternlein sprühten blühendweiß. So möchten wir vielleicht manchmal einen Menschen beschenken, den wir sehr lieben.

Aufgeschoben

Aus Blumentöpfen, aus dem Uniformgrün der Clivias, leuchtet jetzt ein orangenes Sanftrot. Jemand liest ein Buch über die »würmzeitliche Vergletscherung des Gardasee-Gebietes«. An der Wand der neuhergerichteten Bar hängen Bilder aus der Urzeit der Fotografie: Fischerboote; waschende Frauen, in der Brella kniend; und dann Vogelkäfige über Vogelkäfige...

»Was, Sie waren noch nie im September hier in Cisano, wenn der Vogelmarkt ist, die ›sagra dei osei‹? Da haben Sie was versäumt! Ein herrliches Gezwitscher...«

Schreck I

Das war in den Anfangszeiten üblich: Am Morgen vor der Abreise fast immer ein paar bereits gepackte D-Autos aufgebrochen. Auch wenn unser Leerwagen verschont blieb: Die Wut über die Ohnmacht wurde noch gesteigert durch das Verhalten der Polizei. Als ich eines Tages bei der Station klingelte, fauchte eine schlaftrunkene Stimme, daß seine Majestät der Maresciallo der Carabinieri um diese Zeit noch nicht geruhe, nach Leuten zu suchen, die längst über alle Berge seien – ich solle doch in einen Laden gehen und mir ein Formular für eine Anzeige, ein »denunziamento« holen, das genüge doch für die »Versikkärung« in Germania... Ein paar Jahre später war Freunden die Mercedes-Frontscheibe sachkundig ausgebaut worden – sie ließen sich von weiteren Fahrten hierher nicht abschrecken. Vielleicht fühlen sich etliche Gäste der Landschaft um Ostern herum besonders sicher, wenn sie an gut sichtbaren Stellen die dreiköpfige Besatzung eines Carabinieri-Streifenwagens sehen: mit MP und kugelsicherer Weste. Die roten Streifen an ihren Hosen – verglichen damit sind die Uniformen der »policia municipale« abschreckend schmucklos.

Stoßgebete

Freundliche, hilfsbereite Menschen ringsum – wer wird nachts, und von wo, eingeflogen zum Zerfleddern, zum Verschwindenlassen, zum Selbstbedienungsdiebstahl der Telefonbücher? Werden die vorsätzlich nur in einigen Bars gehortet?

Warum heuert das Innenministerium nicht die Topwerbung an? Hilflos proklamiert ein Reimdichter mit Umweltschützern: »Ladri niente, facciamo dell'Italia un bell'ambiente!« (Keine Diebe, machen wir aus Italien ein schönes Ambiente!)

Was ist an der Partei der Neofaschisten, dem MSI, dem »Movimento sociale italiano«, »sozial«? Manchmal möcht' ich einstimmen können in jene Stoßgebete, die irgendwo an einer Straße oder auf einem Grab wie ein Haltegriff angebracht sind: »Herr, vergib uns! Herr, rette uns! O Signore, perdonci! Signore, salvaci!« Ein Land, das da und dort solche Signale aussendet, hat noch eine Vorstellung vom gläubigen Rufen.

Schreck II

Saß da eines Morgens an der lackdunkelgrünen Holzjalousie der Balkontür: grauer Säbel, daumenlang. Kenne seinen Namen nicht, nur die Gattung. Dachte nicht an ägyptische Landplagen.

Saß da, hielt still, auffordernd: »Schau mich an! Zeichne mich!« Ich hole Stifte. Am leichtesten zu zeichnen: der zum Leibende hin leicht geschwungene Rückenbogen des Großflügels, angelegt an den Grauleib. Einer Säbelscheide gleicht der Flügel – schon bei seiner Maserung muß ich kapitulieren. Die Umrißlinie ziehen, nun die sachten Parallelstreifen des Flügels; dann den Leib, über dessen Ende der Flügel hinausragt... Sein Leib hat dieselbe Krümmungs- und Spannungslinie wie der Flügel, ist aber in Segmente unterteilt.

Nun das Panzerstück zwischen Leib und Augenkopf. Groß wölbt sich, und rötlich, die Augenkuppel. Leichter zu zeichnen die beiden Antennenfühler, die Kauwerkzeuge. Jetzt die Beine: In der Mitte der beiden vorderen: Gelenke. Das Sprungbein – Riesenfuß, Schleudergerät; breiter als beide Vorderbeine wölbt sich's nach oben, übern Flügelrand hinaus, macht im Drehgelenk kehrt und läuft, hinterwärts sägezahnscharf, schnurgerade nach unten und endet krallig. Mein Zeichenstift aber kennt jetzt nur ein Adjektiv: »hilflos«.

Betrachte den Oberschenkel, seine dunkelgrauen Querbänderflecken: auf der unteren Innenseite leuchtet ein Orangeton auf, und da am Unterschenkel: ein Sachtblau. Das Wesen gleicht einem Kriegsschiff, das auf den Nutzen seiner Tarnfarbe hier verzichtet. Noch ist mein Stift über die Umrisse nicht hinaus: Wie es still hält...

Gehört zum Einfallsreichtum des Schöpfers – so es denn von ihm ersonnen worden ist –, daß eine Umgebung als dazugehörig mitkomponiert wurde? Mit allen mir bekannten Teufelsfarben möchte ich jetzt seine chamäleonartige Farbwandelkraft versuchen – da schwirrt es davon... Zehn Tage nach dem Frühlingsanfang erblickte ich das gleiche Tier an einer Mauer im Hafen von Garda, wo es seine Tarnfarbe schützte – vielleicht. Zweifach bin ich erschrocken: Weder wußte ich der Heuschrecke Namen, noch kannte ich die Zusammenhänge ihres Körperbaus – aber das Orange und Blau ihrer Sprungbeine sprang in mein Gedächtnis. Ich beschloß, bei meinen »weißen Flecken«, zunächst aber bei den Schmetterlingen zu beginnen... Alsbald bekam ich ein erwünschtes Buch dazu... Wir Reisenden gleichen Heuschrecken, die unersättlich nach solchen weißen Flecken sind.

Grüner Spargel

Wir kennen das von Deutschland: Irgendwo über Land fahrend, begegnet einem das EinladSchild »Landgasthof« – der liegt zwar im Land, aber von einem ländlich-einfachen Wirtshaus weit und breit keine Spur; statt dessen internationale Feinschmeckerküche mit ein paar ländlichen Versatzstücken, samt Wagenrädern und Kornsträußen im DesignerLook. Dergleichen kann einem auch in Oberitalien begegnen; doch hie und da ist der bescheidene Hinweis auf »Mutters Küche«, »cucina casalinga« ehrlich gemeint; je unaufwendiger das Lokal, desto echter der Hinweis. Doch machen wir uns nichts vor: Der Zug der Zeit zielt auf das

Gehobene – auch hier. Dasselbe gilt ebenso fürs Obst- und Gemüseangebot – aber da glimmen doch hie und da jene unverwechselbaren Lokalflecken, die sich die Freiheit herausnehmen, nur das Lokale anzubieten, auch wenn der Umsatz nahe an der Erbärmlichkeitsgrenze liegt. So rühren mich immer wieder jene beiden betagten Frauen auf der Piazza Erbe in Verona an, die inmitten breitsortierter Stände nichts anderes anbieten als ihre Artischockenherzen – frisch geschält, in einem Wasserbottich schwimmend, und auf Nachfrage, auch mit dem entsprechenden Rezept versehen: In Salzwasser weich gekocht, dazu einen Schuß Olivenöl und das unvermeidliche »Prezzemolo con aglio«, Petersilie mit Knoblauch... Manchmal gibt es diese beinahe kindheitsfrohe Rückerinnerung an das Lokale, das etwas abwertend bei uns das »Bodenständige« ist: etwa im Frühjahr die Zucchiniblüten, die man in einem Teig ausbäckt – oder den grünen Spargel aus dem leichten Boden des Veroneser Umlandes. Man braucht diese grünen Stangen nur etwas am Fuß zu schälen – dann das Bündel in Salzwasser mit einem Schuß Olivenöl gar gekocht; Zukost nach Belieben... Dieser Spargel hat seinen eigenen Biß. Er erinnerte mich einmal an des Musikers Claudio Abbado trocken-irdischen Satz, daß man in Parma es verstehe, den Menschen daran zu erinnern, daß es noch immer das Vergnügen gibt, gute Sachen zu essen.

Ein kleiner Stein Geschichte

Wenn Traktoren die Felder in den Hügeln zwischen Cisano und Calmasino pflügen, hört man das schleifende Schlagen der rundlichen Steine, die als Moränengeröll in der braunroten Erde stecken. Diese Mühsalssteine haben eine Kehrseite: Wenn sie wie Schutzdämme Felder und Gärten säumen, werden sie zum Untergrund für blühende Steingärten und zur Eidechsenzuflucht. Das Einheimische, das zum Heimischen paßt... Dieselben rundlichen Steine schimmern oft noch aus Hausmauern – Neubauten fehlen diese Nischen und das Behagliche des Alterns; manchmal beneide ich diesen Landstrich, in dem Häuser bis zum Verfall altern dürfen... In einer Toreinfahrt Calmasinos schrie eines Morgens ein Esel: wie wenn eine schon ausgestorben geglaubte Blume blühte...

Über der Einfahrt eines Nachbargehöfts ein Torbogen – das Mauerwerk aus Moränengeröllsteinen wirkt haltbar; zum oberen

Stockwerk führt eine Freitreppe hinauf – aus Stein, ohne Geländer. Jede Stufe schmückt ein Blumentopf; ganz oben, in einem Blechkübel, gedeiht die gardesanische Sonnenblume – die ersten Zitronen bieten ihre grünporigen Schalen dem Licht an; die meisten könnten hier nicht leben ohne diese kleinen Haussonnen... Dann vernahm ich ein Maultier – es war, als ob das Wort »Gnadenbrot« mit einem Mal viel besser schmeckte als »Innovation« und »Fortschritt«.

Zwischen den Hügeln von Calmasino und Cisano gedeihen noch immer Ölbäume und Weinfelder. Ohne das Blausilber der Olivenbäume wäre das Land leer. Schon im Jahre 1185 wurden die »olivas speciosissimas« gepriesen – damals war die »Baceda« das Maß: 4,29 Liter; die Preise, »soldi veronesi«, stiegen:

1231: 4,5 soldi
1355: 17,5 soldi
1381: 23,75 soldi
1389: 17,5 soldi
1414: 18,75 soldi
1437: 41 soldi für eine baceda
1487: wieder 17,5 soldi

Geschichte: dieses Moränengeröll aus Vormundschaft und »sich dagegen wehren«...

Geheimtip

Eine Trattoria am Ufer in Cisano: Der See schnalzt fast bis zu den Zehenspitzen. Die Fische stehen im Kiesgrund. Gleich springt eine Forelle aus dem See in die Bratpfanne... Die betagte Wirtin wird nie begreifen, warum manche Deutsche partout den Unterschied zwischen Tortellini, Rigatoni, Tagliatelle und Ravioli nicht kennen; auch will es ihr nicht in den Kopf, daß sich die maledetti tedeschi den Preis für ein »pane e coperto« für ein kleines Kind sparen wollen, das dann sämtliche Grissini auffrißt und das Tischtuch bekleckert... Auch bleibt ihr ein Rätsel, warum die Deutschen einfach nicht begreifen, daß es neben der Gemüsesuppe, der Zuppa di verdura, eben noch eine andere Suppe gibt, die eben hier »tagliatelle in brodo« heißt... Schwer fällt's ihr, bei acht Bestellern nur sieben Forellen zu bringen und dazu aber acht Salate... Wenn sie dann schließlich die Rechnung auf einmal »fünf« und dann auf einmal »drei« Posten auseinanderreißen soll, ist sie einem Ohnmachtsanfall nahe... Immerhin flitzten zwischendurch zwei Eidechsen über die Steine... Man wurde gut bedient, aber irgendwie stimmte das Verhältnis Preis–Leistung nicht ganz; der Blick war sehr schön, aber ein bißchen Verstimmung war mit dabei...

Eines Tages also einen Einheimischen befragt: »Wo geht ihr denn essen, wenn ihr mal richtig gut schmausen wollt – wie in Mutters Küche?« Der Einheimische, der sonntags meistens die Lesung in der Kirche etwas nuschelnd vorträgt, schaut uns vergnügt an – als beschenke er uns mit einem Lirestück aus Gold: Uns darf er's verraten... Ein schmales Sträßchen, bald nach der Kirche, bergan, das Sträßchen hat einen Namen von einem unserer großen Komponisten... Na, ihr werdet's schon finden, und dann den Berg hinauf, nicht weit, gleich linker Hand: »Da Angelo...« Die Trattoria ist nicht groß; vielleicht passen zehn Tische hinein; die Wände sind, wie üblich, mit Bildern geschmückt; den oberen Wandrand zieren ausgestopfte Vögel; die Küche ist vorzüglich – und an Festtagen gibt es eine Speisekarte auf deutsch, handgeschrieben, fast ohne Lexikon zu lesen: anrührend einladend »Forele« oder »Zige« oder »Kanin« oder »Lammspraten«...

Traumhaus

Es steht auf dem Scheitel einer Anhöhe, zwischen See und Calmasino. Seit langem steht es leer. Eingeworfen sind alle Fensterscheiben. Aus Fensterläden bluten Farbreste. Gebrochen sind die Türgelenke. Die Nische für die Hausmadonna ist leer. An der Außenwand der kloakenbraune Leberfleck von einem verrosteten Rohr. Der Putz bröckelt ab. Die Flucht der Zimmer, an einem langen Gang, war einmal schön. Küchenrauch schwärzte den Kamin. Die Treppen sind zerstört. Im Winkelanbau sind noch die Spuren des Stalls, auch die Mauern für den Heuschober stehen noch; im verwilderten Garten wimmert eine Zisterne. Von den Zimmern unterm Dach schweift der Blick frei über die Hügel, westwärts zum See. Fünf Zimmer unten, fünf Zimmer oben – mir würde das genügen. Dieser wunderbare, unbezahlbare Traum: inmitten der Hügellandschaft zu leben – Wein und Oliven und See immer in Sichtweite... Wenn du Geld hättest, um dieses Haus vom Todesurteil des Zerfalls freizukaufen... Das Haus: dieser verzweifelte Versuch, an einer Stelle für immer zu bleiben... Eines Tages wird es abgerissen sein, und seine Felder ringsum werden eingeebnet für einen kleinen SportflugzeugLandeplatz.

Nahe Kontraste

Die Autobahnausfahrt »Affi/Lago di Garda sud« wurde im Laufe der Jahre zu einer Art Kleinamerika: Supertankstellen, Supermärkte, Superparkplätze, Supereinkaufszentren – mit der Suggestion des »superbillig«. Gigantisch, hypermodern, effektiv, rasantrapid und ungemütlich. Dort jemanden mit verbundenen Augen aussteigen lassen, die Binde lösen und fragen, wo er sei: Der Befragte riebe sich die Augen und tippte auf Mailand oder auf eine Highwaystation in den Staaten... Aber wenn er sich noch eine Weile umsähe, fiele ihm ein Felsriegel auf, über 400 Meter hoch – ganz nah: eine Felsklippe, der Monte Moscal – ein Trost, daß der unbebaute Oasenberg noch immer so nah ist, fast weglos das Refugium für Träumer.

Pasta »con fagioi«

Seit Jahrzehnten wohnt eine Familie nun schon hier, aus Südtirol stammend. Wenn sie Italienisch sprechen, hört niemand einen Südtiroler Tonfall heraus – Mann, Frau und die beiden Söhne sind in beiden Sprachen gleichermaßen zu Hause, und doch bleiben sie südtirolische Italiener mit einer unstillbaren Sehnsucht nach den Schneebergen. Der Mann arbeitet mit italienischem Charme und Südtiroler Zuverlässigkeit in einer »Agenzia« – und doch kämen sie sich oft wie Fremde vor: Einheimische würden sie nie, da könne der ältere Sohn noch so gut Orgel in der Kirche spielen und die Frau im Kirchenchor mitsingen; ein Trenngraben schimmere immer wieder auf.

An Weihnachten baut unser Freund von jenem Südtiroler »Nocker-Berg« seine Krippe auf: Dann kommt der Gebirgs-Weihnachtsschnee auch an den Gardasee. Es sich gemütlich machen im ArbeitsHeimatland... Dazu gehört auch, daß er im offenen Kamin eine kleine Osterkrippe aufbaut...

Schmausen, trinken, plaudern: bewirtet werden, also Einlaß bekommen in die Welt, die hinter der Arbeitswelt liegt... Plötzlich tauchen italienische Autoren auf: Carduccis »inno a Satana« oder der Hinweis auf den Veroneser Aleardi... Ja, sagt die Frau, in den Bergen bei den Bauern gäbe es viel, arg viel Arbeit – aber nie diesen Streß wie hier herunten... Es ist anrührend, wenn dann ein Mann mittleren Alters bekennt, daß er nie aus dem Haus gehe, ohne vorher die Finger ins Weihwasserbecken getaucht zu haben ... Auch beteten sie noch morgens gemeinsam – das gebe Kraft, und die brauche man auch: Denn bei seiner TourismusArbeit könne er nie in die Ferien, wenn die beste Ferienzeit sei ...

Vorspeise mit Gemüse und trockenem Fleisch ... Bardolino ... Erzählen: Wie da neulich ein alter Mann aus Bardolino gestorben sei – und tags darauf seine Frau: gemeinsam beerdigt werden – sei das nicht auch schön ... Dann kam diese wundersame Pasta mit den Bohnen. Zwischendurch ein paar Bittergewürze: Wie schwierig das hier manchmal sei, es den Einheimischen recht zu machen, und wenn sie gar zu häufig beim Pfarrer sei, um ihn bereitwilliger für einen Jugendgottesdienst zu stimmen, dann bekomme sie manches böse Wort zu hören ... Und doch sei das hier auch ihre Heimat geworden ...

Schon spät am Abend brannte ein besonderes SüdtirolFeuer: Der Sohn spielte auf der Ziehharmonika, die Frau auf der Gitarre und der Mann sang. Eine Familie zog singend in unser Herz ein – und mir schien, daß wir bei unserem Verlangen nach Wiedersehen zuallererst Menschen meinen und dann erst die Fassung einer Landschaft.

Ausnahmen im Überallgleichen

Auch in Cavaion, beispielsweise, nehmen von Jahr zu Jahr die Villen und Wohnanlagen mit Swimmingpools zu. Standardgleich brennen die Straßenlampen. Aber die Steilstraße zur Kirche säumt eine Kastanienallee; wenn ihre Blütenkerzenpracht aufflammt, weiß, mit Rotrandtupfen: dann weiß man's – das Überallgleiche wird die absolute Mehrheit nicht erringen, hier nicht. Und wenn die noch so verschiedenen Namen der Restaurants einander irgendwie gleichen: ein Lokal heißt hier »Pozzo d'amore« – Zisterne der Liebe. Eine schönere Aufforderung, einem Vorbild gleichen zu wollen, also für einen anderen unerschöpflich sein, fand ich weit und breit sonst nicht.

FeldwegMadonna

Frühjahrsstaubig ist der Weg. An einer Biegung bewachen drei Zypressen einen Steinsockel, in dessen Schrein eine Madonna steht, blau und weiß. Zu ihren Füßen, ihr zu Ehren, überschwemmen weiße Veilchen Steine, Erde und Gras. Dahinter steht ein Haus, rotweiß gebändert. Wer dieses Feldzeichen zeichnet, tut etwas, das schon der Anbetung gleicht. Das ist wie ein Geständnis – es gleicht der Gebärde der Hände von einer Frau und einem Mann, die einander berühren und sich so ihre Zuneigung gestehen. Ein paar Schritte weiter sickert Wasser aus der struppigen Wegböschung; die lehmige Erde läßt sich zu Kugeln formen. Die FeldwegMadonna lächelt über unsere vergeudete Zeit – wer liebt, verlangt keine Rechenschaft.

Abendstunde

Am frühen Abend, wieder einmal, das Auto auf halbem Weg stehenlassen und die Zypressenallee zum Eremo hinaufgehen – gar nichts erwarten, nur ein kleines Stündlein bereithalten... Durchs Klostertor, die Treppe an der kleinen MönchsHimmelsleiter vorbei und dann auf den Treppen der kurzen Abendmesse, auf den Treppenstufen der Liturgie noch ein Stücklein weiter hinauf: getragen vom liturgischen Lateingesang nicht an sich selbst denken, nicht an einen Plan, sondern hindenken an einen anderen Menschen, ihm die Regenwolke einer Fürbitte zuschicken... Und als wir durch die Allee wieder abwärts schritten, hielt neben uns ein vornehmer BMW: Einer unserer alten Bekannten stieg aus, der immer noch so jung wirkende Sizilianer, der jahrelang im »Cristallo« als Kellner gearbeitet hat und jetzt für eine große Firma arbeitet, seine Kundschaft betreut – mit strahlendem Gesicht sagte er uns, daß er in den nächsten Tagen wieder heirate: seine Engländerin... Möge dieser wundersame Euromix gesegnet sein.

Pfingstgrün

Ein guter Rat lautet: Eingefahrene Gewohnheiten durchbrechen. Also, dem vertrauten Ostergrün das der Pfingstzeit hinzufügen – auch wenn dann die Mietpreise schon um einige Grade gestiegen sind, aber noch nicht auf dem HochsommerHöchststand sind.

Anders ist hierzulande der Blührhythmus: Nach dem deutschen Maiaufflammen beschränkt sich fortan Blühen auf Blumen. Hier ist der Blühstafettenlauf der Bäume länger, wiewohl es auch bei uns Nachzügler, wie die Linde, gibt.

Wenn nun die chinesischen Hanfpalmen ihre senfgelben Lanzen unterhalb der Fächerschöpfe herausschieben: allmählich öffnen sie ihre Hüllblätter, als wirke die Sonnendosis nur in Tages- oder Wochen-Tropfform; aber dann bricht Polentagelb aus den Blühschäften; gelber Grieß schien zu reifen – und wieder dauert's seine Zeit, bis diese Körnchenballen sich zu Rispen auffächern, deren Kügelchen irgendwann tiefdunkelschlehenblau werden ...

Dazu mischt sich der Duft der weißen Schmetterlingsblüten-Kaskaden der Robinien – vom folgenden Blühgelb der Akazien übertroffen. Es duftet nach Akazienhonig. Jetzt haben die langlederblättrigen Mispeln ihre Tropfenfrüchte angesetzt; die Feigen wölben sich brustkeck. Schon stehen die Kiwistrauchbäumchen im weinblättrigen Laub. Die verblühenden Ölbäume streuen Weißsternchen auf die Wege.

Zeugung weht durch die Luft – wie Trauzeugen stehen die Blühbäume da: als wollten sie nur eines bezeugen: das Gutgemeinte einer jeden Pflanze. Und man hat das als Fremder beinah für sich: denn der Italiener geht nicht spazieren. Bäume und Wiesen sind ihm nichts – als fürchte er sich vor der Stille der Natur. Jakob Wassermann hat das im Porträt seines Komponisten-Freundes Ferruccio Busoni deutlich gemacht: »Schönheit der Natur – ein Wort, das ihn lächeln machte. Was er liebte, war die Stadt; Gewühl der Straßen ... das ›Draußen‹ war ihm nicht vorhanden ...« Auch ihr Pfingstgrün überlassen sie uns gern – solange die Mehrzahl der Fremden die herrlichen Swimmingpools nicht verschmäht.

Späte Pizza in Lazise

Auch wenn du ganz spät kommst: Wenn dich der Wirt wiedererkennt, für dich macht er noch eine Pizza. Sie ist die kleine Rundform der Piazza. Nur in Italien konnte ein solches Gericht erfunden werden: ein Miniaturtheater zum Verspeisen. Schon das Auskehren des Ofens mit einem Kräuterbesen hat etwas von einer Ouvertüre. Wenn der Teig zwischen zwei behenden Handflächen aus einem Klumpenbatzen zum Flachteigteller wird, bist du Augenzeuge des ersten Terzetts. Dann wird der Fladen zur Arena für einen Individualchor; je nach Zutaten brillieren jetzt artischockengrüne oder tomatenrote oder sardellensilbergraue oder zwiebelblaue oder käseweiße Solisten ... Ganz zum Schluß tritt der Regisseur selbst auf: in Gestalt eines Ballettänzers schwenkt er die Ölkanne über seinem Werk – und im furiosen Finale schießt er das runde, knusperrandige Ganze aus dem Ofen auf deinen Teller ... Ins Sichtbare sind sie verliebt – und wenn wir Deutschen verliebt sind »über beide Ohren«, dann ist das für einen Italiener noch lang nicht genug: Er muß »inammorato cotto«, also glühend verliebt sein, und das erinnert an Krebse: »rotgekocht«.

Nun, Krebse haben wir bislang am Gardasee nicht verzehrt – aber, was für eine Palette an Fischen ... Hecht und Schleie püriert, oder der »Iavarello« mit seinem festen Fleisch ... Oder eben die wohlschmeckende »trotta«, die Forelle, gebraten bei »da Angelo« in Cisano.

Ohne Zweifel: Längst gehört zum Gardasee auch eine exquisite »Cucina Gardesana«, die kulinarische Leckerbissen für verwöhnte Gourmets bereithält. Der Sprung vom »Luxuriösen« zum »Übertriebenen« ist da oft nicht weit, und in manchem dieser mehrsternigen Lokale wird man kaum einen Einheimischen finden. Aber es gibt im Erlesenen auch überraschend intime Ausnahmen: Ich denke an die »Osteria Oste Scuro« in einem kleinen Gäßlein in Verona, zwischen der Scaligerburg und der Piazza Bra, im »Vicolo San Silvestro, 10«. Das ist so ein verhalten wirkender Ort, unscheinbar von außen, doch innen wieder so ein mit Bildern belebter Raum, in dem das Köstliche wirklich kostbar schmeckt.

Mir indes liegt das in sich stimmige Einfache mehr – ich meine damit jene italienische Einfacheit, die ohne alles Überkandidelte auskommt, wo sich der Einheimische wohlfühlt, wo er als Stammgast bewirtet wird. Also von Bardolino den Hang hinauffahren. Richtung Cavalon – und in Höhe von Calmasino zweigt ein kleines Sträßlein nach links ab, unscheinbar ist der Hinweis auf die »Localitá Villa«. Das Sträßlein ist schmal, es führt an wenigen grausteinigen Gehöften vorbei – und das Lokal kommt ohne alle Künstlichkeit aus. Wie angenehm man da beim Schmausen und Trinken ins Weinhügelland schauen kann ... Wie aufmerksam und zupackend die Bedienungen sind – und wie die Preise stimmen ... Ich muß da manchmal an die »Mutterhände« jener arbeitsamen »Küchenkönigin« in Bardolino denken, im »Al Commercio«, wo mir der goldgelbe Polentabrei, samt Fohlenfleisch, am besten schmeckt. Und zwischendurch nichts anderes als eine reichbeladene späte Pizza – in Lazise, in Albisano beim großen Kastanienbaum, oder (unschlagbar noch zu ganz später Stunde) eben im »Cristallo« in Bardolino.

Hinter der Rocca von Garda

Uferfußweg nach Garda

Cappuccino und mit Marmelade gefülltes Hörnchen im »Cristallo«. Hafenpromenade. Das Kap mit dem Blick auf die Bucht von Garda. Der Spielplatz. Segelboote. Campingplatz. Nun beginnt Freiland am Ufer. Kiesel. Eine Handvoll Wasserschnecken. Ölbäume. Weiden. Eine Werft. Das grauviolette Hotel am See. Pappeln. Eine Imbißbude. Und immer wieder das Doppel: linker Hand frische Seeluft – rechter Hand das ansteigende Hügelland, das seine »Symphonie in Grün« für die Augen spielt. Jäh steigt das bebuschte Gefels der »Rocca« hoch. Zedern am Ortsbeginn. Kaffeepause. Zeit genug, um sich den Tag zurechtzulegen.

Nach San Vigilio

Gleich hinterm Hafen von Garda beginnt der Bogenweg am See entlang – schmal, meist auf Kies. Das Wasser gluckst, Morgenstille. Den weiten Park einer Villa schmücken ausladende Zedern, Kastanien, dazwischen eine Trauerbirke; eine Blutbuche gibt ihren metallischen Rotton dazu. Der Weg wird noch schmaler. In manchem Jahr, bei höherem Wasserstand, zogen wir Schuhe und Strümpfe aus, hangelten uns an einer Mauer entlang. Schilficht. Schwemmholz – einmal war ein kleiner ESSO-Tiger aus Plastik dabei. Das Maskottchen (»Was hilft ein Tiger im Tank, wenn ein Esel am Steuer sitzt?«) erinnerte mich an Gerhard Nebels Buch: »Sprung von des Tigers Rücken«... Wer der rasenden Beschleunigung aufgesessen ist, kann nicht mehr abspringen – aber das befristete Verlangsamen muß immer wieder möglich sein, sonst wären wir nur noch Gejagte.

Ein paar Muscheln und Schnecken. Auf dem Kies lag etwas – handspannenlang, metallisch schillernd: der Kopfform nach eine kleine Viper. Wie sich der Schlangenleib durch Zusammenziehung vorwärtsbewegen kann... Die Schlange ist das Urbild der Überraschung. Von allen Künsten hat nur die Musik etwas

Schlangenhaftes: mit dem plötzlichen Auftauchen, mit dem jähen Verschwinden. Schon sind wir da.

Die Hafenbucht von San Vigilio ist eine Idealform in Kleinformat: der sanft geschwungene Arm einer Mauer bildet die eine Fassung, die andere wird von Hausmauern gestellt, durch einen Torbogen verbunden. Ein leicht asymmetrisches Rund entstand: ein Sonnenfangplatz – einem Brillantring vergleichbar. Ein paar vornehme Boote sind im Hafenbecken vertäut. Das Mäuerlein ist grade so breit, daß es bis knapp vor den Bootseinlaß mit Tischen und Stühlen zum schönsten Freiluftcafé verwandelt werden kann. Eine Platane bietet ein wenig Schatten, und in dem Gemäuer hat sich zäh ein Feigenbaum gehalten, dessen Fruchtknöllchen sich schon zeigen, noch ehe sich alles Blattwerk entfaltet.

Restaurant-Hotel, Wirtschaftsgebäude und Hafenmauer-Café bilden ein ideales Ensemble; wenn jemand Behaglichkeit und Beschütztsein anschaulich darstellen müßte: Er bräuchte nur San Vigilio zu zeichnen. Eine Vorzugslage – seit Jahren durch nichts vergröbert oder verschandelt. Daß das Restaurant mit Kuschelnischen und Seeblick nur auf Vorbestellung zu nutzen ist, das versteht sich ebenso wie der entsprechende Preis – aber den zahlt gern, wer einmal eine Vorzugslage genießen möchte. San Vigilio ist ein Hymnus an die Ausnahme; etwas Königliches, das Massenbesuch nicht verträgt. Für eine Weile bin ich hier Monarchist – leicht zu ertragen, diese Alleinherrschaft, an der nur zahlende Gäste teilnehmen können. Das Herrschen aber verstehe ich nicht als ein »herrschen über« (Untertanen), sondern als ein Beherrschen des Ausblicks. Hier herrscht eine intime Ruhe.

Die Winkelfassade des Hauses... Vom Torbogen her fallen die geschwungenen Stufen wie Kaskaden zum kleinen Hafenbecken; maßvoll überwindet die Treppe die Höhenunterschiede – auch das teilt sich als Sinnbild mit. Das Relief des heiligen Vigilio schmückt eine Wand; der untere Saum der Hausmauer ist leicht zur Stütze geschrägt – wie ein Schattenriß hebt sich eine eiserne Lampenampel ab. Alles harmoniert miteinander. Ein Sonnenfangplatz. Keck schmausen Spatzen auf Tellern und unter den Tischen mit.

Harmonieren... Ich las in Martin Bubers Verdeutschung des Alten Testaments: »Zuviel drosselt alles« – ein Satz aus den »Gleichsprüchen«. EbenMaß – San Vigilio zeigt eine Ausgabe davon.

»Sein Segen, er ist's der reich macht,

neben ihm fügt die Rackerei nichts hinzu...
Der Bewährte wird in Weltzeit nicht wanken...
Wer nur mit Klatschkram umherzieht...
Ein goldener Reif im Rüssel des Schweins:
ein schönes Weib, der Schicklichkeit entratend...
Besser, wer gering bleibt und sein eigner Arbeiter...
Eine Segensseele gedeiht...
Die heile Zunge ist ein Lebensbaum...
Ein Mann von Grimmglut erregt nur Hader,
aber ein Langmütiger beschwichtigt den Streit...«

NeuFundWörter – mit ihnen muß das abgeschliffene Biblische immer wieder aufgerauht werden: dann stellen sich Einsichten ein, die souverän machen. Das Hebräische, in Bubers Deutsch, stürzt angstlos ins Künftige – seine Stärke beruht auch darin, daß es noch immer auf den Messias wartet: auf den MehrAlsWir.

Lang haben wir uns gesonnt. Zum Weißwein kommt immer ein Schälchen mit salzigem Knusperzeug. Jetzt sitzt im Gedächtnis der Blick auf das Schädelhaupt der Rocca von Garda – Stolzhaupten; auch San Vigilio ist so ein Stolzbau.

Und jetzt nur ja nicht den Rückweg durch's selbe wählen... Wir könnten den Kellner bitten, daß er das Taxiboot in Garda anruft... Diesmal gehn wir obenherum zurück.

Und diesmal war der sonst stets verschlossene Zugang zu dem hohen Zitronengewächshaus geöffnet; zum ersten Mal konnte ich in eine Urform der gardesanischen »Limonare« hineinschauen: Eine lange Flucht von weißen Stützsäulen; darüber schmale Ziegeldachstreifen, die bei Bedarf geöffnet werden konnten. Was einst mit Matten abgedeckt wurde, wird jetzt von Glaswänden vor kalten Winden geschützt. Im Riesengewächshaus gediehen hochgewachsene, stets schlank bleibende Zitronenbäume mit ihrem tiefdunklen Grünglanz. Ein Arbeiter kam mit einem frischgeernteten Korb aus seinem Tropenhaus: Ja, dies hier sei einer der beiden einzigen noch funktionstüchtigen und wirklich gebrauchten Limonare am See... Nur der, und der in Torri, seien über die Zeit gerettet worden... Das Alter der Bäume? Da käme man weit über ein Jahrhundert hinaus... Selbstverständlich schenkte er mir jetzt eine Frucht, daß ich die Güte selbst überprüfe... Es duftete frisch... Einmal sagte Martin Buber: »Man weiß niemals vorher, wie ein Engel aussieht...« Nun hielt ich einen zitronengelben in der Hand; er gab eine Ahnung vom echten, nicht gespritzten Duft dieser Frucht. Wie ein Engel: unverwechselbar und unersetzlich.

Wir gingen durch die Zypressenallee, die geradewegs auf das »Schloß« von San Vigilio zuführt. Ein uralter Stamm, von einem Sturm umgerissen, lag als Klagebaum im Garten. Wundersame Wegfassung – die Geleitsbäume der Zypressen…

An den Felshängen über der stark befahrenen Straße erfreute mich der Stachelsternbesatz aus Agaven. In ihren metallisch grünblau schillernden Schwertern sind die Abdrücke erhalten von den Blättern, die sich zuvor entfalteten. Eine der Agaven war zu bräunlichem Matsch zerfallen: so verenden diese Pflanzen, wenn sie einmal in ihrem Leben den hohen Stengel ihrer Blüte auflodern ließen: verausgabt für eine einzige Liebe…

Wunschgerecht kam der Bus. In Garda erreichten wir mühelos das Boot nach Bardolino.

»En somnii explanatio«

Mitunter geistert noch ein Funke der lateinischen Ursprache auch am Gardasee herum. An einem der stattlichen Häuser an Cisanos Hauptstraße lautet der bekenntnishafte Hausspruch lateinisch-knapp und wortspielerisch:

»Non domo dominus
Sed domino domus.«

Frei übersetzt: »Nicht für das Haus lebt der Hausherr – dem Herrn (also dem HerrGott) sei das Haus geweiht.«

Auf seine Weise ist der Hausspruch von San Vigilio ein Zuspruch: »En somnii explanatio« – »In den Träumen liegt bereits die Deutung«.

Träumen… Da muß ich immer wieder einmal an Stendhal denken, den Autor von »Rot und Schwarz«. Gelegentlich lese ich in seinen »Aphorismen über die Liebe«, meist aber geht mir seine Präzision auf die Nerven – gleichwohl gehört dieser Schriftsteller (1783–1842) zu den »TeufelsAutoren«: Er hatte neben seinen zahlreichen Geliebten auch noch ein Land als Geliebte…: Italien. Stendhals Hochmut hat etwas für sich… Keck sind seine »Privilegien vom 10. April 1840«, worin der Autor in 23 Artikeln jene fast übermütig fordernden »Vorrechte« niederschreibt, die ihm Gott, vertraglich vereinbart, verleiht…

Ich würde davon gerne Artikel 9 und 23 übernehmen: »Alle Tage um zwei Uhr morgens findet der Privilegierte in seiner Tasche einen Napolendor nebst vierzig Franken Kurantgeld des Landes, in dem er sich befindet. Beträge, die man ihm gestohlen hat, befinden sich in der folgenden Nacht um zwei Uhr auf einem Tisch vor ihm... Zehnmal jedes Jahr kann der Privilegierte überallhin, wo er nur will, versetzt werden, und zwar mit einer Geschwindigkeit von hundert Meilen in der Stunde. Während der Reise schläft er...«

Ich aß auf dem schmalen Hafenmäuerchen von San Vigilio und lachte lautlos über diese Privilegien – die hübsche Bedienung, eine Tochter der Gräfin Firlifaga, beugte sich herab und flüsterte: »Und für dich käme noch der Artikel 24 hinzu: Jede Frau, die einem als besonders hübsch erscheint, wird dem Privilegierten in zwei ihrer häßlichsten Augenblicke gezeigt – und dies so lange, bis die Anziehungskraft, der Wunsch, von ihr verführt zu werden, sich wandelt zu der Vorstellung: Gott sei dank habe ich dieses Gift nicht zu mir genommen...« Diesmal aber bekam sie kein Trinkgeld...

Ein kurzer Satz mit dem Bummelboot

Wie Eidechsen am Mauersaum des Uferwegs nach San Vigilio haben wir uns gesonnt. Wir waren im himmeloffenen Lesesaal der Bibel. Maßstabsgut – hurtiglangsamrasch – zieht jetzt das Batello am Ufer dahin. Wie gut, daß die Steilseite der Rocca von Garda unzugänglich ist. Freiheit wird von einer Reserve des schwer Betretbaren gespeist. Und Bilder braucht die Freiheit – wie das Bild vom Ebenmaß des Zypressengeleits bei San Vigilio; dann spürt man den schmerzlichen Unterschied zwischen einem finsteren Zugang zu einem Parkhaus und dem baumbestandenen Hinweg. Wir wünschen uns doch immerzu den Geleitschutz geglückter Bilder. Haben in diesen Trödelstunden nicht inzwischen die Pappeln am Ufer, Richtung Bardolino zu, ein wenig Orange-Rouge nachgelegt?

Streiten – vor der Schiffsabfahrt

Knapp waren wir zum Fahrkartenhäuschen im Hafen von Garda gekommen, das Schiff wartete schon. 2000 Lire für ein Ticket sind nicht die Welt – ich hatte aber nur einen 100000-Lire-Schein. Der Verkäufer murrte:

»Den kann ich nicht wechseln!«

»Dann fahren wir eben umsonst!«

»Sie werden doch ein paar tausend Lire klein haben...«

»Nein!«

»Ich kann nicht wechseln!«

»Na, wenn Sie Fahrkarten verkaufen wollen, müssen Sie doch Wechselgeld haben!«

»Das ist das letzte Schiff, ich hab' kein Wechselgeld mehr...«

»Ja, aber von Ihrer Kundschaft erwarten Sie doch Geld – Sie sind es doch, der etwas verkaufen will...«

»In Deutschland werden Sie in der Straßenbahn auch nicht mit hundert Deutschmark bezahlen...«

»Wir sind hier am Gardasee. Ihr Verhalten gegenüber der Kundschaft kann ich nicht gelten lassen. Schließlich fahren Sie hier alle von unserem Geld.« Ich biß auf Granit. Ich strich meinen 100 000-Lire-Schein wieder ein, schaute zum schon ungeduldig wartenden Schiff und erkannte einen Bekannten – bei dem würde ich morgen nachlösen können... Noch einmal beschimpfte ich den Mann wegen seiner unnachgiebigen Haltung, nachdem er mich aufgefordert hatte, in einem der nahegelegenen Restaurants zu wechseln.

»Wenn Sie wüßten, was kundenfreundlicher Service ist, hätten Sie längst Wechselgeld besorgt, ich bin doch nicht am Gardasee, um Ihre Bequemlichkeit zu finanzieren!«

Der Mann knallte das Glasfenster seines Schalters zu, ich ging entschlossen ohne Tickets zum Schiff – da kam meine Frau, die hatte irgendwo noch einen ZehntausendLireschein und erlöste die beiden Kampfhähne.

La Filanda

Die Straße durch Garda macht einen Bogen, um den alten Ortskern am Ufer, wo die Korallenstöcke der Cafés, Restaurants und Hotels heranwuchsen – alle zehren vom Buchtblick. Niemand störte es, daß Bauarbeiter ihren Schutt in den See kippten. Seltsame Monotonie einer Monokultur: Als wollten die Freizeitler nichts anderes als essen, trinken, schlafen und ein wenig flanieren – RiminiSardinen ohne Sandstrand. Indes geht der Alltag weiter; in einer Zeitungsbude saß eine Frau, und da niemand etwas kaufte, sortierte sie einen Korb Grünzeug, und wie ich sie anschaute, sagte sie »l'erba«, zerrieb ein Salbeiblatt und hielt mir das Duftblaugrün unter die Nase; morgens, bevor sie in ihr Schneckenhaus komme, streife sie oft über die Wiesen, wo auch

Thymian wachse – ohne »l'erba« koche sie nie... Dann empfahl sie ein Geschäft, in dem die Tortellini und überhaupt alle Teigwaren noch täglich frisch gemacht würden – das sei was anderes als die Konserven von »Barilla«...

Durch einen Gewölbebogen gehend, durch Schmalgassen schlendernd, an einem Bäckerladen vorbei, der beinah schon sündhaft schönes Backwerk anbietet, samt einem Apfelkuchen, auf dessen hauchdünnem Teig die Apfelschnitze unter Gelatineglanz lachten, noch um ein Gasseneck herum: Wieder so ein kleiner Laden – Handwerkersorgfalt, keine allzu breite Palette des Angebots... Die Hinweise für die Zubereitung sind im Preis enthalten. Bastionen sind das, letzte Bastionen der Selbständigkeit; für eine Generation scheint das noch zu genügen, zumal Backstube und Laden noch nicht alljährlich dem Designdiktat unterworfen werden. Schon die nächste Generation wird über solche Einkünfte schmunzeln. Irgendwann wird die weiße Fahne der Kapitulation geschwenkt...

Ich wußte das bislang nicht: Es gab einmal am Gardasee auch Seidenspinnerei... Oberhalb des Ortes, am Arenahang, wurde eine Spinnerei aus dem 18. Jahrhundert umgebaut – nur die Außenmauern der »filanda« blieben. Einst waren unterm Dach niedrige Böden eingezogen, auf denen die Seidenraupen zum Sattfraß gefüttert wurden; alle Zwischenböden sind beseitigt; der Blick im neuen Speiseraum reicht bis unters flache Balkendach. Die Umnutzung ist geglückt; alles luxuriös elegant, nobel, exquisit – wie einst die Seide. Verlustumwandlung – nur so kann sich der Mensch behaupten; was dabei verlorenging, wird bald nicht mehr empfunden: Wie wenn der Schmerz der Armut verschwunden wäre – eines Tages wird auch das Wort »armselig« hier nicht mehr zu finden sein.

Hymne auf den lebendigen Menschen – im Soldatenfriedhof

Das weiße Hinweisschild mit drei Kreuzen, in Garda, zweisprachig: Es hatte mich abgehalten. Ich mag uniformierte Gräber nicht. Die rührende Kriegsgräberfürsorge weltweit rührte mich nicht an. Zwiespältig kam mir das vor: Kriegsgegner, wenigstens tot, ausgesöhnt nebeneinander ruhen zu lassen – mit einem Schuß Infamie: Wenigstens als Tote müßt ihr Italiener die lebenslängliche Gegenwart unserer deutschen Soldaten ertragen; bildeten sie nicht den Opfergrundstock dafür, daß wir nun ohne Waffen, nur noch mit Geld euer Land erobern? Ich mochte da nicht hin.

Seit langem schätze ich die Arbeiten des Bildhauers Hans Wimmer. Ob Menschen oder Tiere – mir leuchtet ein, wie er einmal die Aufgabe seiner Arbeit beschrieb: »Einen Gegenstand zu vergegenwärtigen und ihm Dauer zu verleihen.« An seinen Figuren gefällt mir, daß »Ähnlichkeit« (mit dem Porträtierten) und »Eigenart« etwas Neues werden – keine Kopie. In einem Katalog las ich: »1966 Mahnmal Kriegerfriedhof Costermano (Gardasee)«. Wer einmal seinen Narren am Werk eines Künstlers gefressen hat, der möchte möglichst viel davon kennen. Nach Passau und Donauwörth, nach München und Schärding: also hinauf zum Bergrand, der die Landbucht von Garda säumt.

Erika blühte verschwenderisch.

Gleichförmige Steinzeichen.

Namen und Rangbezeichnungen.

22 000 Gräber.

Die Bezeichnung »Gefallene« hat mir nie gefallen. Warum verhehlt man die wahre Todesursache? Erschossen, erschlagen, erstochen, ermordet, erstickt, erfroren, verhungert...

Immerhin: Ein Rest Respekt... Wie wenn allen eine Generalabsolution erteilt worden wäre... Vielleicht doch richtig so – so uniform: Im Tod sind alle gleich.

Erika blühte verschwenderisch.

Eine schmucklose Halle, inmitten von Erika und Zypressen, hoch überm See. Eine Halle als Namensregister.

Angesichts von 22 000 toten Soldaten: Da kniet in der Halle ein nackter, schlanker junger Mann. Er trauert nicht, er klagt nicht an; er kniet mit dem linken Fuß, andächtig. Er huldigt dem Wehrlosen. Er erinnert nicht, er weiß gar nichts vom Vergessen – er kniet. Er trägt keine Schuld über den Tod hinaus nach. Er ist waffenlos. Er verherrlicht die nackte, noch nicht mißbrauchte Jugend. Er ist das Gegenbild zum mörderischen Krieg. Er ist die Gegenfigur zu Petrus, der das Schwert zieht. Er kniet – als staune er darüber, wo-zu seinesgleichen fähig ist. Er ist unversehrt. Unsichtbar verwundet ist er nur durch die Verwunderung: daß derlei geschah, noch immer geschieht und also unausrottbar zum Menschen gehört. Er ist das Gegenbild. Er ist der stumme Satz, fragend: Warum kann's nicht einmal anders werden? Er zeigt uns, wie erleichternd es ist, wenn man nackt ist, wenn man sich nicht einhüllen muß in falsche heroische Posen. Er weint nicht. Er gibt uns eine Ahnung davon, wie gut es sein könnte, wenn man nicht verzweifeln müßte über seinesgleichen. Er sagt es wortlos: Der Mensch ist die lebendige Unzulänglichkeit. Er ist der sachte Appell des Schutzlosen, also des Liebenden. In Costermano hat der aus dem niederbayrischen Pfarrkirchen gebürtige Bildhauer Hans Wimmer dem lebendigen Menschen ein Denkmal gesetzt. Mir ist, als ströme aus den Gräbern Zuversicht in diese Gestalt – als flüstere sie uns zu: »Macht euch nicht zu Gefangenen eurer eigenen Todesangst!« Und auch das gehört zu einer Landschaft – vom Krieg einst ebenso stigmatisiert –, daß sie versucht, Kriegsschuld darzustellen. Mit verhaltener Stille sagt Hans Wimmers kniende Gestalt: »Die Zahl der Leidenden ist bedeutungslos – denn nur der Anblick des einzelnen, des Nächsten kann uns das Leiden der Welt aufschließen.«

Spaziergang durchs Mühlental

Ein kleiner Überschuß an Zeit, und schon ist man im Anderland eher bereit, einen Weg zu gehen, von dem man nichts »Umwerfendes« erwartet, allenfalls eine gesteigerte Aufmerksamkeit für eine kleine Weile. Seit Jahren schiebe ich manchen Berggang auf, und als wieder einmal die Bucht von Garda nur so wimmelte von Booten, schlugen wir einen Schotterweg ein, der halbwegs von der Straße Garda–Costermano, bei einer Brücke abbiegt. Bald tut sich ein Tal auf: »Valle dei molini« – ein »Mühlental« am Gardasee hatte ich nicht erwartet... Das einzige noch vorhandene Mühlrad dreht sich nur noch zur Schau; die einstigen Kornmühlen haben längst ausgedient. Das Mühlrad in seiner Gemächlichkeit mag vielleicht noch melancholisch stimmen: doch hinter der vermeintlichen Gemütlichkeit ihres Tempos ist der Zwang des sich immer Drehens ebenso sichtbar wie in jeder Maschine... Im anmutigen Tal, das ein Bach durchmurmelt, der nun keine Räder mehr antreiben muß, war einmal industrielle Nutzung selbstverständlich. Jemand hat gemeint, daß bloßes Schlendern Vergeudung der Lage sei – und also wurde ein TrimmdichPfad eingerichtet... Er stört nicht. Der Bach murmelt. Brunnenkresse gedeiht in seinem lauteren Wasser. Dort, wo das Mühlental ganz schmal wird, werden derzeit Forellen in Becken gezüchtet, deren schwarzgetüpfelte Rücken im kalten Wasser herumwirbeln.

Der Weg steigt bergan – am Talende schien er uns viel zu kurz, wir wanderten weiter, schlugen uns bei San Verolo durch ein Dickicht aus Brombeerranken und Edelkastanien, und bald standen wir in Castion vor der rotfleckigen Villa Pellegrini. Vor dem Haus mit großer Terrasse breitet sich ein Garten aus, dessen Grundmuster noch aus der Barockzeit stammt; Figuren schmükken die mit Buchsbaum gefaßten Wege. Eine freundlich vorgetragene Bitte, und schon öffnet die Hausmeisterin einen Seiteneingang: Gartenkultur noch immer. Beim Rückweg begegneten wir wieder einmal Menschen, die mit Vergnügen den frühlingsfrischen Löwenzahn pflückten, der, noch vor der Blüte, zu Hause in Salzwasser gekocht wird und dann, mit Zitrone gewürzt, mit einem Schuß Pfeffer, als köstlicher Salat mundet. Solche Erlebnisgewürze, eine kleine Prise nur, machen mitunter einen Weg noch schmackhafter. Die Einheimischen sind dann noch einen Grad heimischer auf heimischem Grund – findig nutzen sie seine Gratisgaben. »Erdverbunden« – so ist das beinah schon nachahmenswert...

Monte Luppia

Die Straße von Garda nach Albisano hinauf, noch eine Häuserzeile entlang, den Wagen am Waldrand stehenlassen... Lichtgrün von Hopfenbuchen. Schmaler Weg auf Kalksteinen. Wenn einem Menschen in einer Lieblingslandschaft durch andere Menschen Leid zugefügt wurde, ist auf immer ein Schatten eingezeichnet, und dieser Schatten wandert nicht – keine Nacht verschluckt ihn, vielleicht braucht ihn das Gedächtnis als Schmerzsonne... Als wir aus dem buschig lichten Wald heraustraten auf eine Wiese, lachten zwischen dem Grasgrün violettblaue und weiße Veilchen; das Immergrün blühte in seinem wäßrigen Blau, bei den Buchenstämmen lugte das Leberblümchenblau hervor. Hahnenfußgelb und Hornkleegelb gaben ihr Gelbduett dazu. Und wieder einmal sah ich das Zimtzebra, den Wiedehopf. Wären wir noch weitergegangen, hätten wir gewiß einen schönen Blick auf den See gehabt – die Begegnung mit den Blumen hatte genügt. Jemand erzählte, daß eine amerikanische Künstlerin, an Krebs erkrankt, diesen Berg gesehen habe und darauf sagte: Das sei ein guter Platz zum Sterben. Sie zog hierher und verbrachte noch eine gute Weile Sterbenszeit überm See. Vielleicht löste sich angesichts der Seeruhe die Last ungelöster Probleme. Letztendlich wird es gleichgültig sein, von wo aus wir den Absprung schaffen – müssen. Vielleicht erleichtert uns der Anblick einer unversehrten Landschaft ein letztes »Danke« an die Welt.

Ein Augenblick bei der UrPlatane

In Deutschland sind Baumnamen als Ortsnamen nicht selten: »Linden«, »Ahorn«, »Buchen« oder »Eschenbach«... Hinter Caprino Veronese heißt ein kleiner Ort »Platano«. Ein Ungetüm von einem uralten Baum gab ihm den Namen. Längst ist die Krone geschrumpft, aber noch immer bedarf es mindestens zehn Menschen, die den knorzigen Stamm umfassen können. Die Ur-Platane steht an einem Bach – einmal sollen darunter 100 Bersaglieri Zuflucht gefunden haben... Ein Baum, der ins Uralter hineinwächst, wächst aus unserer Zeitvorstellung heraus. Für einen Augenblick wird er gewürdigt; er bleibt verschont – und alljährlich dauern mich die Platanen an den Seestraßen, die barbarisch zurückgeschnitten und geköpft werden und mit einer Esels-, nein, mit Platanengeduld immer wieder austreiben.

Monte Baldo

Das langgestreckte BergriegelMassiv ist nicht leicht zugänglich. Dem Bergwanderer stehen Schutzhütten, Berghäuser, Biwakhütten, Klettersteige und gesicherte Wege zur Verfügung; die Seilbahn, die »Funivia«, führt bis zur 1745 m hoch gelegenen Station – der Höhenzug selbst weist beachtliche Gipfel auf: Altissimo di Nago (2078 m), delle Pozzette (2132 m), Valdritta (2218 m) und Maggiore (2200 m)... Aus der Ferne ein gewaltiger Bergblock, scheinbar unbefahrbar... An Geröllhalden eitert es: weiße Kalksteine. Den Skifahrern folgen die Mountainbiker; an bunten Schwingen hängen Drachenflieger...

Irgendwo an einer der schmalen Straßenkehren fiel vielleicht achtlos eine Zigarette ins frühlingstrockene Gras – wendig, wie eine Bergziege, mit Sirenengejaul, kommt alsbald ein kleines Feuerwehrauto die Schlaufenstraße herauf; die Besatzung, samt zwei Polizisten, macht sich zu Fuß auf: mit Lederpeitschen und Ästen, also mit alten, bewährten Mitteln schlagen sie den kleinen Aufstand des Feuers nieder. Noch lange wird das Brandfleckschwarze in der Hangmacchia nachglühen...

Unbehelligt wachsen auf abschüssigen Frühlingswiesen die zartgelben Flocken von Primeln, dazwischen lacht das Warmgelb der Schlüsselblumen, hie und da untermischt vom Blau, Violett und Weiß der Veilchen. Auch Erika blüht – ein seltsamer Gelbton kommt aus dem Erikaviolett.

Es gibt Menschen, die haben zu jeder Jahreszeit Heimweh nach ganz bestimmten Pflanzen. In der Blütezeit ereignet sich das Wunder des sich Öffnens – die Pflanze offenbart, daß sie auf »den anderen« wartet. In dieser Schutzlosigkeit, der Witterung auf Gedeih und Verderb ausgeliefert, könnte man ein Sinnbild der Liebe sehen. Uralte Bilder, die nie altmodisch werden. Manche von ihnen sind auch in Redewendungen gefaßt, die freilich nur noch dem Einheimischen etwas bedeuten:

»Avril bagnà – contadin fortunà« – hat's tüchtig geschüttet im April, bringt's dem Bauern Glück.

»Aqua da Gàrda o da Bardolín – fa alégro 'l contadin« – egal ob der Regen aus Garda oder von Bardolino kam – den Bauern macht's heiter.

Noch ist der Monte Baldo ein Rückzugsgebiet für Pflanzen – ob seine Hänge dasselbe für die restlichen Bauern sein wird, steht dahin. Noch erfreuen uns in dieser Höhenlage Ende April die ersten zartvioletten und weißen Krokusse – wildgewachsen frei.

Arbeitszimmer in Caprino Veronese

Einblicke in Wohnzimmer bekommt der Fremde so schnell nicht. Ich spitzte ins erleuchtete Zimmer: ein voller Bücherschrank, Schreibtisch; am Fenster ein langer Ablagetisch; Zimmerpflanzengrün; drei Bilder; in der Wandmitte das Kreuz; zwei Fotografien: der Heilige Vater und der Bischof von Verona... Der Hausherr kommt in seiner Soutane herein: er trägt immer dasselbe Hirtengewand. Er schaut auf die Uhr, aber kein Handgriff wird deshalb schneller. Wer auf das Kreuz schaut, hat für alles Zeit – eins nach dem anderen. Er schaut in den Kalender: Aber die Termine türmen sich nicht zu Gebirgen; dann geht der Hirte seines Weges. Vielleicht hat er als Schäferhunde nur Gebete; die jungen Lämmer werden ihm längst entlaufen sein – aber wie er seine Herde betrachtet: Als hüte er jedes Schaf wie seinen Augapfel. »Etwas muß immer gleich bleiben«, sagt er, »dann kann man ruhig mit der Zeit gehen, wir waren ja auch einmal jung... Natürlich: In dem Augenblick, in dem zwei Menschen zusammenkommen und ein neues Leben beginnt, in dem Augenblick ist da, noch unsichtbar für uns, ein Mensch – niemand darf ihn wieder fortschicken... Aber, wenn's dem Mädchen gar zu schwer wird... Der liebe Gott schenkt einer Frau ein Kind doch nicht als Mühlstein um den Hals...«

Volksversammlung in Caprino Veronese

Der Ort im Hinterland ist nicht ohne Reiz – wenn das Alltägliche reizvoll sein kann; ich meine nicht die altrote Villa mit dem Barockgartenrest – schon eher ein Lokal, in dem es frische Kutteln gibt, jene »trippa in brodo«, die aus einer tiefen Suppenschüssel gelöffelt wird, mit dem Parmesankäsegewürz darüber... Oder eines der versteckten Lokale, in denen es einen immer wieder verwundert, daß hierzulande kaum billige Drucke, sondern echte Bilder als selbstverständlicher Schmuck zu einem Restaurant gehören. Mitunter teilt sich das mit: Hier feiern sie noch das sonntägliche Essen – und wenn als eine Vorspeise die große Platte mit dem fetten, doch hauchdünn geschnittenen Speck kommt (»zum Zähneputzen«, sagt der Wirt), dann werden Augen und Magen mit einem Schlag hungrig gemacht. Selbstverständlich: Der einstige Pferdemarkt ist längst vom Markt verschwunden.

Eines Tages zog ein Plakat den Blick auf sich: Neben einer schmalen Landstraße führte eine breite Teerstraße zum Monte Baldo hinauf – »tutte le strade conduconno al Baldo«, alle Straßen führten zum Monte Baldo. Das Plakat warnte vor einer »Megatangenziale« und vor der »grenzenlosen Aggression des Autoverkehrs«. Das Plakat lud zu einer Versammlung im Gemeindesaal ein.

Abends wurde der tägliche Verkehrskollaps am See im Sommer vor Augen geführt: aus dem Winter-2 000-Einwohner-Malcesine werde jeweils mit einem Schlag das Sommer-20 000-Bewohner-Malcesine, und überhaupt werde ganz Oberitalien mit Parallelautobahnen zugeschnürt, die zu kaum mehr als 50 % ausgelastet seien... Laut Statistik komme bereits auf jeden Fahrtüchtigen ein Auto – mit mehr könne man doch wirklich nicht fahren...

Jemand skizzierte, wie mit einem unterirdischen Verkehrsabflußrohr das Gebirgsmassiv des Monte Baldo durchstochen werden könne, um die Uferstraße zu entlasten... Aber, was dann entlaste, das brauche ja zusätzliche Infrastruktur: von Parkplätzen bis zu Tankstellen – das Krebsgeschwür »Infrastruktur« zeige ganz klar, daß für jede Straße das Dreifache an Land gefressen werde, das man für eine Straße selbst brauche... Auch andere Schnellstraßenprojekte wurden ohne Polemik erörtert, bis jemand sagte: »Eines Tages werden wir alle nur noch Tankwarte, Hoteldiener, Kellner, Kassierer, Pannenhelfer oder Straßenpolizisten sein...« Niemand murrte, auch nicht, als jemand vorrechnete, daß das Verhältnis zwischen unversehrter Natur und Straßenmonotonie längst nicht mehr 90 zu 10 stehe... Dann ging die Abbildung der kleinen Alpengeranie, »Geraino alpino«, durch die Reihen, und es wurde sehr still: »Auch die könnt ihr dann nur noch im Lexikon sehn...«

»Villa« – in gardesanischer Übersetzung

Im Deutschen hat das Wort »Villa« mitunter einen hochmütigen, fast demonstrativ herablassenden Beigeschmack – wie wenn Reichtum verächtlich wäre. Ganz anders in Oberitalien. Das Herrschaftliche, das im einstigen deutschen »Herrensitz« mitschwingt, ist hier zu einer diskreten Prachtentfaltung gekommen, wie es sie so nur im Veneto gibt. Freilich: Nicht jede »Villa« zeigt die Vollkommenheit eines Palladio – aber in manchem Landstrich schmücken Villen die Landschaft wie eine Perlenschnur.

Wir haben uns einmal das Vergnügen gemacht, nach Padua zu fahren – diesmal nicht zur Giotto-Kapelle, sondern zum Villen-Prachtexemplar nach Stra. Und dort bestiegen wir den »Burchiello«, die Neuausgabe jenes »burcio beo«, des »schönen Schiffes«, mit dem einst Venezianer auf der Brenta weit westwärts fahren konnten – Mailand und Ferrara waren noch zu Goldonis Zeiten von Venedig aus zu Schiff erreichbar... Was für ein Augenschmaus: einen Tag lang mit einem Boot auf dem Brentakanal Richtung Venedig zu trödeln und dabei Schmuckstück auf Schmuckstück zu sehen – um schließlich am frühen Abend durch die Lagune zu fahren und am Markusplatz auszusteigen...

Während so einer Fahrt begreift man Palladio: der viele seiner Villen vom Licht durchdringen ließ.

Die »Villa« im Bereich des Gardasees hat auch manches Prachtexemplar hervorgebracht: San Vigilio beispielsweise oder Schaustücke drüben zwischen Salò und Bogliaco...

Ursprünglich war die »Villa« im gardesanischen Land kein Lustschlößchen für Wohlhabende – die »Villa« der Landbesitzer hatte zumeist einen befestigten Kern; die »Villa« war hier einst eine kleine sichere Burg – und daraus entwickelte sich diese bauliche Zuwendung, ja diese Verbesserung einer neu bestellten Landschaft zum Landhaus, zum schönen Herrschaftssitz.

Die Villa – zur Erde, zum Land zu geöffnet: Gut zu sehen ist das in Piovezzano und an der Villa »Bon Saver« an der Etsch. Die »Villa« als eine »Zeichnung« auf die Erde – Affi hat davon noch

Beispiele, wie die Villa Poggi; etwas vom TurmHaus zeigt sich noch in Albaré; bisweilen sind diese Landhäuser mit Fresken geschmückt – wie in Caprino. Manche weist einen parkähnlichen Garten auf – und die »Villa Pellegrini« in Castion wird gelegentlich als das »Versailles des Gardasees« bezeichnet. Stattlich und großzügig – und in sich harmonisch gebaut, ohne Protz: So liest sich die »Villa« in gardesanischer Übersetzung.

Tibetanisches Felsennest: Madonna della Corona

Wenn man's weiß, sieht man's von der Autobahn aus – ansonsten ist's nur ein Huschglimmern an einer Felswand, hoch oben und tief hinten in einer felsigen Schlucht. Wer am südöstlichen Rückenrand des Monte Baldo nach Spiazzi fährt, hat's leicht, dorthinzukommen – er braucht nur Treppen abwärts zu steigen, und bald hat er das Felsband erreicht; aber diese Leichtigkeit wär' Selbsttäuschung. Sichtbar, allmählich, wird's erst in der schrittweisen Annäherung vom Tal her: Am rechten Etschufer von Rivoli aus nordwärts, bis nach Brentino, ein Sackgassendorf, und dann, gut beschuht, bergauf...

Steigen. Weiter rechts tost ein Bergbach durch seinen Steingraben. Im sonnenhellen Vormittagslicht gaukeln zwei Schwalbenschwänze, als machten sie sich lustig über die Mühsal des Steigens. Kehre um Kehre. Manchmal wird der Saumpfad gefährlich schmal. An einer Stelle quert er eine Gerölltrasse, die schwindlig macht. Immer wieder verschwindet das Ziel hinter Bergwänden. Gehen. Steinknirschen. Felsdunkel. Jetzt fällt die Sonne darauf: Unterm Senkrechtsteilen bot sich eine Buchtterrasse in der Felswand an – hier wurde eine Kirche gebaut. So stelle ich mir manches Athoskloster vor: schwer zugänglich. Ein wundersamer Einfall: In einer extremen Lage Gottesdienst feiern – und nach der Mühsal des Aufstiegs, hernach, auch sich selbst: mit Wein, Brot und Käse... Wie auf einem tibetanischen Felsenhorst nistet die Kirche mit keckkühnem Turm. Den bedrohlichen Felsüberhang nimmt sie auf die leichte Schulter ihres Dachs. Drei Mauerseiten genügen – die dem Gestein zugewandte Seite wird vom Gefels selbst gebildet: Ein Steinstück der Erde schaut felsnackt in den Kirchenraum. Wer diese Lage fand, muß ein Wünschelrutengänger gewesen sein, der eine Kraftlinie erspürte: ein Petrusfelsen, um darauf eine Kirche zu bauen – Kirche, nicht als Seelensofa, sondern an einem schwindelerregenden Platz, der anschaulich macht, daß »Glauben« keine Angst vor dem Schwindelerregenden hat.

Schmetterlingsleicht ist dann der Abstieg – erfüllt von einem Weg, der zu einem Sinnbild führt; was aber für Gott Erfüllung sein könnte, wissen wir nicht.

Pfingstwiese auf dem Monte Baldo

Die Frühlingsanläufe zum Schutzgebiet der »Corna Piana«, einem Wiesenplateau des nordöstlichen Monte-Baldo-Massivs, waren meist vergebens – entweder war die Zufahrt durch Schneesperrung nicht möglich, oder es winterte selbst Ende April noch so stark dort oben, so daß außer Krokussen von Blumenpracht die Rede nicht sein konnte. Also ergänzten wir in einem Jahr die Osterwochen um einen Pfingstaufenthalt.

Die schmale Kehrenstraße von Avio herauf wird zum schier unendlichen Schlängelband. Endlich, bei San Valentino, ist die Höhe erreicht, die Landschaft gleicht einer großen Alm, aus Mulden und von Matten kuhglockt es nur so... Bescheiden sind die Hinweistäfelchen auf den »Orto botanico«, auf das Naturschutzgebiet der »Corna Piana«.

Ein Gebirgsfeld beginnt. Ein paar Schritte nur – und Bezauberung setzt ein in frischer Höhenluft. Im Juni wirft sich hier oben die Erde ein Prachtgewand um. Die Augen erschrecken angesichts seiner verblüffenden Fülle.

Zum üppigen Hahnenfußgelb gesellen sich die »Goldköpfe« der Trollblumen: In Mulden und Senken gedeihen sie wie eine Herde. Aus mancher Felskerbe blinkt das Sachtgelb des wilden Stiefmütterchens. Die Bachnelkenwurz schenkt ihr warmes Rotbraun dazu. Blautöne spendieren Vergißmeinnicht und Ehrenpreis. Mit einem flackernden Violett mischt sich das Holunderknabenkraut ein. Dazwischen des Kuckucks koboldischer Ruf. Übermütig das Gelb vom Fingerkraut, dazu der rotgelbe Wundklee; die Waldschlüsselblume fehlt ebensowenig wie das gelbe Holunderknabenkraut; die Zypressenwolfsmilch war mit von der Partie, und dann staunte ich über die gelben Kelche eines Enzians. Mauerpfeffer stimmte mit ein in die Farbsymphonie; wie Harfenklänge muteten die olivgrünen Rispen des schwarzen Schwingels an. Schließlich die Blautöne der Enziane – als bildeten sie ein eigenes Ensemble aus Blauklarinetten: der kleine Enzian, der große Koch'sche Enzian... Die gelben Kelchspeere des gelben Enzians – und dann das sachte Liebesrot der Päonie: der wilden Pfingstrose.

Pfingsten ist ein seltsames Fest: Es hat keine Bräuche hervorgebracht. Vielleicht deshalb, weil die Verheißung – »jeder verstand den anderen in seiner Sprache« – eine so utopische Zuversicht an den Himmel malt, so daß wir nur wie ungläubige Thomasse staunen, und dabei ist ein Satz der Zeichensprache der Pflanzen auf Anhieb zu verstehen: »Wir verherrlichen die Welt.« Sie laden zur Zuversicht ein – sie rebellieren gegen das schwarze TodesNichts, hier oben, in einer Höhe von 1430 Metern.

Daß wir doch immer wieder so bedürftig sind: Nach weiten Ausblicken und neuen Einsichten... Reisen ist ein Sammeln von Bilderschätzen und Bildervorräten.

Der Weitblick erinnerte jetzt an die hügelweiten Abhänge der Valpolicella-Gegend. Wir dachten an das Hinauffahren in den kleinen Ort S. Giorgio Valpolicella, wo bei einer sehr alten Kirche noch ein offener Kreuzgang erhalten ist und im Inneren, nahe dem Ciborium, wundersam gestaltete Säulenkapitelle kaum zu enträtselnde Ornamente tragen.

Und nach soviel freier Natur kann einen plötzlich Hunger nach einer Stadt überfallen... Morgen müssen wir unbedingt wieder nach Verona! Vom Gardasee aus werden wir das »Pfirsichland« durchqueren, das westlich von Verona liegt und tatsächlich »terra delle pesche« heißt. Verona, die Stadt im Etschbogen, ist architektonisch gesehen eine »Harmonie-Musik«, mit geschickt eingebauten Kirchenfermaten. Und dann diese Taktstriche der Brückenbögen von Verona... Diese Bausicherheit früherer Zeiten... Wie ein unsicheres tastendes Suchen mutet da heutzutage mancher ›moderne‹ Kirchenbau an – San Beato Andrea in Peschiera beispielsweise...

Seltsam, wie uns dann manchmal doch eine Art neugierig machender Pfingstgeist ergreift... Wir schlagen die deutschsprachige »Gardasee-Zeitung« auf, und siehe da, schon fallen uns Gratis-Hinweise auf, beflügeln uns: Solche Angebote können wir doch nicht ausschlagen! Zu Donatello, dem Renaissance-Bildhauer, nach Padua! Im dortigen Palazzo della Ragione waren wir bislang noch nie! Und Padua ist doch auf der Autostrada nur ein Katzensprung weit... Ach, und Brescia, das doch viel nähere Brescia? Mit dem Besuch in dieser Stadt vertrösten wir uns aufs nächste Jahr; dann aber werden wir an römischen Resten vorbeischlendern und uns die Schätze in einem exzellent in altem Klostergemäuer eingerichteten Museum betrachten.

Westwärts über den See

Morgenboot nach Gardone

Wo wir während unserer Osterheimatzeit wohnen, haben wir immer eine große Landkarte vom Lago hängen. So allmählich lernen wir ihn kennen, und wenn wir auch meist bestimmte Pläne haben: Schön sind die plötzlich gefaßten Entschlüsse – zu einer günstigen Zeit ginge ein Schiff über den See...

Wir bestiegen zu mehreren das »Batello«, diesmal die »Mantova«. Wenn das weiße Schiff auch rasch sein Tempo anzieht, ist's im Gegensatz zum Schnellsauer »Aliscafo« noch ein Boot, das Zeit zum Schauen läßt, im Fahrtwind.

Nach der zypressengeschwärzten Landspitze von San Vigilio öffnet sich der See. Etwas eröffnet sich... Manchmal ist's, als magnetisiere irgendeine Kraft etwas herbei, was zur Landschaft dazugehört, und plötzlich entstehen Verbindungslinien... Ich war, immer wieder angetan von Schuberts »Wandererfantasie«, auf den »Cherubinischen Wandersmann« des Angelus Silesius gestoßen. Dieser »schlesische Engel«, zu Weihnachten 1624 in Breslau geboren, hatte nach Studien in Straßburg und Leyden 1647 in Padua promoviert, zum »Doctor philosophiae et medicinae« – schon damals gab es das große Europa der einander ergänzenden Städte...

Des Angelus Silesius' zweizeilige »Sinn- und Schlußreime«, die »zur göttlichen Beschaulichkeit« anleiten sollen, haben es mir angetan: Da denkt ein Mensch übers Paradox hinaus und überwindet das einander scheinbar Widersprechende:

»Jch bin so Reich als GOtt / es kann kein staeublein seyn
Das ich (Mensch glaube mir) mit Jhm nicht hab gemein.«

Das Kühne dieser Vorstellung liegt darin, daß ein jeder Mensch für Gott nötig ist – und indem er so Teil Gottes ist, also stets Gottes teilhaftig, erfährt er jedes Stäublein als Bundesgenossen – demnach wäre nichts aus Gottes Welt, nichts voneinander wirklich getrennt... Und daß man sich wirklich so reich als Gott empfinden kann...

»Wenn man arbeitet«, warf jemand ein, »kann man nicht auf solche Einfälle kommen – na ja, dazu ist ja auch der Urlaub da...«

Das Morgenboot bog in die Bucht von Salò ein.

Damals schien der Goldglanz des »Grand Hotel« an der Uferpromenade am Abblättern zu sein – immerhin war es bereits 1883 eröffnet; es stammt aus Europas großer »Bäderzeit«, zu jener Zeit hatten auch die böhmischen Bäder ihre Hochblütezeit. Kosmopolitische Aristokratie war seinerzeit an den See gekommen; nur ganz Reichen stand er zur Verfügung. Der Unterschied zwischen Gardaseebauern und Fischern einerseits und ausheimischen Gästen muß riesig gewesen sein, doch offenbar wurden die zahlenden Fremden ohne Feindseligkeit eingelassen, ja, es ereignete sich zwischen 1881 und 1883 ein früheuropäisches Wunder: der Ingenieur Ludwig Wimmer aus Wien (1842 geboren) konnte sich als Ausländer in die Listen zur Kommunalwahl eintragen lassen, und nach zweijähriger Mitarbeit im Stadtrat wurde er, mit königlichem Dekret, zum Bürgermeister von Gardone gewählt.

Respekt heischende Hotels wurden gebaut: Hotel Savoy, Grand Hotel Fasano, das Hotel Rosenhof und La Torre Ruhland. Nicht verwunderlich, daß es zu jener Zeit Menschen an den See zog, die sich mit ihrer Berühmtheit in solchen Häusern gerne spiegelten: Franz Kafka und Max Brod, der Maler Oppenheimer, Heinrich und Thomas Mann, Hermann Sudermann, Christian Morgenstern und Sigmund Freud. Im Winter 1901/1902 lebte hier Paul Heyse, der danach sein »Wintertagebuch« in Gedichtform vorlegte – über den See und seine Bewohner ist darin wenig zu erfahren; allenfalls daß damals »die Erd hat in Salò gebebt«, indes Gardone mit dem »bloßen Schreck« davonkam...

Das Morgenboot verringert seine Fahrt – der angenehme Bremsweg eines Schiffes...

Am Ufer schüttelt ein Schwan sein Gefieder – ebenso schütteln wir solche Details aus den Archiven ab, doch eingeschmolzen ist der Spruch des Angelus Silesius: »Ich bin so reich als Gott...«

Und wie mit einem Wisch wird die mosaikgoldglänzende Fassade des Hotels an der Hafenlände von Gardone zum bloßen Goldhintergrund, als male die Sonne das eigentliche Bild – ein nur wenige Meter hoher Magnolienbaum, buschdicht, mit rundweiter Krone.

Wie da aus Lilakelchen das MagnolienBlütenblattweiß auffackelt – unzählige Kerzen auf einmal in ihrem PorzellanWeiß...

Es ist töricht, jetzt vergleichen zu wollen – und doch erfreut mich ein Unterschied: Am Gardasee schießt um diese Zeit eine überschwenglichere Kraft ins Blühen als in unseren nordheimischen Landen. Blühen ist hier ein Lodern. Entgeistert begeistert mit den Augen trinkend – beinah wär' ich über den Steg gestolpert.

Im »Orto Botanico« von Gardone

Der Weg von der Schiffslände hangan, an Seidenkiefern vorbei, ist kurz. Manchmal hungert's einen nach einem Garten, und wenn man auch kein Botaniker ist: Vom Garten erwarten wir, daß sich hier der Mensch wieder einmal des Reichtums der Schöpfung bewußt wird.

Der »Orto Botanico« geht auf einen böhmischen Arzt zurück, den Dottore Hruska, der rund um seine Villa Pflanzen sammelte. Rund zehntausend Quadratmeter, bergan angelegt.

Was wir aus nördlichen Tropenhäusern kennen, gedeiht hier im Freien. Bambusgebüsch säumt einen Weg. Kunstbächlein durchströmen kaskadierend den Hang.

Ans sprudelnde Wasser kniete sich unser jüngstes Kind, ergriff eine angebundene Tasse und trank mit großem Behagen. Sieht man von den köstlichen Sprudelbrünnlein auf italienischen Bahnsteigen ab, so ist an den meisten Brunnen ja auch schon das Schild angebracht, das an den Paradiesvertreibengel Gabriel erinnert: »acqua non potabile« – kein Trinkwasser.

Kinder schwärmen zu einem roten, künstlich aufgetürmten Felsen, der als Steingarten angelegt ist. Eine libellenstahlblaue Hummel. Eidechsengehusch. Goldfische im zierkleinen Teich.

Der Garten als künstliche Kontraktion: Pflanzen aus fast allen Weltteilen hergebracht, als ob sich das Wildfremde nicht doch untereinander vertrüge.

Manches hat exotischen Reiz: Bambusdickicht. Eigentlich ist's hier fehl am Platz, aber vielleicht sollte man doch einmal das Wesen des Bambus, des Windharfenspielers, erleben... Angesichts der hohlklingenden Riesenhalme, gewiß an die fünf Meter hoch, konnte ich mir ein indisches Dickicht vorstellen, das Rascheln: wenn ein Tiger durchbricht.

Wildfremdes ganz nah: Der mächtige, rothaarige Stamm einer Meta-Sequoia, die ihre zierlichen Austriebe jetzt ans Licht schickte, ähnelnd der Lärche – noch ähnlicher den Fühlerbüscheln der Maikäfer.

Gelbgrün und weißgrün das fleckige Flackern der Aucuba japonica. Daneben eine Hochzypresse.

Trotz Frühlingssonne trieben die glatthäutigen und gefleckten

Stämmchen und Äste der »Lagerstroemia« keine einzige Knospe hervor – als mißtraue das Gesträuch noch der Sonne – gebleicht, wie Totholz mutete die Pflanze an.

Sachtrot blühten im Schatten schon die sonnenverwöhnten Kamelien – das ist ein Rockrot, das ein Leibfeuer nach außen kehrt. Manche Blüte hat eine überrumpelnde erotische Kraft. »Wir sind so reich als Gott«. Manchmal übersehen wir vor lauter Gartenpracht das unaufhörliche Ringen der Pflanzen um Licht – es ist ein zäher Überlebenskampf, etwas von Heraklits »pólemos« steckt darin; freilich haben wir kaum eine Ahnung davon, was neben dem scheinbar egoistischen Überlebenskampf einer Pflanze auch an »Gutem« für ihre jeweilige Umwelt »abfällt«: Pflanzen sind immer mehrzielige Wesen.

In einer schattigen Kehre des Gartens war ein Tischlein mit Jungpflanzen aufgebaut: Man solle sich zum Kauf an den Gärtner wenden – doch der war im Dschungel unauffindbar; die Frau an der Kasse sprang beratend ein. Mit Pflanzentäschchen schlenderten wir zum Ufer zurück; in Gedanken suchte jeder den angemessenen Platz zu Hause für das Gekaufte.

Schon auf dem See, sahen wir in der Bucht von Salò ein Gewitter aufziehen. Auf der Wassermitte kräuselten sich die Wellen. Die Blicke der Schiffsbesatzung wandten sich nach Osten; sie kennen die jähen Unwetter. Bald waren Zypressenhänge und See ein Dunkel, durch das beinah waagrechte Blitzschlangen zuckten. Grüngischtend gab der See seine Abendvorstellung. Der Stolz der Elemente – und unser Verlangen, ihnen ebenbürtig zu sein... Auch aus Osten fiel jetzt Sturmwind über den See her. Ich las Angelus Silesius vor:

»Jch weiß daß ohne mich GOtt nicht ein Nun kann leben
Werd ich zu nicht Er muß von Noth den Geist auffgeben.«

Zwei Jahre später

In der Erinnerung eingeschmolzen verlangte der Garten nach Wiederholung: Wie wenn wir beschlossen hätten, einen Bekannten am See wiederzusehen... Schön, wenn eine Atmosphäre unverändert geblieben ist – insgeheim hoffen wir auf eine Steigerung...

Diese Spannung, die in den austreibenden Farnen steckt: noch am Boden oder schon ein wenig oberhalb etwas ausgerollt – wie Bischofsstäbe... Wie sich da eine Form entwickelt, wie die Stadien der Spannung zu sehen sind... Alle Entfaltung ist schon angelegt. Wie in der geschlossenen Form die Ahnung der Entfaltung mitwirkt...

Eine Fettwurz verstrahlt ihre gelbsternigen Blütenlichter.

Wieder sah ich die große Agave sich sonnen. Die Kinderschar ihrer Ableger, rund um die Pflanze aus dem Erdreich vorsprießend – jede darauf versessen, einmal den Stammplatz zu übernehmen.

Neben dem Rot ungefüllter Pfingstrosen ein Enzianblau... Jede Pflanze ist aufs Grün hinkomponiert; gut zu sehen bei einem Ahorn, dem acer palmaticum japonica, dessen eisenroter Schimmer in eine andere Farbtonart überspielt.

Am meisten ergriff mich die Erscheinung der Kamelie. Ihre dunkelgrünen Blätter gleichen einer glatt glänzenden Rüstung; das verstärkt die Wirkung der rosaroten Knospen. Das ist eine Farbe der Lust, die nach Vereinigung, mehr noch: nach Wiedervereinigung ruft. Plötzlich verwünschst du alle anderen Besucher – herrlich wär's jetzt, im Bambusgebüsch mit deiner Frau zusammenzusein.

Mit Leopardi im Garten Hruska

Noch blühender kam mir diesmal derselbe Garten vor. Das lange verwahrloste Haus glänzte in neuem Anstrich. Inzwischen wurde der »Orto Botanico« von der Stiftung André Heller übernommen – der Garten als Kunstwerk: das leuchtet ein. Warum aber scheut man sich, so einen Garten nur »der Botanik« zu weihen? Warum könnte er nicht »Garten der Andacht« oder »Garten der Pflanzenverehrung« genannt werden? Außer den »Päpsten« der Namensgebung wirken hier keine kirchlichen Autoritäten mit, die irgend etwas bevormunden könnten. Vielleicht gelingt das erst, wenn zum Inventar des Gartens auch ein buddhistischer Mönch gehört, der lediglich die Wege säubert und ansonsten seinen Tag mit frohem Lobgebet zubringen kann – und wir gewöhnten uns wieder, daß man sich auch vor einer Blüte verneigen kann, ohne daß einem eine Perle aus der Krone fiele.

Wieder waren die Sprießbüschel der Meta-Sequoia da; unversehrt die große Zypresse, Cypressus macrocapa california. An einer Araucaria brasiliensis fiel mir auf, daß ihre Stachelschuppenhaut, die aus jedem Zweig eine Schuppenstachelschlange macht, weniger abweisend anmutete als die der auch bei uns gelegentlich anzutreffenden chilenischen Araucaria...

Feuchtdunkel war's im Bambusdschungel. Mancher der pfahlstarken Röhrenstämme hat einen Hauch Schwarz. Beidseits einer Brücke in diesem Dämmer sind zwei Figuren aufgestellt, die sich gegenseitig in gleichmäßigen Intervallen aus ihren Bronzescheibenköpfen mit Wasser bespucken, bespritzen, bewässern, bewitzen.

Für eine Weile blieb ich auf einer Bank, versank ins Lesen.

Mit einem Mal spürte ich, daß mich etwas anredete: Eine junge Eidechse war an meiner Hose heraufgeklettert und verhielt still überm Knie – als wolle sie den Leser grüßen, denn: »war ich beim Lesen eingestimmt«, so Leopardi in seinem »Gedankenbuch«, dann »fand ich alles erfreulich, jede Schönheit sprang in die Augen…«

Ich betrachtete den orangenen Ton der Bauchseite des Tieres. Ich sah das hurtige Atmen, das den Leib zwischen Kopf und Bauch so lebendig macht. Ich schaute diesem Atembeben zu, das hinter den Vorderläufen den Leib pulsierend bewegte, als wäre das Herzklopfen nicht nur von Herzen gekommen… Der stillhaltende Körper, furchtlos, doch immer wach gespannt, fluchtbereit vor jeder fremden Berührung – er zeigte, wie zwei Eigenschaften unter einem Hut vereint waren: Einatmen-Ausatmen und auf der Hut sein…

Nur wenig später erblickten wir eine andere Eidechse, die auf einem Stein verharrte. Nach gut einem Drittel ihrer Körperlänge bog sich der Leib wie ein U, und der spitz zulaufende Schwanz bog sich, wie ein Kettenhemdchen, zum Kreis: »So«, sagte meine Frau, »wünschte ich mir einmal einen Ring…«

Wir spürten, wie Kräfte in uns einzogen.

Leopardi: »Zu einer guten Gesellschaft gehören unbedingt die Pflanzen, die Bäume…«

Und welches ist die beste Gesellschaft?

Leopardi antwortete ein paar Seiten weiter: »Diejenige, die uns überredet, wir taugten mehr, als wir geglaubt hätten… Diejenige, die uns zufriedener mit uns selbst entläßt. Alles ist Eigenliebe, beim Menschen und bei jedem anderen Lebewesen…«

Weißfleckien im Grün

Als der Geburtstag der jüngsten Tochter wieder einmal in die Gardaseezeit fiel, hatte ich erwartet, daß sie sich als Ausflugsziel das »Gardaland« wünschte – ich hätte keinen Einspruch erhoben; sie indes wünschte sich eine Stunde »drüben in dem schönen Garten«, Bootsfahrt und Eisessen inklusive... Es war ein Schmunzelbild: Die Mädchen plazierten im »Orto Botanico« an den seltsamsten Stellen ihre Kuscheltiere und fotografierten sie...

Wir schauten am Vogelkäfig vorbei, der einen unangenehmen Kontrast zum Freien der Pflanzen bildete – genügte denn nicht die Laufkundschaft von Spatzen, Buchfinken, Meisen und Faltern?

Wenn dann für einen die meisten Namensschilder an Bäumen überflüssig geworden sind, wendet man sich anderen Zusammenhängen zu. Die Überlegung, welche Büsche, Bäume und Pflanzen besonders miteinander harmonieren, ist endlos. Und immer wieder tauchen weiße Flecken auf: Die Purpurmagnolie hast du in all den Jahren zuvor bislang nicht erkannt. Mit einem Mal stehst du vor einer japanischen Wollmispel, deren untere Blätter im Frühjahr lederbraun und bretthart werden... Mit kindlicher Sehnsucht erwarte ich manchmal auf einem Markt, daß die Mispel wiederkäme, die berühmte Nespola unseres einstigen Hausmeisters... Diese kleinen, manchmal apfelorangen-förmigen Früchte... Und mit einem Mal träum' ich von einer Gartenreise: wieder einmal in den ältesten botanischen Garten Europas, nach Padua... Und im »Giardino Giusti« von Verona waren wir auch schon lange nicht mehr... Ach, erst der Zaubergarten der Villa Carlotta am Comer See, gefolgt vom Giardino Estense in Varese... Und dazu müßten wir unbedingt die Klavierstücke von Franz Liszt hören, »années de pélegrinage«, der Italienteil... Ich pfiff den Anfang seiner »Canzonetta del Salvator Rosa« vor mich hin... Von weither kamen falterleicht die Weißfleckien angeflogen: die Gärten auf einer der Borromäischen Inseln und überhaupt die Barockgärten in Deutschland...

»Kinder, in einer halben Stunde geht unser Schiff...«

»Was? Schon?«

Salò – bei »Laurin« besonders schön

Die Bucht von Salò ist als Sonderform des Gardaseeufers einmalig. Kein Ort sonst liegt so geschützt in einer Ausbuchtung. Vom Schiff aus mutet sie wie eine schmaler werdende Wasserallee an, südlich von dem Garderegiment der über hundert Zypressen in Paradeaufstellung gesäumt. Die Schiffslände bringt den Besucher ins Wohnzimmer der kleinen Hafenstadt, einer kleinen Piazza, die ein kolonnadengeschmückter Palast herrschaftlich schmückt – als ob hier ein Prinz regiere, im Palazzo della Magnifica Patria.

Von diesem Stadtplatz, den Cafés verzieren, führt ein Weg am Ufer entlang: ein Paradebeispiel von Seearchitektur; in rhythmischen Abständen Zitronenbäume, dazwischen der kleine Platz mit dem Denkmal Zanardellis, schließlich der Neubau des Krankenhauses... Parallel dazu ein Modellbeispiel oberitalienischer Gassenkultur: sommerhitzeabweisend schmal, Geschäft an Geschäft; im Frühjahr durchtupft von den Gluttropfen der blühenden Kamelien. Jedesmal werfe ich einen sehnsüchtigen Blick in die altmodische Apotheke, die auf wundersame Weise mit Läden eleganter Mode korrespondiert; und es ist immer ein Vergnügen, hier aufmerksam bedient zu werden. Die Straßenachse ist mit Torköpfen geschmückt.

Im Jahre 1901 wurde Salò von einem Erdbeben erschüttert. Zwischen dem September 1943 und dem April 1945 war das Städtchen Sitz der »Repubblica sociale«, dem Rumpfrefugium Mussolinis, von Hitlers und der SS Gnaden – ein erbärmlicher Schluß; wenn man sich vorstellt, wie der gebrochene Mussolini-Tyrann auf einem Lastwagen, im Soldatenmantel, mit seiner Geliebten Clara Pettacci, von hier aus in die Schweiz flüchten wollte, gestellt und anschließend standrechtlich umgebracht wurde... In so einem Ort einmal in den Tagebüchern des Mussolini-Schwiegersohns Graf Ciano lesen: Verhängnisvoll waren die Beziehungen zwischen Deutschen und Italienern. Man erinnert sich hier nicht gern daran. Gelegentlich fand ich Comics, die von den blöden deutschen »Sturmtruppen« handelten – und ein Spielzeugladen genierte sich nicht, zwischen allerlei Uniformierten auch einen »Duce« anzubieten...

Erinnert sich noch jemand an Pasolinis bitteren Film »Die hundert Tage von Salò«? Da wurde gezeigt, wie man Menschen abrichten kann – so daß sie sogar Kot fressen... Das Wehrlos-Machen des Menschen... Immer wieder einmal kehre ich bei den Gedichten von Pasolini ein; ihm war das »Italien der Armen«, »L'umile Italia«, nahe; er liebte den Gesang des Volkes; er wußte es: »Solo il popolo ne ha un sentimento vero...« / Nur das Volk hat von dem allen ein wahres Gefühl... Ach, diese traumhaft sichere, diese verdammte Zuversicht... »Come i poveri povero, arm wie die Armen, heg ich / wie sie die beschämende Hoffnung...«

Pier Paolo Pasolini hat es gewußt: Es gibt kein Entrinnen aus der Geschichte: »Ma come io possiedo la storia, essa mi possiede / Doch wie ich die Geschichte besitze, so besitzt sie mich...«

Wir schauen uns um: nach den Lichtflecken in der Geschichte... Gehört dazu nicht auch jener »Gasparo da Salò«, der einer der Erfinder der Geige gewesen sein soll? Und dann Marco Enrico Bossi, am 25. April 1861 in Salò geboren: Konzertorganist und Komponist für die Orgel... In seinen »morceaux caractéristiques« ist seine berühmte »Preghiera«, ein Gebet für Orgel – ich hörte es gern einmal im Dom von Salò... Bossi komponierte so für die Orgel, daß seine Musik für Kirche und Gottesdienst kaum geeignet war... Er starb während der Überfahrt von New York nach Le Havre, 1925...

Für ein paar Bummelstunden hat Salò seinen Reiz... Hinaus aus dem Ort, Richtung Gardone... Eine pompöse Villa, von deren Wänden das Blau der Glyzinien wie Blauregen herabkaskadiert: Das Zauberschloß heißt »Laurin«. In seinem Inneren herrscht Jugendstil – alles ist weichfließend aufeinander abgestimmt: der Steinglanz des Fußbodens; die Anmut von Stühlen und Tischen; das Lüsterleuchten; der Fries aus Bildern und Stuck in der umlaufenden Kehlung – dazu Glasglanz... Schon die Freitreppe hinaufsteigen ist Vorgenuß... Im »Laurin« muß man zwischendurch einmal speisen... Nur einer am Tisch wird die Speisekarte mit den Preisen bekommen, die anderen wählen aus ohne Geldsorgen... Die Gänge sind allesamt vorzüglich aufeinander abgestimmt; die Bedienung vornehm-zurückhaltend aufmerksam... Ein Hauch großfürstlicher Kultur... Wenn man hernach zusammenrechnet: Man hat vorzüglich zu entsprechenden Preisen gespeist – verglichen damit sind dann die landesüblichen Preise in durchschnittlichen Lokalen für oft dürftige Kost geradezu MegaWucherpreise...

Das eigentliche Aroma im »Laurin« entfaltet sich an einem Speiseabend, wenn man zuvor mit Freunden durch einen der Parks ging, wenn man sich zuvor eingestimmt hat, wenn man sich darauf freuen kann, im gemeinsamen Schmausen auch wirklich miteinander ins Gespräch zu kommen... Der Teller, auf dem die Rechnung gebracht wird, wandert als Andenken an einen runden Abend mit.

Zimtgrün

Dunkel glänzen die elliptisch spitzen Blätter der Magnolienbäume; wenn sie der Wind ein wenig lüpft, ist die zimtfarbene Unterseite zu sehen. Im Frühjahr fallen ihre Früchte herab: dunkelbraune, getrocknete Kerzenzapfen; manchmal noch olivgrün – kleine Zepter; wenn ihre Samentaschen aufgehn, haben sie etwas Vaginazartes an sich: lustrote, bohnenkleine Samen stecken darin und hängen noch an einem rötlichen Faden.

Diese hochstämmigen Magnolien gehören zu einer Großfamilie aus sommergrünen und immergrünen Bäumen. Nie werde ich die 75 Arten auseinanderhalten; aber dieses Lackgrün mit der zimtbraunen Unterseite… In der Pfingstzeit überraschte mich ihr Blühen: Es war, als ob die Bäume aus dem Wasser Seerosen zu sich heraufgelockt hätten – ein sachtes Elfenbeinweiß leuchtete, nur einen Tag lang.

KampferbaumRot

Früher, lang her, da wurde auch hier der Kampferbaum für medizinische Zwecke genutzt. Noch gehört er nicht zu den heimatvertriebenen Bäumen – doch muß man ihn suchen. Manchmal schießt in die lackgrünen Blätter des Kampferbaums ein feuriges Rot, und dann wirken alle Bäume unterhalb des Berghangs vom »Vittoriale« wie ein subtropisches Paradies. Hier verwandeln sie das Sonnenlicht nicht nur zu Chlorophyll, sondern – wenn du nur ein Buch dabei hast – auch zu Zeit.

Im Vittoriale – bei D'Annunzio

Hier oben ist fast alles Übertreibung. Der Weithanggarten mit Seeblick genügte nicht – die Spitze eines Kriegsschiffes mußte hinauf – auf dem Bug der Fregatte dirigierte Toscanini. D'Annunzio liebte das Siegen, das Gold des Erfolgs. Zu einer Frau sagte er: »Wissen Sie nicht, daß ich ein Gott bin?« Hier oben ist fast alles Übertreibung. Greifbares Himmelsblau – in Gestalt eines Bugatti. D'Annunzio als Fliegerkrieger – des toten Dichters Sarg trug Mussolini mit drei anderen Schwarzhemden. Im Schlafzimmer blecken sibirische Tiger die Zähne, chinesische Löwen brüllen in erlesenstem Porzellan. Er galoppiert noch immer durch seine Zimmer. In den seidenen Bettüchern und auf blauem Oasenziegenleder duftet's noch immer nach seinem Harem: Marfia Hardouin. Emilie Mazoyer, Natalia de Goloubeff, Ida Rubinstein, Romaine Brooks, Olga Brunner Levi, Luisa Baccar, Tamara de Lempicka, Charlotte Braa, Angèle Léger, Letizia

De Felici, Elena Sangro, Barbara Leoni und Eleonora Duse... Kein schlechter Geschmack. Hier oben, im Haus und im Park, ist fast alles Übertreibung. Nur Übertreibung kam der Sonne am nächsten – und leuchten sollte doch alles: vom Bett über die Pferde bis hin zum Wort. Claude Debussy machte einen guten Griff, als er D'Annunzios Worte zu seinem »Martyrium des heiligen Sebastian« vertonte. Trotz aller abstoßend wirkenden Übertreibung: Kein italienischer Dichter hat so wie Gabriele D'Annunzio den Regen verherrlicht: Sein »La Pioggia nel pineto« ist die Huldigung an den Regen.

Kalkweiß im Barbarano-Tal

Dem Vorsichtigen passiert meistens nichts, aber manchmal freut's einen doch, wenn man das Eigenschaftswort »halsbrecherisch« wenigstens in Straßenform sieht: bei den Kehrenschlaufen bei Tresnico und San Michele, oberhalb von Gardone – wenn da einmal die Bremsen versagten... Wir fuhren die Bergstraße hinauf, liefen in das trockene Hochtal des Torrente Barbarano. Bäume wurden gerodet, im trockenen Flußgrund war das rauhe Kalkweiß des Gesteins zu sehen. Auf diesem Weißgrund leuchten Zitronenfalter und Aurorafalter anders, als wenn sie über einer Wiese gaukeln. Auf diesem Kalkweiß entfaltet sich auch der Königsglanz einer Smaragdeidechse – ein Tier, dem das Senkrechte kein Hindernis ist. Wie Unkraut gedeihen unter Waldbäumen prächtige Büschel von Christrosen; ab und zu dazwischen rot getupft die Kugelfrüchte des stachelblättrigen Mäusedorns. Wer dafür ein Auge hat, spürt, wie er fürstlich beschenkt wird.

Zur Eremo-Oase der Kamaldulenser

Das Hügelrückenland von Bardolino wird im Norden von der »Rocca« bei Garda begrenzt. Der Baumbestand läßt kaum erkennen, ob hinter dieser Felsnase ein Gebäude steht. Eine Andeutung nur... Irgendwann winkt ein Hinweisschild: Doch, was willst du in einem Kloster, noch dazu bei Eremiten? Wüstenabgeschiedenheit: Was für eine Verrücktheit... Laß die Finger von solchen Fundamentalisten...

Es waren die Bäume, die lockten.

Die Straße von Bardolino her muß sich nach einer Weile den Zwingformen der Kehre unterwerfen; ab einer bestimmten Stelle, bergan säumen Zypressen die Straße. Ihre Stämme sind mächtig, ihre Farbe ähnelt dem Straßenstaub. Zypressen sind Wegbegleiter. Es hat wieder Jahre gebraucht, bis die Straßenbauer begriffen: Erst ein Baumsaum verschönt eine Straße. Freilich: Nur wer über eine Generation hinausdenkt, scheut nicht die Mühe für so ein Zypressengeleit.

Wir fuhren in den Morgen hinein.

Die Zypressen glichen Wachposten, die freundlich salutierten.

Bei einem verwaschenen Heiligenbild bogen wir in einen Feldweg zwischen Weinfeldern ein; bei einem Gehöft ließen wir das Auto stehen.

Bergan.

Wer früher diesen steinigen Weg zum »Eremo« hinaufging, wird in der Mittagshitze gelitten haben: Schatten boten die Zypressen nicht. Vielleicht aber ermunterte ihre Gestalt zum aufrechten Gehen.

Mir war, als sähe ich nun zum ersten Mal den Wuchs der Zypresse: Da ist der elefantengraue, feinrissige Stamm. Ab einer Höhe von etwa einem Meter treiben sie starke Äste aus – wie sonst bei keinem anderen Baum, nicht mal bei der Pappel, wachsen ihre Äste fast koaxial mit dem Stamm, als müßten sie ihn schützen. Ein Schwarm von Stammbegleitern ummantelt den Stamm.

An manchem Baum gewährt Windbruch einen guten Einblick in die Astansätze. Zwischen dem schuppigen Nadellaub, das einen Hüllmantel bildet, und dem Geäst entsteht ein Zwischenreich, in das Vögel eintauchen – in dieser Zuflucht kann sie kein Greifvogel fangen. Dies verästelte Reich, bis hoch zur fransigen Spitze, ist nicht nur Vogelzuflucht, sondern auch Bild: So müssen früher Tempel gewirkt haben – für eine Weile war dort jeder Flüchtling unversehrt sicher. Darüber hinaus zeigt die dicht anliegende Astummantelung der Zypresse die Aura des Baums: ein Schutzabstand, der nichts Fremdes eindringen läßt – es sei denn vergiftete Luft.

Gemächlich gingen wir bergan.

Die Zypressen gleichen manchmal auch geschlossenen Regenschirmen. Wir haben Mühe, das Schuppengrün als »Blätter« anzuerkennen.

Unseren Weg kreuzte jetzt eine Prozession: An die hundert Raupen, zu einer Kette zusammengeschlossen, zogen über die frühlingsstaubige Straße. Ein Fahrzeug hatte den Heerwurm zerschnitten; zerquetschte Tiere lagen im Staub; doch unbeirrbar klammerten sich die Raupen wieder aneinander. Wir bestaunten das seltene Schauspiel des Prozessionsspinners. Diese Raupen trugen schier unzählige Stacheln: Drüsenhaare, aus denen eine ameisensäurehaltige Schutzflüssigkeit ausgesondert werden kann. Ein Schmetterlingskenner hat einmal auf einer einzigen Prozessionsspinnerraupe an die 360 000 solcher »Brennhaare« gezählt. Wir sahen eine Station der Metamorphosen-Biografie eines Schmetterlings. Diese Pilgerschar... Sie wanderte von ihrem AusgangsGespinstbeutel zum gemeinamen Äsungsort; bei Tage fressen die Raupen nichts, doch unterwegs sondern sie ein Sekret aus, einen Faden – und entlang dieser Schiene wandern sie nach einer großen Schleife wieder zurück... Manchmal gelingt uns der Einblick in eine ganz und gar fremde Welt...

Wir setzten den Weg fort.

Ab und zu schauten wir ins Hügelland – wir sahen die Wegadern, die farbige Erdhaut und die vibrierende Grenzlinie des Sees.

Als der Zypressensaum endete, begann ein Mischwald.

Üppig blühten Schneeglöckchen; dazwischen das Hellblau der Leberblümchen; ab und zu das Lichtgelb der Primeln und das Warmgelb der Schlüsselblumen, dazu das Strohgelb des Huflattichs.

Nun erreichten wir das Mauerwerk, das den weiten Berggarten des Klosters umschließt. Der Weg dazwischen verläuft wie ein Hohlweg. Efeu an den Mauern zeigte uns, wie sich seine Blattform immer wieder ändert; schon waren Fruchtdolden mit ihrem

Blaustich angesetzt, Eidechsen huschten über erwärmte Steine, verhielten zum kurzen Sonnenbad. Hinter der Mauer die weitausladenden Äste einer Zeder. Zuvor gab ein Mauerloch Einblick in den kleinen Mönchsfriedhof: Italienische Namen wechselten mit polnischen.

Vor dem überdachten Tor des Klosters endet der Weg. Zwei Steinbänke stehen im willkommenen Schatten.

Als wir beim ersten Mal ankamen, verwunderte mich eine Tafel, damals nur in italienisch geschrieben: Nur an drei Tagen der Woche werde Zutritt gewährt. Strikt war die Abweisung von jeglichem weiblichen Besuch. Ohne Hochmut gefiel mir das: Nicht alles sollte überall möglich sein. Das strenge Schild tat desweiteren kund, daß jeder Besucher, der ein echtes »religiös-spirituelles« Anliegen habe, jederzeit willkommen sei – doch auch der müsse sich dareinschicken, daß die Mittagszeit und die Stunden nach 17 Uhr für jeden Besuch tabu sind. Auch diese Strenge gefiel mir – wenigstens noch eine Insel unerschütterlicher Ordnung...

Wir waren beim ersten Mal an einem »offenen Tag« gekommen – wir Männer durften also an der Klosterschellenschnur ziehen. Hinter dem Tor schlug helles Gebimmel an. »Erwarte nichts!« sagte ich mir.

Nach einer Weile öffnete uns ein jüngerer Mann im gelblichweißen Leinenhabit; die Kapuze seines Ordensgewandes trug er als Mütze, er begrüßte uns: Er komme soeben aus dem Garten des Gebets.

Wir traten in den Vorhof der Stille.

Sechs Männer umfasse derzeit ihre Eremitei. Einige andere Eremitagen ihres Ordens, oft mit polnischen Brüdern besetzt, seien über ganz Italien verstreut.

Auf schmalem Bergplateau steht ihre schmucklose Kirche. Im Inneren wirkte sie »evangelisch« nüchtern.

Einen gepflegten Garten umstehen kleine, eingeschossige Häuschen, kalkweiß, mit einem Schuß Gelb.

Der Mönch fragte nach unserer Herkunft – mehr wollte er nicht wissen.

Das Gebet sei ihr Leben. Auf das innere Gleichgewicht komme es an. Ihre Gemeinschaft habe sich an diesen Ort zurückgezogen, der schon einmal Kloster gewesen sei und lange leer gestanden habe. Ihre Aufgabe sei es, eine Insel des Friedens zu errichten – betend. Gut lebten sie im festen Rhythmus: fünf Stunden gehören der Arbeit, fünf dem Gebet. Nur an Festtagen speisen sie zusammen. Man brauche nur wenig, um einen Vorgeschmack aufs Paradies zu erlangen. Das stille Mitwirken – darauf komme es an. Jede Meldung darüber in den Medien sei der Gebetskraft schon abträglich. Das Gebet bedürfe keiner Bestätigung, keines Nachweises. Jedes Fernsehgerät, das ein Gebet übertrage, sei wie ein Aderlaß – der Techniker müsse ja auf die Maschine achten und also störe er, wenn auch ohne Vorsatz, den Kraftfluß des Betens.

Nein, aus der Welt seien sie nicht... Ein Auto stehe zur Verfügung; den »Osservatore Romano« bringe die Post; was in der Welt vor sich gehe, das erführen sie allemal, doch überbewerteten sie es nicht.

Ihre Behausungen sind als Zellen gebaut: Ein geweißtes Gewölbe; ein Raum für Bett und Tisch, dazu Kreuz und zwei Kerzen; ein Betschemel dabei, und vor der Tür ein kleines Gärtlein.

Kein Park, kein Prunkstück, eher Nutzgarten mit etwas Blumenschmuck. Auch Gärten bedürfen ja der gleichmäßigen Geduld.

Weltanschluß ist hier eine Währung ohne Kaufkraft.

Für die Welt beten: Wie wenn weitentfernte Eltern für ihre Kinder mitdenken – der Glaube an die Strahlkraft des Gebets...

Die Welt macht der Handvoll Mönche ihre Narrenfreiheit nicht streitig; sie stören ja nicht, sie halten ein Stück Land in Schuß. Dank ihrer geringen Bedürfnisse fallen sie niemandem zur Last. Ihre Freiheit ist mit einem einzigen Wort unterkellert: »wenig«. Plötzlich mußte ich an Martin Heideggers »Feldweg« denken: »Der Verzicht nimmt nicht... Der Verzicht gibt...«

Volkswirtschaftlich gesehen sind sie natürlich Parasiten – nutzlos... Doch was wäre die Welt ohne die Schönheit japanischer Zierpflaumen, die nur blühen...

Wenn du selbst den Morgen damit beginnst, daß du eine Kerze anzündest: Könnte das nicht dieselbe Richtkraft haben?

Wir gingen durch den weiten Garten. Wir kamen auf Literatur zu sprechen. Der Eremit unterschied zwei Welten: »Dostojewskij-« und »Nicht-Dostojewskij-Literatur« – er meinte damit, ob in Büchern dringlich von Gott gesprochen werde oder nicht; auch Hermann Hesses »Siddharta« gehöre zu seinen Gottbüchern.

Als wir das Kloster wieder verließen, gingen wir eine Weile schweigend nebeneinander; dann war es, als ob das vorherige Tempo aus unseren Sätzen gewichen wäre.

Wir waren an einer Zisterne der Stille.

Mir war, als wären solche Orte auch Zisternen Gottes.

Der »Eremo« ist das Gegenstück zum Privatbesitz.

Ähneln die Mönche nicht einem NietzscheIdeal: dem, »dessen Seele sich verschwendet...«

Frohgemut gingen wir den Zypressenweg hinab. Wir kehrten an der Kehrenstraße in einem Wirtshaus ein, wo alles seinen Platz hatte: Haus und Hof und Garten und Geräte und gestapeltes Holz und freilaufende Hühner. Die Kellnerin von »Il Bergsaliere« schnurrte die Speisenfolge herab, als beteuere sie: »Hier wird es niemals eine gedruckte Speisekarte geben!« Das Hähnchen, »galetto«, mundete uns.

Wir stiegen auf der GardaHangseite abwärts. Kurz bevor die macchiaartige GrünWaldwelt aufhört, steht auf einem Tuffsteinsockel eine Madonna: blauweiß – »Madonna del pigno«, die Pinienmadonna. Ein Spaßvogel hatte zwei Buchstaben überschmiert, doch die »Madonna del pig«, also die Madonna des Schweins, lächelte. Und als wir in Garda in einer Pizzeria ankamen, hatten wir eines unserer Kinder verloren. Wir schwärmten zum Suchen aus – an einem Baum stand das Mädchen weinend, eine Italienerin sprach begütigend auf die Verlorene ein. Vielleicht wird sich das Kind ein Leben lang daran erinnern: »Dort, nach der Saumadonna, da habt ihr mich verlassen...«

Was hülfe es da, wenn wir gestehen: »Ja, vor lauter Hunger haben wir dich aus den Augen verloren – aber die Madonna del pigno hat auf dich aufgepaßt...«

Wer Zeit hat, der ist schon überlegen...

Nach geraumer Zeit wieder einmal, in anderem Licht, den Zypressenweg zum Eremo hinauf...

»Gehst du wieder zu deiner Zisterne Gottes?«

Nein, ich behaupte nicht, daß der ganze Gardasee am Ende ein Weihwasserbecken Gottes sei – aber was wäre er ohne diese Zisternen? Ein Freizeitterrarium – mehr nicht.

Und ich hab' mich in der Zwischenzeit von Herzen gefreut, daß sich der »Eremo« hielt. Jene Abteilung der Kamaldulenser war so ausgedünnt geworden, daß die wenigen Mönche das Ganze nicht mehr halten konnten. Schon lauerten Hoteliers: Das wäre das Traumhotel schlechthin geworden... Was für eine Chance für zeitgenössische Architektur... Dazu der Wahnsinnsblick von der Rocca... Aber die Einheimischen hörten auf diesem Ohr nicht; sie murrten und knurrten wie Wachhunde, die einen unermeßlichen Schatz verteidigen... Keine Milliardeninvestition konnte sie überzeugen... Das Kloster blieb – und nach geraumer Zeit kamen junge Mönche von einem anderen Kamaldulenserkloster, aus der Toscana.

Frischer Wind blies in den Eremo.

Das Frauenvertreibschild verschwand.

Die limitierte Besuchszeit wurde aufgehoben.

Der Mauerhohlweg ist noch immer derselbe.

Die Zypressenfackeln beleuchten den Weg.

Stolz streckt die Zeder ihre Äste über den Klosterweinberg.

Neue Farbe frischte das Tor auf.

Im kleinen Torhaus wurde ein Laden eröffnet: Köstliche Klostermarmelade aus der Toscana, dazu Kamaldulenserseife und andere angenehme Dinge werden zum Kauf angeboten. Die Ruhe ist dennoch nicht verlorengegangen.

Jetzt erst fiel mir in einer Nische, zwischen den beiden gegenläufigen Treppenstufen der Freitreppe, ein Reliefbild auf: Die Himmelsleiter, aus Jakobs Traum, ist dargestellt. Ein paar Mönche steigen hinauf, der oberste ist schon in einer Himmelswolke verschwunden... Diese herrliche Zuversicht: daß es doch wenigstens als Bild die unerschütterliche Hoffnung gibt – einmal könne die Annäherung an die unendliche Welt Gottes gelingen...

Im Inneren der Klosterkirche, inmitten ihres bescheidenen Schmucks, lächelt ein Josef: Hier darf er einmal ohne Maria und ohne weitere theologische Rangordnung der Vater des Jesuskindes sein... Und an einer abseitigen Mauerwand sind noch immer die Sanduhren angebracht, die das Maß angeben für die Dauer des Geläuts: Zum Glück gehört auch verrieselnde Zeit.

SchiffsPromenade um den ganzen See

Heutzutage schmunzelt man: Erst nach zwei vergeblichen Segelbootanläufen brachten günstige Winde Goethe von Malcesine nach Bardolino. Von der Fährbootverbindung Torri–Maderno abgesehen: Kein Einheimischer braucht mehr zum Vorwärtskommen das Schiff am See. Läßt man die wenigen Fischerboote außer acht: Die Schiffe auf dem Gardasee sind nur noch für Vergnügungsreisen. Von echtem Schiffahren kann also die Rede nicht mehr sein – auch wenn die Schiffsleute allesamt ausgebildete echte Bootsmänner sind. Der Gardasee ist, schiffahrtsmäßig betrachtet, nichts anderes als ein Tummelplatz für ein Freizeitvergnügen. Es ist so, wie wenn Straßen-, U- und Eisenbahnen nur noch Freizeitler spazierenführen. Kaum jemand wird das als einen Verlust verzeichnen. Das Schiff auf dem See, vom LastwagenFährschiff abgesehen, ist als Nutzgegenstand tot. Nur Romantiker trauern solchen Verlusten nach. Immerhin machen die zahlenden Fremden ein ausgestorbenes Gewerbe wieder halbwegs rentabel – zumindest in der Zeitspanne zwischen Frühjahr und beginnendem Herbst.

Einmal hab' ich da von Herzen gelacht: Da tobte ein Frühjahrssturm über den See, die Wellengischt schlug über die Uferpromenaden, die vertäuten Segelboote klirrten – die Personenschiffahrt mußte einen Tag lang eingestellt werden. Dieser Streich des Wetters gefiel mir – unserem Hochmut war eine kleine Grenze gesetzt, immerhin.

Zwischendurch ein kurzes Stück per Schiff, und dann von Garda am Ufer entlang zurück nach Bardolino: das macht einen guten Spaziergang. Ab und zu rasch über den See, um das Gefahre zu sparen mit dem Auto – auch nicht von der Hand zu weisen. Aber einmal den See ganz umfahren … Vier Stunden von Desenzano bis Riva, und dann nach einer Pause dieselbe Strecke wieder zurück – von zehn Uhr morgens bis abends um sieben: das vergällt einem doch alle Freude am Schiffahren … Natürlich wäre auch die rapide Variante mit dem Aliscafo möglich: Das Tragflügelboot oder der neue Catamarano schaffen eine Strecke in gut zwei Stunden – doch dazu Turbinengedröhn, Sitzen im rasenden Glaskasten: Mein Fall wäre das nicht. Wären Kinder dabei, müßte man einen Beschäftigungstherapeuten anheuern, denn Langeweilevertreibprogramme gibt es an Bord der »Navigarda«-Boote noch nicht... Schließlich ist das Ganze für eine mehrköpfige Familie ein teures Vergnügen.

Eines Tages wollten wir das Mögliche doch einmal absolvieren...

Mit dem ersten Morgenschiff fuhren wir von Bardolino nach Desenzano. In Gedanken sah ich mich schon stundenlang lesen auf dem Promenadendeck von einem der großen Boote, die so tun, als wollten sie auch Autos mitnehmen: »Brennero«, »Brescia« und »Tonale«, eine Kreuzung aus Fähre und Ausflugsdampfer, erinnern mich an die Bodenseefähren zwischen Meersburg und Konstanz. Keines der drei Großschiffe lag ausfahrtbereit in Desenzano – an Werktagen taugt eines der kleineren, bugspitzbetagten Boote: Wir gingen wieder einmal bei der »Verona« an Bord...

Eine Schulklasse überschwemmte die freien Plätze auf dem schmalen Oberdeck, dann legte das Schiff ab. Wir schauten auf die Pracht der Büschel der niedrigen Phönixpalmen, die den Platz vor dem »Splendid Hotel Mayer« schmücken, dessen Eleganz auch daher rührt, daß ein großzügiges Maß das Haus zuschneidet – deshalb wird es heutzutage wohl kaum mehr rentabel arbeiten können: Zuwenig Gäste werden den nötigen Umsatz einbringen, aber gerade das zahlenmäßige Wenig wertet die verschwenderische Größe auf. So einen Seeblick verankert inmitten eines städtischen Ortes gibt es nicht oft am Lago – hier trafen sich 1920 James Joyce und Ezra Pound.

Während die »Verona« das Hafenbecken verläßt, fällt das starke Bild auf: Wie hier Hafenmauern das Wasser fassen, so daß ein Vorzimmer des Ortes entstand, der sich mit Kolonnadengängen dem Wasser zuwendet und also zum Ausdruck brachte, daß Zuwendung und Abhängigkeit in der Balance sein können. Dazu kommt der feine Trennungsstrich zwischen See und Ort in Gestalt einer geschwungenen Mauer. Im Hafen erleben wir beides: Lust zur Ausfahrt und Freude auf die Heimkehr. Jede Reise, so wünschen wir uns, möchte zwischen diese beiden Pole gespannt sein.

Rasch nimmt die »Verona« Fahrt auf.

Bald liegt die südwestliche Sumpfschilfbucht zurück – das nur sacht ansteigende Ufer der Brescianer Seeseite breitet sich aus; kein Hafenort weit und breit, allenfalls Landestege; an diesem Morgen wartet niemand, weder in Moniga noch in Manerba, auf das Schiff, das jetzt zur schwimmenden Aussichtsplattform wird.

Das Ufer ist teilweise bebaut: Nistkästen für Ferien – die organische Verbindung zum See fehlt.

Nah fährt das Schiff unterhalb der »Rocca di Manerba« vorbei. Von der anderen Uferseite her hat mich der Querschädel dieses Felsens immer wieder fasziniert: das Abstoßende einer Felsriegelgestalt, einer Klippe mit scharfen Umrissen. Noch ist dieser Fels mit seinem schmalen Rücken nicht der Plündernutzung freigegeben. Die dahinter sich öffnende Bucht ist durch Inseltupfen und Untiefen vor dem Schiffsverkehr geschützt.

Schon hat das Schiff die riffbewehrte, mauergesäumte, baumbebuschte Rückseite der »Isola del Garda« passiert; Wachhundegekläff ist von der Privatbesitzinsel zu vernehmen. Wahrscheinlich kostet es in unseren Tagen zusätzliche Mühe, den einst genügenden Schutz durch den See so zu verstärken, daß wirklich die Insel nur von denen aufgesucht wird, denen sie gehört. Vermutlich ist die sicherste Insel heutzutage die unscheinbarste: ein Mensch, der allein seinen Gedanken nachgeht und keine Wachhunde braucht.

Inzwischen ist das Schiff in die Königsbucht von Salò eingebogen. Ich mußte an eine Bemerkung Dürers denken, für den »das Mittlere« zwischen den Extremen für das Schönste galt. Zwischen dem Extrem der kahlen Nordsteilhänge und dem flachen Südrandufer entfaltet sich hier ein »Mittleres«: Wohl steigt auch hier das Ufer jäh hangan, doch nicht in einer einzigen Felslinie allein, sondern mit Bergen gestaffelt; dazu bietet der Ufersaum noch terrassierte Stufen an – und diese Staffelung des Steigens wirkt wie ein Sonnenwärmeansaugen, und der Seeschwamm schenkt Feuchtigkeit dazu, so daß in dieser Bucht subtropischer Pflanzenglanz gedeiht.

In dieser mildwarmen Feuchtigkeit entstanden prächtige Villen und Hotels; man kann sich hier Europas Kaiser und Könige promenierend vorstellen... Manche der Feudalhotels wurden längst aufgegeben und abgerissen. Allmählich flaut das Villengewürfel ab; das stumpfe Rot der Villa Feltrinelli von Gargnano glimmt noch – dort hauste der schon ohnmächtige Mussolini.

Schroffgefels beginnt.

Der See verschmalt.

Im Unterdeck wird zum Essen gedeckt.

Überall an seinen Ufern hat der Gardasee eine bestimmte Fassung, so daß er nirgendwo verschwimmt. Die Fassung ist ein gutes Wort – nicht nur Schmuckstücke bedürfen ihrer, um zur Wirkung zu kommen...

Vom Essen aufschauend sehen wir die dunklen Tunnellöcher der »Gardesana ovest«, jener Ufererschließung, die noch als Gutschrift auf dem Konto der Frühzeit des italienischen Faschismus steht – bis in die 30er Jahre hinein gab es keine direkte Straßenverbindung zwischen Riva und Salò.

Wir sind schon beim Secondo, Wein wird nachgeschenkt – da passieren wir die Geröllzunge von Campione.

Eine Mischung aus kühn und pervers: Auf so schmalem Terrain den Menschen die Idee schmackhaft zu machen, daß hier Industrie, also Arbeitsplätze gedeihen könnten... Eine Weile blühte das wirklich: preiswert waren Rohstoffe herbeizuschaffen, und Arbeitswillige aus dem hochgelegenen Kargsteinland gab's zuhauf – also entstand in Campione eine Fabriksiedlung für Stoffe. Die Gebäude könnten genausogut zu einer Kaserne gehören: flache Querriegel; Produktionsstätten, kaum zu unterscheiden von Wohngebäuden. Brachland ist das inzwischen, kein Schiff legt an. Als wir einmal dort waren, hatte ein betagter Bewohner gesagt: Man hoffe auf einen Konzern, der alles übernimmt und daraus etwas für die Touristen macht, denn ruhig, wunderbar ruhig sei es hier – am Morgen und am Vormittag sonnt sich hier die Sonne... Und dann kam der bittere Nachsatz über den Wegzug der Jungen... Aussterben – auch das gehört zum Gardasee, so wie die Bahnlinien weggestorben sind. Früher, erzählte der Mann, hätten die Fremden geglaubt, hier gäbe es immer wieder Fackelzüge – dabei seien das nur die Arbeiter gewesen, die zur Fabrikarbeit noch im Morgenfinsteren herabstiegen...

Unterhalb der schwarzweißen Kalkfleckung des Steilufers schnürt die »Verona« vorbei – Kaffee und Obst werden aufgetischt.

Den Uferrhythmus des Sees sich einprägen...

Wie wir uns manchmal, beim Vertrautwerden mit einer Landschaft, bis in kindliche Formen des Wissens hineinsteigern... In der Ferne kreuzt ein anderes Schiff: Ist's eines der Schwesterschiffe von unserer Typklasse »Baldo« oder »Trento«? Oder ist's eines aus dem Quartett von »Mantova«, »San Martino«, »San Marco« oder »Solferino«?

Der Kellner bringt die Grappe.

Ich träume von einem großen Fest mit Freunden: dazu würden wir einen der beiden Schaufelraddampfer mieten – »Italia« oder »Zanardelli«; dann wär' ich einmal der, der das Kommando angibt, »qui fa alto e basso«... Und schon schmunzle ich über das launige Spiel italienischer Redewendungen: »avere degli alti e bassi«, Launen haben, Hochs und Tiefs... Manchmal wird das über Frauen mittleren Alters gesagt – aber auch der See hat seine »alti e bassi«...

Ein Aliscafo prescht vorbei.

Ich sehe noch die ersten Tragflügelboote vor mir – einstöckig, klein, mit rotem Bauch; längst ausrangiert wie die »Freccia dei gerani«...

Zwischendurch erinnern wir uns auch der Bücher, die wir jeweils zur Gardaseezeit lasen – auch sie gehören zum geistigen Futter einer Landschaft: »Zeit ist wie Ewigkeit und Ewigkeit wie Zeit, so du nur selber nicht machst ein Unterscheid« (Angelus Silesius).

Zielstrebig hält die »Verona« Kurs auf die Keilbucht von Riva.

Im hintersten Seewinkel, angesichts der Bergsteilwände, mutet jedes Uferhaus kühn und trotzig an. An einer Felsflanke ist die gebündelte Wasserkraft in Kraftwerksrohren tosend zu hören. Kraft sammeln – auch das ist eines der Sinnbilder hier.

Wir sind nach einer kurzen Pause auf der Rückfahrt.

Das Schiff passiert Torbole. Das Kiesufer mutet fasanengeschuppt an – Surfbretter glänzen.

Ich kann das gut nachempfinden, wenn Tausende den Staukriechgang am Wochenende in Kauf nehmen, um dann bei frischem Wind über den See zu brausen. Es ist, als tanzten Tausende von bunten Daviden dem Seeriesen Goliath auf der Nase herum... Für eine Weile scheint's, als hätte ein Künstler eine einzige Buntschraffur auf den See gezeichnet.

Felsspritzer kleiner Inselchen tauchten auf – nur von Fischern genutzt.

Das Ufer verdichtet sich zur Hotelkette auf schmalem Saum.

Unzerstört thront das Kastell von Malcesine auf seinem Felsen. Vom Monte Baldo blinzelt die Schneehaube herab. Das Schiff passiert die Winzinsel »Isola dell'Olivo« – traumschön ist der Name des vorgelagerten Zwerginselchens: »Isola di sogno«, die Trauminsel; manches Buch könnte denselben Namen tragen: wenn wir's immer wieder aufsuchen und sein Inhalt hat sich nicht verbraucht...

Cassone und Porto... Mild ist das Nachmittagslicht.

Schon kommen die Zinnen von Torri in Sicht.

Angesichts des Hangurwaldes der langen Flanken des Monte Baldo leuchtet es ein, daß der Mensch am schmalen Ufersaum diese abweisende Natur zwingen, ihr Plätze abtrotzen will, die Geld abwerfen. In manchem rundum verglasten Restaurant wird der Seeblick als Grundgebühr in den Preisen der Speisekarte eingetragen.

Das Westufer verschwindet bereits im abendlichen Duster.

Mit reichlich Verspätung bog das Schiff um die Landspitze von San Vigilio. Ich war einem »unserer« Navigardamänner dankbar: Er hatte uns von der Linienwiederholung Desenzano–Riva–Desenzano abgeraten – mit dem »rauschenden Affenkasten von Aliscafo« sei das doch nichts; wenn man sich schon Zeit für den See nehme, dann bitte am Ostufer zurück... Ich hatte widersprochen: Vom Fahrplan her könne das unmöglich klappen – wir schafften den Anschluß in Garda nicht, um nach Bardolino heimzufahren... Da sei keine Minute Zeit zum Umsteigen – und was machten wir bei Verspätung? Da hatte er mit der unnachahmlichen Leichtigkeit eines Norditalieners gesagt: »Ist doch gar kein Problem – ihr sagt's dem Kapitän, der gibt in Garda Bescheid, und das andere Schiff wartet...«

Im Hafen von Garda wartete wirklich das Abschlußschiff, der Bigliettaio zwinkerte uns zu: »Für alte Bekannte machen wir immer eine Ausnahme...«

Heiter und müde stiegen wir aus – gut vergeudet war unsere Zeit.

OsterLichter

Wenn einmal in der Woche Markttag ist...

Dann hat es den Anschein, als böte der See ein wanderndes Einkaufsparadies mit unermeßlichen Schätzen und als gelte es, den Fremden ein Vergnügen zu machen, das sie sonst nirgendwo mehr finden...

Wenn einmal in der Woche Markttag ist, fahren sämtliche Typen von Liefer- und Kleinlastwagen auf, die in Deutschland nicht alle mehr durch den TÜV kämen. Ein wenig erinnert der Markttag an Kirmes: Ambulante Händler aus ganz Oberitalien fallen ein und fädeln ihre Wagen zu einer Perlenschnur auf; die Promenade von Bardolino gleicht dann einer Wagenburg; jedes Gefährt wird mit geübten Griffen zu einem Verkaufsstand verwandelt, wetterfest. Woche für Woche umrunden die Händlerwagen den See, bilden ein MarktFangnetz, in dem, mit Lockangeboten versehen, die Zugvögel hängenbleiben sollen – als ob sie Melkschemel aufstellten, und schon hörst du die Geldmilch spritzen...

Untersteh dich, an diesem Vormittag woanders hinzuwollen: Deine Kinder würden sich auf den Boden werfen und heulen vor Wut – du entzögst ihnen ein einmaliges Vergnügen: Nirgendwo sonst gibt es so hübsche Ketten... ach, und überhaupt...

In Reih und Glied werden am Morgen die Wagen aufgestellt – die Ordnung könnte deutscher nicht sein. Jeder ist seines Nachbarn schärfster Konkurrent, doch untereinander wirken sie wie eine zusammengehörige Großfamilie.

Wenn einmal in der Woche Markttag ist, stellen sie ihre Fallen auf – eigentlich gastiert jetzt ein Wanderzirkus, der das uralte Stück »Markttag« spielt, das ansonsten längst aus dem Programm genommen wurde. Das Spektrum der Angebote ist so überwältigend nicht: Schuhe natürlich, ganz viel Schuhe; Lederjacken und Unterwäsche; Spielkram und Blumen, die mindestens zehn Jahre nicht welken; und Schnickschnack... Manchmal scheint es, als würde hier der Ausschuß aus Schuh- und Kleiderfabriken zum Verkauf angeboten...

Wenn einmal in der Woche Markttag ist, dann hat es den Anschein, als käme der ausgestopfte Urvogel »Markt« plötzlich wieder aus dem Museum und flöge elegant am Ufer dahin... Und dieser Urvogel macht mit einem Mal klar, daß die Steigerung von »Markt« zu »Supermarkt« eben nicht der »Superlativ« von »Markt« ist, sondern eher seine Perversion. Der UrMarkt war ureinst der Platz, an dem Einzelhändler neben Einzelhändler mit seiner unverwechselbaren Ware um Kundschaft warb.

Wenn einmal in der Woche Markttag ist, kommt ein Urvogel zurück und zeigt uns, was durch die Supermärkte verlorenging und ausgerottet wurde: der selbständige Einzelne, der sich zwar einer Marktordnung zu unterwerfen hatte, aber als Einzelgestalt für seine Waren warb, bei niemandem sonst angestellt und dem Wetter auf Gedeih und Verderb ausgeliefert – aber mit einem Schuß Zigeunerfreiheit ausgestattet.

Wenn einmal in der Woche Markttag ist, wissen die Händler, daß sie mit den lokalen Fachgeschäften nicht konkurrieren können – aber dieses Feilbieten ihrer Waren... Dieser Straßenmarkt ist für eine Weile Rückverwandlung der Zeit in einen Urzustand; die Freude des Menschen am Basar, am Weitergehen von Stand zu Stand lodert wie ein Feuer auf, selbst wenn es an diesem Tag in Strömen gießt... Jeder Stand ist überschaubar, jedes Angebot liegt auf einem Präsentierteller – alles ist hergerichtet für einen Augenbummel. Mal werden 20 Paar Socken für 10 000 Lire angeboten, mal sind es Hirschlederlappen zum Autoputzen als Sonderangebot... Unterhosen, Büstenhalter, Aschenbecher, Lederjacken, pseudoantike Spiegel, Schneeschüttelgläschen, Aufziehautos, Süßzeug... Das meiste ließe sich leicht als »Kitsch« bezeichnen.

Aber da sind die Verkäufer, die WarenAnpreiser, die LockvogelVorzeiger, die MundwäßrigMacher, die Springbrunnenredner – lauter Polyglottisten:

»Gucken! Jungä scheenä Frau! Bestes Qualitá!«

»Viele, viele billige!«

»Nixä tojär! Oh, ich machen Sonderprajs!«

»Probierene! Probierene! Ächte Alkantara!«

»Signore! Majn Härr: Gute Ware aus Fabrik! Direktverkauf!«

»Heute kaufen, morgen zahlen!«

»Oh, meine Prajse – schon Rabatt! Ich machen Bankerott!«

»Da, kaufen fünf für Preis von drei! Ausverkauf!«

»Du deutsches Mark? Keine Problema!«

Wer jetzt nicht zugreift, verpaßt die Chance seines Lebens. Spielen sie nicht eigentlich »Kaufladen«? Und wenn jemand so tut, als wisse er nicht, wieviel Mark 10 000 Lire sind, oder gar zu unverschämt herunterhandeln will, dann stellen sie sich dumm – als verstünden sie kein einziges Wort. Tief beleidigt können sie das Gesicht verziehen: als hätte man Senf auf ihre Erdbeermarmelade gespritzt.

»Signora! Steht gut, säähr gutt! 50 000 Lire! Letztes Wort! Ich sonst pleite! Ich haben zehne Kinder!«

Wir werden vom Strom der Marktbesucher zwischen den Seeanemonen der Marktbeschicker hindurchgestrudelt – und irgendwo muß man dann einfach hängen bleiben: Und seien es kleine Kinderregenschirme, die man sich mit einem Gummibandring auf den Kopf setzen konnte – ohne den störenden Regenschirmgriff... Auch wenn man weiß, anderntags kannst du den Mist in den Müll werfen...

Wenn einmal in der Woche Markttag ist, darf das Theaterspiel nicht fehlen. Mitten im Getümmel ist der Gerissene wieder da und zieht magnetisch an: Er legt drei Schächtelchen auf die Straße und zeigt, daß nur unter der einen Schachtel ein winziger Gegenstand ist – und dann verschiebt er geschickt und schnell die drei Schächtelchen, daß man den eigenen Augen nicht mehr traut... Man fixiert die eine Schachtel und versucht sich durch das rasche Rochieren nicht irritieren zu lassen... Eigentlich ein Kinderspiel – und schon zieht der Gerissene einen Hundertmarkschein oder einen 100 000-Lire-Schein: So mühelos wären jetzt auf der Stelle 100 Mark zu gewinnen... Schon juckt's dich im Geldbeutel... Das wär' doch gelacht, wenn du dir unter den drei gleichen Schachteln nicht diejenige merken könntest, unter der das kleine Ding versteckt ist... Mit Zaubergeschwindigkeit schiebt der Meister hin und her; seltsam, daß da immer ein, zwei völlig Unbekannte mitspielen und vormachen, wie mühelos das zu erraten sei – und schon haben sie 100 000 Lire eingestrichen... Sie sind die geheimen Trabanten des Gerissenen – und wenn ein paar Deutsche angebissen haben, das Geld in die Hand des Zaubermeisters legen: Schon sind sie die Gelackmeierten – felsenfest glaubten sie, sich das richtige Schächtelchen gemerkt zu haben, doch einer der geheimen Mitspieler war schneller und irgendein Finger machte noch einen Schubs... 100 Mark waren auf der Stelle verspielt... Das Schauspiel des Tricksers ist jedesmal schön mit seiner Unverfrorenheit. Mit dem Hereinfallen spielen: auch das ist eine Erscheinungsform des Echten.

Es ist die Atmosphäre, die den Markt echt macht – weniger das Angebot selbst. Erst am Ende des Marktes werden dann »echte«

Lebensmittel angeboten. Einmal verfing sich mein Blick an einer gehäuteten Ziege; mir fiel der bekümmerte Blick eines Navigardamannes ein, der ausgerechnet an Ostern diesmal Dienst habe – da fiele das »capretto« leider ins Wasser, und Ostern ohne Ziegenbraten, das sei einfach nichts...

Die Ziege war gehäutet – nur Ohrenspitzen und Schnauze waren im Fellkleid belassen: zum Zeichen von echter Frische. Verbürgte sich damit nicht der Verkäufer für die Güte seiner Ware? Beteuerte sein Blick nicht: »Schau her! Ich habe mir beim Abziehen solche Mühe gemacht! Mein Capretto kommt nicht aus dem Supermarkt!« Das war genauso echt und unmittelbar wie der Goldrand eines daumengroßen Käfers, der auf einem Ölbaum saß.

Fund am Gründonnerstag

Und sei es nur ein Markuslöwe auf einer Säule: Die Brandmarkzeichen Venedigs funkeln noch immer hie und da in der Gardaseelandschaft. Solche Tupfen bilden imaginäre Verbindungslinien. Manchmal überrascht man sich selbst: Du bist ja auch ein Sammler...: Wenn du den Spuren eines Malers beispielsweise nachgehst... Einer der venezianischsten Maler war Tiepolo. Er arbeitete bei besonderem Licht – ein Lichtfänger war er; etwas Lichtes strahlt von seinen Gestalten aus. Und so kam der venezianischste Himmel in Deutschland an die Decke der Würzburger Residenz.

Eines Tages ein Hinweis: Auf der TiepoloLinie Venedig–Würzburg liegt ein TiepoloTupfer in Desenzano... Solches Suchen läßt sich mühelos mit anderem verbinden: In Augenschein nehmen, wie in Desenzano aus einem einstigen Kloster eine Stadtbücherei wurde... Und wieder über den Treppenstufensaum des Stadtplatzes schlendern, eine Weile auf das Liniengewirr von Dächern, Turm und Dom schauen... Nach einem Kaffee im Freien ins Domduster. Italienische Kirchen, so sie alltags geöffnet und nicht bloße Besichtigungskisten sind, haben noch ein Werktagsgeflacker: Irgendwo ist immer jemand, der Kerzen anzündet und im stillen betet... Wir suchten eine Weile in der langfahlen Domhalle von Santa Maddalena nach Tiepolo – endlich fanden wir ihn in einer Seitenkapelle und drückten den Beleuchtungsknopf.

Tiepolos »L'ultima cena«, das »letzte Abendmahl« – ein Seitenaltarbild. Einer, der Bescheid weiß, sagte: »Der Judas muß leicht zu finden sein – es kann nur einer mit dem Geldbeutel sein.«

Merkwürdiger Zusammenhang: Jetzt wurde uns bewußt, daß wir am Gründonnerstag gekommen waren... Sogleich glaubt man's, daß in solch zufälligen Funden etwas geheimnisvoll Rechtzeitiges sein muß...

Tiepolo hat dieses letzte Abendmahl um einen Tisch komponiert, der nach hinten in einen Raum sich streckt; die weiße Tischtuchfläche steigt hinten jäh auf zum Gebirge der Köpfe.

Verwirrend, bestürzend verwunderlich: Was da geschah, was da fast gleichlautend in allen vier Evangelien erzählt wird – das Brot wird zum geistigen Leib, der Wein zum geistigen Blut Gottes; eine Verbindung auf unirdische Weise wird da hergestellt, und Brot und Wein werden zum Zeichen, es bekommt jenes »mehr«, das »Glauben« vom Alltag unterscheidet... Und auf dieses Wundersame, auf dieses sich jedem Beweis entziehende Wunder folgt das Rabengekrächz des Urmenschlichen: Einer wird den Liebsten verraten...

An Tiepolos Gründonnerstagstafel blicken alle zu Jesus am linken vorderen Bildrand. ER trägt ein rotes Gewand mit blauem Überwurf; nur bei IHM sind alle Farben rein – bei den Jüngern sind die Kleiderfarben gemischt. Bei den weiter hinten Sitzenden hat sich die Farbe schon zum Lichten aufgehellt – als würde die Haut der Kleider durchlässig, wenn man erkannt hat, worum es in dieser Stunde geht: um die Begründung eines Neuen Bundes zwischen Gott und den Menschen.

Aufschlußreich sind auch die sprechenden Hände: Beteuerungen der Unschuld... In eines jeden Antlitz kann der Betrachter schauen: tief hinein ins Frontgesicht eines Menschen – nur Judas zeigt uns hier sein Antlitz nicht; wir müssen uns mit dem Profilgesicht begnügen.

Alle Jünger sind bestürzt, daß einer von ihnen den Herren verraten soll; sie fragen nach einem Erkennungszeichen – und am schärfsten wird's bei Johannes gesagt: Jesus selbst wird den Verräter kenntlich machen...

Judas ist am irdischsten dargestellt: Die Schulter entblößt; blutrote Schatten am Hals; er hat auch keine Hand frei zum vorbehaltlosen Sprechen – seine Rechte umfaßt ein Tuch; die Linke, weit nach unten gehalten, packt den dunkelgrünen Geldsack fest, und dessen Grün korrespondiert mit dem der vor ihm stehenden Flasche; davor hockt ein Hund. In dieser Gestalt ist das Tierische, das Dürstende, das Herausfordernde des blanken Lebens.

Die Apostel sind in einem spitzen Halbkreisbogen versammelt: Im Hintergrund steht eine Säule, die nichts zu tragen hat. Der Ausblick führt zu einem Gewölbebogen, der fernes Licht andeutet. Vor diesem hellen Hintergrund erhebt sich ein zweiter Bildmittelpunkt, ein Ausblick: Eine Frau tritt herein; mit angewinkeltem Arm hält sie auf dem Kopf eine henkellose Amphore, die in lichter Seladonglasur leuchtet: Als wäre das unfaßbare Geheimnis dieser Stunde in einer makellosen Form eingeschlossen...

Im Widerstreit der Gesichter, in der aufbrechenden Woge von Schuld, Verrat und kommendem Leid hat Tiepolo das unfaßbare und dennoch vorstellbare Geheimnis des Glaubens dargestellt. Sein Gemälde entstand zwischen 1696 und 1707. In den vier Evangelien kommt an dieser Stelle keine Frau vor – Tiepolo hat vielleicht »seine« Magdalena als Augenzeugin eingeschmuggelt.

Seltsamer Kontrast: Wenn man nach dieser Begegnung einen betagten Priester nach einer Abbildung fragt – und er nimmt einen durch die Sakristei mit, in ein Büro, in dem Nonnen arbeiten, und in einem betagten Schreibtisch, in einer Schublade findet sich dann doch noch ein Bündel alter Fotografien...

Katholischer Kitsch

Jesus in Jünglingspose. Jesus auf einem Feld. Jesus inmitten von Schäflein. Jesus, der Lämmerhüter. Jesus, der Bachwandler. Jesus, der Schäfleinstreichler. Jesus, der Kindleinbelächler. Jesus unter blühenden Pfirsichzweigen. Jesus unter hellrosanem, hellblauem oder zartgrünem Himmel. Jesus, durch Hain und Flur wandelnd.

Über 20 Jahre habe ich diese »Buona-Pasqua-Karten« gesammelt, auf über 60 Varianten bin ich gekommen. Auf keiner dieser Osterkarten auch nur ein Tröpflein Karfreitagsblut. Karfreitag ist kein italienischer Feiertag – einen Tag lang nur Totenschwarz: das widerspräche ihrer Welterfahrung – auch wenn mancher über den alterslosen Jesusjüngling lächelt, keiner würde die Bezeichnung »Kitsch« gelten lassen und schon gar nicht Milan Kunderas Behauptung: »Kitsch ist die absolute Verneinung der Scheiße.«

Sie lächeln über diese Bildchen aus katholischer Kinderzeit: »Sind manche Bilder in Kirchen nicht genauso behaglich? Sehnen wir uns nicht doch manchmal zurück in diese Kinderseligkeit? Gewiß, heute würde man das moderner darstellen...«

Diese Postkarten muten an wie ein Restposten aus einem längst geschlossenen Museum, als Religion noch eine ganz einfache

Sache war. Meine Sammlung erinnert mich an den Schweizer Maler Jörg Kreienbühl, der seit Jahren bei Paris lebt, algerische Gastarbeiter und Zigeuner besondes mag und etliche Zeit in einem ausrangierten Wohnwagen, auf einem Schrottplatz, »Außenseiter« gemalt hat. Eines Tages führte ihn jemand in einen großen Saal: Da standen, aus Gips, all jene Heiligen, die seit der Konzilsreform selbst an Dorfkirchen nicht mehr verkauft werden können. Kreienbühl, erschrocken von den eingefrorenen, verstaubten Himmlischen Heerscharen, war entzückt; sogleich begann er zu zeichnen: Hunderte unverkäuflicher Gipsfiguren, Heilige und Josef, Maria und Christus – Steinheilige, Scheinheilige: ein untergegangenes Paradies.

Hortensie

Lauter Blühtellerchen – zartblaue, sachtrote... Eine Büschelkrone... Aber nur so würde sie die Frau im Blumenladen nicht hergeben: Zellophanpapier breitet sie aus, schneidet von einer Bandrolle einen Rosastreifen ab und faltet ihn zur Rosette. Wie eine Klavierspielerin arbeitet sie: die Linke gibt den Grundrhythmus dazu, die Rechte variiert eine Verpackungsmelodie. Und wie sie die Blume im Folienglanz uns hinhält: Als zeige sie uns eine Monstranz.

JudasBäume

Ein Maler machte mich aufmerksam – ein nur flüchtig bislang wahrgenommener Farbtupfen begann zu leuchten, längs der Uferstraße nach Garda, noch stärker bei San Vigilio: Ein brennendes Violettrot an kaum pflaumenbaumgroßen Gewächsen. Ich war verblüfft von der Fülle der Blütenbüschel, die unmittelbar am Geäst ansetzen und mit einem Sachtviolett beginnen. Die Form der noch geschlossenen, nierenförmigen Blüte gleicht der Rundung von Löwenmäulchen; die sachte Schwingung der Doldentrauben ähnelt dem Ginster – ein tieflila Becher hält die Blüte, die aus weißgrundigem Zartviolett aufsteigt und erst am Rand ihre volle Farbdichte erreicht. Dies Violettgeleucht des stammblütigen Baums gibt diesem Hülsenfrüchtler seinen Farbbesatz. Der Judasbaum bringt keine Frucht, nur durch Stecklinge kann er sich vermehren. Was mag diese Glühschaumfarbe mit Judas, mit dem

Verrat zu tun haben? Als Ernst Jünger 1943 den »Judenbaum«, voller Mitfreude über dessen Farbgeschenk an Paris, in seinen Tagebüchern erwähnte, konnte die Namensnennung bereits ein »Ich-steh-zu-dir« bedeuten. Dieser lila Blütenschaum auf dem Judasbaum – als widersprächen die Bäume der Auffassung, daß Wettbewerb das Wichtigste sei. Auch wenn sie mit ihrer Violettglut für eine Weile alle anderen Sträucher übertrumpfen: Das Kammgeflamm des Judasbaums verherrlicht das Nebeneinander – das ist die schönste Fassung schließlich für das, dem wir den Vorzug geben; da blüht ein Heilmittel gegen die Eifersucht.

Via Crucis im Fackellicht: Karfreitagsgang in Castelletto

Es war vorauszusehen: Eines Tages gab es Plakate mit den Veranstaltungsprogrammen zu den Ostertagen. Die Liturgie des Karfreitags ist also auch hier zum Festival geworden... Ich wollte mir nicht vorstellen, daß da etwas »Echtes« zu erleben sei – aber warum nicht, in Castelletto waren wir ohnedies noch nie... Das ist einer der Orte am nordöstlichen Ufer, wo der schmale Seesaum für Siedlungen nicht allzuviel Raum läßt; die Häuser müssen sich an Hängen hochdrängen.

Am frühen Karfreitagsabend fuhren wir nordwärts. Die Ortszugänge waren an schmalen Torbögen abgesperrt; Polizisten kanalisierten den Verkehr; ein Parkplatz war noch zu finden.

An einer Gittersperre bekam jeder Besucher eine Kerze ausgehändigt, samt farbigem Windschutz aus Ölpapier.

Die Gasse, die wir hinaufliefen, war dunkel, schmal und steil. Nur an Hausecken leuchteten Laternen. Menschen strömten auf einem Platz zusammen. Wir drängten uns auf der Piazza dell'Olivo, wo sich inmitten ein einziger Ölbaum erhob.

Alles elektrische Licht erlosch. Von einem Balkon sprach ein Priester und gab die Karfreitagsgeschichte mit seinen Worten wieder. Auf dem Balkon nebenan stand, als lebendes Bild, Pilatus in einem lila Gewand, ein weißgekleidetes Mädchen hielt ihm die Unschuldsschüssel hin. Dann setzte sich alles in Bewegung.

Durch Lautsprecher sickerte Musik – sie erinnerte an Johann Sebastian Bach. Langsam zog die kerzentragende Menge durch den Ort. Nirgendwo elektrisches Licht. Es ging bergan. An Hauswänden und an den Mauern der Durchgänge brannten in Büchsen, an Latten genagelt, Fackelfeuer.

Wo sich der gepflasterte Weg zu kleinen Plätzen ausbuchtete, loderte Fackellicht in breiten Schalen. Baustellen waren mit Tüchern verhängt. Die kühnste Konsequenz dieser Karfreitags-Einnächtigung zeigte sich an den wenigen Verkehrszeichen: allesamt waren sie mit grauen Müllplastiksäcken verhüllt. Der Weg war gereinigt – derlei Sinn für das Ausschließliche hatte ich nicht erwartet.

Alles Technische verstummte.

In die treppensteigenden KerzenMenschen zog Stille ein.

An Wegkehren erinnerten lebende Bilder an Szenen des Bibelkreuzweges: Römische Soldaten in einer Gasse – Frauen, das Schweißtuch der Veronika abnehmend – Simon von Cyrene, das Kreuz mittragend. Still gingen die Menschen mit ihren Kerzen durch den schmalen Gassentobel. Von irgendwoher summte Chormusik. Der Weg führte aus dem Ort. Jetzt loderte Fackellicht ins Olivengeäst. Zwischen Gartenmauern führte der Weg hindurch. Im Halbduster leuchteten die Ölbäume mit ihrem Silberglanz dazu. So nah bei Häusern hatte ich die Herde der Olivenbäume noch nie erlebt.

»Via crucis...«

Wenn wir eines jeden Menschen Last wie ein Kreuz erblicken könnten... Merkwürdig, wie in einer solchen Stunde dieses ganz und gar abstrakte Zeichen – zwei gekreuzte Balken – zu einem Zeichen werden, das auf Anhieb verstanden wird: Unsichtbar ist Christus in jedem Kreuz gegenwärtig.

Die Kreuzwegmarter... Welche Todesform auch immer Menschen für ihresgleichen ersinnen: Der Kreuzestod ist nicht zu steigern.

Je weiter wir bergan gingen, desto dichter wurde der Ölbaumbestand. Nirgendwo sonst am See hatte ich bislang eine so gesteigerte Nähe dieser Nutzbäume zum Menschen erlebt. Manchmal schimmerte der Abendsee herauf. Die stattlichen und wohlbehüteten Ölbäume weideten wie eine Herde in den Hanggärten – zutraulich nahe. Führte dieser stille Weg nicht durch einen Garten Gethsemane?

Wenn denn Gott selbst, wie wir, durch diese Marterpforte des Sterbens ging: Dann wäre der Tod doch nicht das endgültige »Aus«? Wer vermag diese Verheißung zu begreifen? Diese sinnvolle Notwendigkeit des Sterbens... »Wir werden verwandelt werden« – das verheißt der Apostel Paulus. Es ist eine aberwitzige Hoffnung.

Am Ende des Weges sang ein Chor. In kleinen Gruppen gingen

die Menschen nun allmählich wieder denselben Weg zurück. Jugendliche löschten mit Ölzweigen ein kleines Feuer. Beim Rückweg fiel mir erst auf, wie dicht die Häuser zueinander gebaut sind – eine Häuserburg ist dieser Ort: uraltes Bild einer Gemeinschaft, in der jeder auf den anderen angewiesen ist und wo keiner dem anderen entrinnen kann.

Einige Jahre später gingen wir denselben Weg wieder mit; diesmal begann er in der Kirche am Seeufer. Sogar eine evangelische Pfarrerin war diesmal mit dabei. Wieder zog die Fackelprozession in der Kerzenstille die schmalen Gassen hinauf. Es war, als faßte jeder in dieser ihm unbekannten Gemeinschaft Mut, nur zusammen über eine schwindelerregende Brüstung zu schauen: in den Abgrund des Todes. Wie wenn jeder erhoffte: Zu dieser Stunde würde das Todesschwarz ein wenig lichter; hinter dem Sterben würde etwas leuchten, das alles Verkehrte eines Tages umschmelzen würde ins Licht der Vergebung... Und da rief plötzlich jemand: »Ecco, la cometa!« Wir wandten uns um – und sahen am Nachthimmel überm See den Kometen »Hale-Bopp« strahlen.

Zwei Uralte in Bardolino

Wie die Zisternen in Venedig: Verschlossen. Steinalt. Für Gottesdienste viel zu kalt. Verfallsbedroht. Augengewürz: Chiesa romanica, secolo X und Fresken aus secolo XII–XIII.

San Severo, der Strenge. Steingrau mit Campanile. Längsschiff, am Straßenrand gestrandet. Apsis. Weißstein und Rotstein im Schichtlagenwechsel. Dusterinnen. Kryptareste. Ahnung einer Urform. Altartisch. Freskenreste. Säulen. Dreierschwung dreier Apsiden. Seitenstechenschmerz: Untergegangen, nur noch als ausgedientes Schmuckstück vorzeigbar. Eine Kirche, verblutet. Äußerlich erhalten. Nicht mehr getragene Tracht. Schmuckwunderschön.

Im selben Ort: die Litanei der Hotels. Dazwischen, außer Konkurrenz: Chiesa romanica, San Zeno, secolo IX.

Ein Hof: geschlagene Weinstöcke, Brennholz, Hühner, Gerät. Zu einem Steinquadrat läßt sich die Holztür mühelos öffnen. Steinraum unterm Turmgeviert. Sechs Säulenkapitelle tragen das Dach. Auf kargem Altartisch ein Kreuz. Durch Fensternischen purzelt Licht. Kirchenreliquie. Urschön. Geschlossene Schaufenster Gottes. ER lächelt über die siegreiche Konkurrenz: Am Karsamstag kommt ER, als Einheimischer verkleidet, zum Bäcker, freut sich an Mandeltorten und diesen hinreißenden Ostertauben aus lockerem Teig – eine Weile fällt ihm die Wahl schwer.

Verstimmung

Der Pfarrer fummelte an seinem Ornat, damit das Mikrofon hielt. Jede Geste glich der einer Marionettenfigur, die ein Automat bewegte. Statt Weihrauch hätte er auch Grillrauch in die Luft schleudern können. Er fand keine Worte, um ein Feuer zu entzünden. Zum Schluß vergaß er sogar, seiner Gemeinde »Frohe Ostern« zu wünschen. Alles war, als müßte es gemacht werden – ein Protokoll, zu dem aber kein König kam. Keine »gute Nachricht«, nur leere Wiederholung. Der Schmerz einer verlorenen Stunde. Alle waren sie zu dieser Osternacht gekommen, drängten sich vor der Tür, erwarteten die Weihnachtsgeschenke, aber nichts geschah, außer der leeren Wiederholung. Der Pfarrer beteuerte: »festa grande«; die Osterbotschaft sei eine »Garantie Gottes für das ewige Leben« – wie wenn er Gebrauchtwagenhändler wäre. Kein Chor: Ein Tonband lief. Und immer wieder schaute der Pfarrer auf die Uhr. Nie wieder ging ich seither in die Kirche von Calmasino.

Karnacht

»Ich bin zu Tode erschrocken« – das sagt sich manchmal leicht und ist nicht wahr: Der Schrecken vor dem Tod macht uns nicht tot. Aber manchmal befällt einen das endgültige »Aus«: zumindest als Vorstellung. Wir sehen die Todesfalle, wir fürchten uns vor dem absoluten Verlust, der mit dem Sterben beginnt. Den Tod am Kreuz halten wir für eine der grausamsten Todesarten – das Ergebnis wird stets dasselbe sein. Wir starren auf die eigene Todesfurcht wie auf eine Schlange. Und immer wieder sind wir erleichtert, daß es wieder nur einer dieser Anfälle war. Ja, wenn das letzte Loslassen in uns eine überraschende Heiterkeit auslöste, wenn uns Grab und Grabstein gleichgültig würden… Wir werden schwimmen müssen – geklammert an den Balken der vollkommenen Ungewißheit.

Ostervorbereitungen

Aus dem Adler des Alten Testaments ist die zahme Taube des Neuen Testaments geworden. In Peschiera fällt uns jedesmal die Wahl schwer: In welcher Bäckerei sind die schönsten, wohlschmeckendsten TortenKuchenTauben – Mandelcreme oder lockerer Teig mit Orangeat und obenauf Mandeln? Meistens kaufen wir drei. Und am späten Nachmittag muß ich noch einmal durch die Gassen schlendern fürs Osterwasser – doch selbst, wenn ich das allerausgefallenste Parfümfläschchen finde: Sein Duft wird nicht heranreichen an das eiskalte Wasser, mit dem einst meiner Frau in ihrer schlesischen Kindheit am Ostermorgen von Buben aufgelauert wurde, die jedes Mädchen mit brunnenfrischem Osterwasser die Kleider pitschnaß machten... Inzwischen werden die Töchter irgendwo aus Blumenbunt und Zweiggrün die schönsten Nester gebaut habe: die freimütigst ausgestreckten Erwartungshände. Die Osterkerze selbst bringen wir immer aus Deutschland mit.

Eierfärben

Die Verkäuferin im Lebensmittelladen von Calmasino lacht jedes Jahr am Karsamstag: »Ach, es fehlen Ihnen immer noch Eier? Haben Sie nicht schon fünfzig gekauft? Hier sind noch zehn weiße, extra für Sie. Lassen sich denn unsere braunen Eier genauso gut färben?« Dieser wundersame Rückfall in Kinderseligkeit: Eier kochen und sie in Farbbäder tauchen... Als in Bardolinos feinem Bäckerladen die Farben ausgingen, verwies die Frau auf die uralte Drogerie in Verona, bei der Piazza Erbe... Ein Katzensprung... Das Geschäft mit den Urzeitregalen hat die ganze Osterpalette: vom »giallo uovo« übers »rosso vivo«, »rosa«, »verde menta« und »blu« bis zum »violetto«... Die Fingerkuppen werden farbgetränkt und farbgescheckt, dann die Farbeier mit Olivenöl zum Glänzen gebracht... Wenn dann Eier zu Farbprinzessinnen geworden sind, in Körben oder im Nestergras leuchten: jaja, Kinderspiel, Kinderglaube, Kinderseligkeit – nur für einen einzigen Tag im Jahr: Als hänge man Nistkästen auf, damit einmal der Zaubervogel kommt – der aus dem Johannes-Evangelium: »Selig, die nicht sehen und doch vertrauend glauben...« / Joh. 20,24–29.

Meine Lieblingskirche in Cisano – Osternacht

Eigentlich ist sie der Rede nicht wert. Ein paar Ursteine mit Rankenmuster verlohnen das Aussteigen nicht. Die roten Ziegelbänder im groben Mauerweiß sind andernorts leuchtender: San Zeno in Verona beispielsweise. Anmaßend ist nur das blauweiße Denkmalsschutzschild. Im Vorhof halten sich manchmal Kinder ans Ballspielverbot. Die Freitreppe zum benachbarten Pfarrhof ist freilich hübsch – kein Weltwunder, aber immerhin das Immergrün, das in Tontöpfen treppauf paradiert; die Oleanderbüsche sind ortsüblich üppig. Über der Kirchentür zwei Urfabeltiere aus der Gründungszeit und im Inneren Neobarock – allenfalls geeignet für die Bezeichnung »Katholischer Kitsch«: heiligensüß und konfliktlos. Wenn sich das Kirchlein sonntags allmählich füllt, hat es zunächst den Anschein, als gehöre zu seinem Einzugsbereich nur ein Altersheim. Die Knickse der Frauen sind nur angedeutet und die Bekreuzigungen der Männer könnten kaum flüchtiger sein. Die wenigen Echos, die aus den verschlossenen Mündern kommen, gleichen auswendigen Rufen aus vertrockneten Kehlen, wenn der Priester ihnen zuruft: »Der Herr sei mit euch«, dann klingt ihr »und mit dem Geiste« nicht nach Begeisterung – wie eine Einladung klingt das nicht. Und wenn sich in der Osterzeit vor dem Beichtstuhl eine lange Warteschlange gebildet hat und nach und nach die Sündenbeichter wieder durch die quietschende Tür zurückkommen, leuchtet von keinem Gesicht der Frohmut einer Erleichterung. Grimmig und bissig schaut mancher Betagte drein, wenn er so spät kam, daß kein Sitzplatz mehr für ihn frei ist. Bescheiden fällt der Blumenschmuck aus. An der Decke über dem Altar scheinen die Heiligenfiguren längst eingeschlafen zu sein. Gebet- oder Gesangbücher scheinen hier unbekannt. Das Örgelchen ist hinter dem Hochaltar versteckt. Vor dem einen Seitenaltar, mit einer kitschblauweißen Madonna, steht ein Gestell für Opferkerzen – dasselbe rechter Hand vor einem merkwürdigen Bild. Das Ganze der Rede nicht wert.

Hier überfiel mich Erinnerung: Der stolze Akt, da ich als Schüler beschlossen hatte, die Kirchensteuer fortan zu sparen – Kirchenaustritt als frühe Selbstbefreiung. Jahrelang wirkte die Erleichterung nach; die Mühsal von Gebeten und Kirchgängen fiel flach, endlich gehörte der ganze Sonntag mir selber. Erst Jahre später zeigten sich erste Spuren einer Mangelerkrankung; es war, als ob trotz reich gedeckter Tische ein Vitamin fehlte... Das Jahr ohne Kirchenfeste war schmuckloser geworden. Ein Weihnachtsbaum ist kein Ersatz für das inbrünstige Gebet, das ich einmal kennengelernt hatte als verzweifeltes Rudern gegen Wellenberge. Der einst verlachte Rhythmus durch das Kirchenjahr war jetzt ein Verlust, für den es keinen Ersatz gab. Die Kirchenlieder aus der Kinderzeit, noch im Gedächtnis verwurzelt, blühen nicht wieder auf, wenn man sie nur allein für sich singt. Ein Zufluß zum eigenen Lebenssee versickerte; der Regen des Gebets fiel aus, und der Baum des Stolzes über die eigene Selbständigkeit kümmerte – die Milben der Angst befielen ihn nicht, und der Verlust an Gemeinschaft führte nicht zum Blätterabwurf; nach wie vor wechselten die Blätter am Lebensbaum das Licht um zum Chlorophyll der Neugier, des Tatendrangs, aber die Früchte hatten einen faden Geschmack. Aber es ging ohne Kirche.

Selbstverständlich unterschied ich zwischen Kirche und Kirche; die eine blieb das Haushaltswarengeschäft des Alltags, die andere war das Gebirge einer schluchtreichen Geschichte; die eine wurde verwaltet von Verwaltern, die andere schlug sich mal auf die Seite der Verzweifelten, mal auf die Seite der Macht. Je kälter die Kirche zuweilen anmutete, desto leuchtender erschienen mir Märtyrer, die den höchsten Einsatz nur für sich verlangten. Manchmal kam mir Kirche und Glauben wie ein Zauberberg vor – nur mir fehlte das Schlüsselwort vom »Sesam-öffne-dich!«.

Wie reine Quellen blieben hinreißend klare Stellen aus dem Neuen Testament; wie Paulus im ersten Korintherbrief die Liebe beschrieb: das war Zumutung in höchster Vollendung. Aber dazwischen standen doch Dinge, über die kann man ja nur noch den Kopf schütteln... Und dann dieses Nadelöhr vom Dreieinigen Gott oder diese mauslochkleine Tür: Man käme nur »durch Jesus« hinein... Der Alltag macht mühelos einen Bogen um Gott.

Hie und da fielen Unterschiede auf: Mit einem Kaltstart machen wir uns ans Essen – wie anders, als zuvor um den Segen gebetet wurde und hernach für das gar nicht Selbstverständliche gedankt... Wer hat uns denn eigentlich eingeredet, daß Beten den Menschen klein mache?

O ja, es gab zwischendurch betörend schöne Kirchen – doch jede, nur unter kunstgeschichtlichem Interesse aufgesuchte oder nur als Klangraum besuchte sagt ja dasselbe: Das ist alles nur Gewand – bedeutungslos, wenn man nicht hineinschlüpft in das Kleid des Gottesdienstes, wenn man nicht zwischendurch aus den stinkenden Klamotten des Alltags, frisch gewaschen, umwechselt in das Gewand, das ein Fenster öffnet, damit die Frischluft des Heiligen hereinbläst...

Indes: Arbeit und Leben lassen sich auch ohne Kirche und heilige Messe bestreiten. Draußen am See laufen doch keine Glaubenshungrigen herum; Segeln, Freizeitspaß, vorzügliches Essen, erlesene Weine, 77 Sternehotels, Yachten und Golfen, Cabrios und Geländewagen, das Dritthaus am See – für alles ist bestens gesorgt.

Längst hat sich das Kirchlein in Cisano gefüllt. Die einzigen Nichteinheimischen sind wir. Ich sehe den Bäcker, den Briefmarkenverkäufer, die Frau aus dem Supermarkt, die Frau aus der Bar, den jungen Mann aus der Reinigung und den Turnschuhverkäufer, ganz hinten steht der Besitzer des Reisebüros.

Vielleicht waren damals nicht alle Sehnen, wie Telefonkabel, durchschnitten; vielleicht war da noch ein uraltes Wasserrohr der Sentimentalität...

Ich sah mir das Seitenaltarbild an: ein Magnolienbaum, davor zwei Gestalten, und zu ihren Füßen eine hundsköpfige Schlange. Sie begann zu mir zu sprechen...

»Nein, lieber Freund, für dich wird in unserem katholischen Kirchlein die Messe zunächst nicht gelesen; zwar bist du uns immer willkommen, aber zuallererst feiert man hier das Meßopfer – des Todes Christi wird hier gedacht und daß mit diesem Tod, nur mit diesem, das Ende nicht erreicht ist... Wir hoffen, indem wir das feiern, auf eine Verwandlung, und wie gut auch unsere Geschäfte gehn, so übermütig sind wir nicht, daß wir meinten: Wir wissen, was Gott mit uns vorhat...

Natürlich, lieber deutscher Freund, kannst du der Kirche alle ihre Sünden vorwerfen, alles Versagen – aber das entschuldigt noch lang nicht deine Sünden; auch wenn dir das Wort nicht schmeckt – du weißt schon, was wir damit meinen...

Schuld allerdings ist nur eine Sache der Vorgärten. Laß dich nicht irr machen durch Dogmen und Katechismus! Das sind alles nur verzweifelte Ordnungsversuche von Hilfspolizisten. Wichtiger ist diese Faustregel: ›Liebe deinen Nächsten wie dich selbst – und dann versuch den unverständlichen Gott zu lieben, alles andere ergibt sich von selbst‹...

Wie kitschig du auch unser Kirchlein empfinden magst: Wir sind hier nur eine Filiale, eine unter Millionen, ein Schlüsselloch für das Geheimnis des Glaubens, von dem wir eigentlich nur wissen, daß er uns größer macht, so daß wir nicht nur Klempner bleiben, sondern mitwirken an dieser geheimnisvollen Schöpfung...

Unser kitschiges Kirchlein – du siehst ja selbst, daß nicht einmal die Säulen echt sind; für Marmor hatten wir kein Geld – nur beim Fußboden haben wir Veroneser Marmor verwendet, den einer unserer Unternehmer hochherzig spendiert hat, so daß ihm die Finanzbeamten manches krumme Ding nachsahen... Unser kitschiges Kirchlein, das längst einen neuen Teppich für den Altarraum bräuchte, ist ja nichts anderes als eine kleine Schwester der Gnade... Ich weiß schon, auch so ein fischgrätiges Wort, heutzutage...

Hast du draußen im Hof, in der Tuffsteingrotte, die kleine Madonna von Lourdes gesehen? Kitschig, nicht wahr? Eine kleine Gruppe von Leuten aus der Gemeinde hat sie von ihrer Pilgerfahrt mitgebracht. Du wirst lachen, wenn du die Madonna beleuchtet siehst. Für uns ist sie wie ein Schuhlöffelchen, das auch dich einlädt, hineinzuschlüpfen in den anfangs immer drückenden Schuh des ersten eigenen Schritts, also dorthin, wo du deine beiläufigen, selbstverschuldeten kleinen Verfehlungen gestehst, sie wirklich bereust und dann deinen Wunsch nach Allmacht beschneidest, so wie man jetzt die Ölbäume schneidet...

Schließlich weißt du's ja selber, willkommener Gast aus Deutschland: Vor den eigenen Lügen verstecken kann sich ja keiner... Vielleicht kannst du diesem dürftigen Kirchlein eines ablesen: Bei aller Angst graust's uns nicht vor dem Unendlichen... Ja, gewiß, du hast recht: Irrsal und Wirrsal ist die Erde, und selbst der Papst in Rom schafft es nicht, mit einem Schlag jeden Krieg zu beseitigen, jeden Mord abzuschaffen... Die unmögliche Geduld... In dieser Zumutung des Unbegreifbaren steckt eine geheimnisvolle Liebe... So jedenfalls versuchen wir's zu verstehn, und jeden Sonntag nehmen wir von neuem Anlauf...«

Die hundsköpfige Schlange schwieg.

Die grob geschnittenen Gesichter von Wein- und Olivenbauern gefielen mir. Gern ergriff ich ihre Hand, um »pace« zu wünschen.

Ich sah den Blumenschmuck – aber auch das war jetzt belanglos.

Es war der Pfarrer, der, ohne mit mir zu reden, mich ansprach.

Wenn er seine Kirche betritt, ist die Welt ringsum belanglos.

Er feiert die heilige Messe, als mache er das schon seit zweihundert Jahren.

Ach, wie lang mußte er manchmal warten, bis einer seiner Ministrantenbuben endlich begriff, daß er die Lesebrille aus der Sakristei holen sollte... Und jedesmal läutete einer der Saumseligen bei der Wandlung mit seiner Schelle an der verkehrten Stelle. Von einem Bein aufs andere traten die Knaben gelangweilt, als der Nuschler die Lesung vortrug; einer bohrte vertieft in seiner Nase.

Wenn sich der Pfarrer tief niederkniet, ist's, als wäre die Wiederholung jedesmal neu und keine Anstrengung nach einem Handbuch für Liturgie ... So wie er das Altartuch küßt, so könntest du eigentlich deine Frau jeden Morgen küssen: Sie kam ja von urlanger Nachtreise zurück – warum grüßt du sie so nachlässig?

Wenn der Pfarrer seine Stimme zum Gesang erhebt, dann gleicht Krähengekrächz viel eher dem Tenor von Pavarotti – dafür kann er mitten im heiligen Geschehen einem Ministranten einen Wink geben: Er soll doch die letzten staubigen Stühle aus der Sakristei holen, damit wenigstens ein paar Kirchenbesucher noch sitzen können ...

Dieser Priester macht keine exegetischen Saltomortalesprünge zwischen Altem und Neuem Testament.

Er segnet, er betet, er lächelt, wenn sein Kirchlein gefüllt ist. Er hat keine Angst vor dem Altern.

Wundersam kurz sind seine Predigten. Fünf Sätze – wenn's hoch kommt. Er gibt nur ein Stichwort – als würfe er einen Rettungsring über Bord von seinem Kirchenschifflein.

Dieses Kirchenschiff, tauglich nur für Küstengewässer, eine kleine Barkasse, nicht gebaut für die Sturzseen des Zweifels, dieses Fährboot der Zuversicht – gleicht es nicht der betagten Fähre zwischen Torri und Maderno?

Ach, und wenn die deutschen Leser wüßten, daß Don Vittorio, der Priester, aus dieser Gegend stammend, noch nie weiter herumgekommen als nach Verona und Brescia, in seiner freien Zeit Jäger ist, leidenschaftlicher Jäger, Vogeljäger ... Er kennt den Vogelbestand beim Namen; gern nennt er die Namen der »ucelli«, die ins Garn gehen – und seit seiner Zeit, und das sind schon Jahrzehnte, habe sich der Vogelbestand eher vergrößert denn verringert ...

Wie ich Don Vittorio einmal ganz bedächtig das Vaterunser sprechen hörte, da fiel's mir wie Schuppen von den Augen: Dieser eine Satz – »wie auch wir vergeben unseren Schuldigern« –, dieser Satz ist ein Griff im glitschigen Gefels; an den kannst du dich halten; wenn du dich an den alle Tage hieltest ... Vielleicht schmeckte dann der Vorsatz – »dein Wille geschehe« – nicht nach blinder Unterwerfung, sondern etwa so: »An deinem im Grund wohlmeinenden Wollen will ich mitwirken ...« Dieser Wunschsatz des Vergebens – gründet er nicht auf der Hoffnung, daß auch uns vergeben wird? Daß einmal alles bereinigt werden kann? Ach, wenn wir uns doch trennen könnten von der lähmenden, befangen machenden Vorstellung, daß dieser Gott uns nur begegnete in menschlicher Scharfrichtergestalt? Was hält uns denn davon ab, Ihn uns ganz anders, weiter als alle Menschengestalt vorzustellen? Kann Liebe nicht die allerüberraschendste Gestalt annehmen? Ist sie nicht gebannt in die liramünzengroße Gestalt der Hostie? Hatte ich jenen Kirchenaustritt nicht längst wie Knabenunfug hinter mir gelassen, als ich mit all den anderen vorging zur Kommunionbank und den Mund auftat... Er muß meinen Thomassatz vernommen haben: »Herr, ich möchte glauben – hilf meinem Unglauben...«

Indessen war das Kirchenschifflein randvoll gefüllt. Ein paarmal haben die Ministrantenbuben sich noch mit dem Lichtschalter vertan, dann endlich schafften sie's und löschten alles elektrische Licht aus. Von draußen war das Knistern des Osterfeuers in einer Metallschüssel zu vernehmen, und das Rasseln der Ketten des Weihrauchfasses. Wir alle wandten uns im Stockfinsteren der Tür zu; die Worte von Don Vittorio waren kaum zu vernehmen. Doch nun trat er ins Dunkel der Kirche und hielt die lange weißliche Kerze mit den roten Zeichen empor: Dreimal blieb er stehen und verkündete singend »La Luce di Cristo«... Er warf seinen Satz wie eine Fackel ins Dunkel – als habe er selbst ein Licht am Ende des Tunnels erblickt. Es war dasselbe Licht, das im Jahr zuvor ebenso hell war, aber nur reichte für ein Jahr... Länger kann so ein Erinnerungslicht nicht halten, alljährlich muß es erneuert werden – und wird doch alljährlich vom selben Hoffnungslicht entzündet, das auf Steigerung, auf Annäherung setzt, aus einer Lichtquelle, in der Zeit ohne Bedeutung ist. Diese seltsame Zuversicht, die vom Einmal-im-Jahr ausgeht...

Dieses Wiederhellwerden in der Nacht... Für eine Weile bellte kein Hund, für eine Weile war die Todesangst verscheucht.

Und auch darum beneide ich Don Vittorio: Um seine Mannschaft, die dann, nach dem Osternachtsgottesdienst, im Gewölbe unterm Kirchturm steht, mucksmäuschenstill, und jeder hat ein Schiffstau in der Hand, das herunterhängt von den Rädern der Glocken. Ihr Anführer, der die Partitur auswendig kennt, ruft ihnen die Einsätze zu: »Terza! Prima! Secunda! Capo, Le grosse! Quarta! Quinta! Secunda!« Und mit einem Mal beginnen die Glocken eine Melodie zu singen. Das Geläut der Kleinkirche wird zum ganz großen Gotteslob. Zuversichtsgeläut singt über den See, von allen Ufern kommt vielglöckiges Echo dazu. Und jeder, an seinem Glockenstrick ziehend, gibt für eine Weile eine

Ahnung davon: wie es wäre, wenn wir allesamt an einem Strick zögen, betend, vergnügt, daß eine Zuversicht wiederaufstand. Wundersam hell klang's über den See: »Buona pasqua!«

Dreiklang im »Cristallo«

Die Schiffsbugspitze einer langen Häuserzeile: der Platz könnte für ein Lokal nicht besser gewählt sein – links und rechts freier Raum, unverstellter Blick auf den See; wer da im Freien sitzt, ist immer anmutig von Blumen umgeben, und die Bedienung ist mehrsprachig freundlich. Aber das allein macht es nicht aus. Die Tonleiter des Eisangebots gleicht einer fast unendlichen Skala für den Augenschmaus. Aber auch daran allein liegt es nicht. Die Fenster im Inneren schmücken seit Jahrzehnten die grüngelben Fackeln der Sanseverien; Tische und Stühle haben Schick, doch wirken sie nie übertrieben. Doch auch das ist nur ein Grund für »Cristallos« Beliebtheit. Die Bedienung bleibt ziemlich konstant, und der Stammgast weiß sich geborgen unterm fürsorglichen Blick des BesitzerEhepaars, das wie die Söhne mitarbeitet. Wenn der Padrone an einem Nachmittag mit Freunden Karten spielt, könnte ringsum die Welt untergehn. Bis in die Nacht bedienen die Kellner hurtig und aufmerksam; auch auf die Pizza wäre ein Loblied zu singen. Es sind vor allem die Einheimischen, die dieses Lokal nicht abrutschen ließen zu einem Touristenlokal. »Cristallo« bietet zwischen den Gezeiten von Ebbe und Flut Stoßzeiten und wundersame Morgenruhe. Besonders mag ich die Zeit nach der OsternachtsMesse – wie wenn ein hoher Berg bestiegen wäre, herrscht jetzt stimmsummende Heiterkeit. Auf Hochtouren werden jetzt die Eisbecher gefüllt – als wäre jetzt erst die Karnacht des Winters vorbei. Und wenn dann einmal von einem randvollen Tablett eine Eisschale auf den Marmorboden stürzt und zerbirst, herrscht eine Weile die eingeschlagene Stille – doch gleich darauf schallt erlösendes Gelächter: Als gäbe es nichts Schöneres, als unter Menschen zu sein an einem Platz, der jetzt alle Vorzüge Bardolinos für sich allein in Anspruch nimmt... Noch ein bißchen Geduld – dann zwinkert auch dir der Kellner einen freien Platz zu...

Osterblume

An einer Steinmauer glüht's warmbraungelb. Dieselbe Pflanze nebenan gibt ein Warmbraunrot dazu. Aus einer Mauerfuge kommt eine gelbwarme Variante, braun gesprenkelt. Nur »Goldlack« schmückt diese Mauer. Er hat die Gartenmauer mit einem Brustgehänge verziert. Der schmückende Beruf einer einzigen Blumenart – einst gab es an Fachoberschulen Lehrer, Maler zumeist, für »schmückende Berufe«. Das Italienische ehrt unseren »Goldlack« mit dem Namen »Fior di pasqua«. Doch jene Pflanze, die nur in dichten Büscheln lanzenspitze grüne Blätter treibt, ein Liliengewächs, das wegen seiner Robustheit kalte Kirchenwinter mühelos übersteht, bei uns »Schusterspalme« genannt, heißt hier nur beiläufig abfällig »pianta« – Grünpflanzen, nichts weiter, der Rede nicht wert – grüner Kulissenzauber... Inzwischen haben Gartenarbeiter die Promenade Bardolinos neu besetzt – schmückende Berufe, allenthalben.

In den Kastanienwäldern

Erst das Umland macht den Gardasee groß. Wer diese Landschaft mag, für den wird sie über Jahre unerschöpflich. Irgendwann tauchte ein Hinweis auf: An den Flanken des Monte Baldo gediehen Wälder aus Eßkastanien... Irgendwo oberhalb der Linie Pai–Castelletto, aber das Sträßlein zwischen »La Ca« und »Le Ca« fand ich partout nicht. Also Richtung San Zeno di Montagna, und wo die Straße nach Caprino Veronese abzweigt, das Auto stehen lassen...

Was ich für noch schlummernde Buchen oder ganz spät austreibende Eichen gehalten hatte: Hier standen die graustämmigen Kastanienbäume. Zwar ist die Bezeichnung »Wald« für deutsche Vorstellungen irreführend, doch in einer Zone zwischen 600 und 700 Meter Höhe gedeiht ein reicher Bestand an großkronigen Bäumen. Die Berghänge sind zumeist eingezäunt, aber es macht keine Mühe, irgendwo hinüberzuklettern. Mächtige Bäume stehen auf den felsdurchsetzten Berghängen. Fast jeder wirkt wie ein Solitär. Vom Vorjahr lagen noch Stachelkugeln auf dem Boden, darin eingebettet zwerggroße Kastänchen... Eine Baumart, die zu den Buchengewächsen gehört, bestimmt hier mit das Aussehen der Landschaft. Waldwächterbäume.

Wenn diese bis zu 30 Meter hohen Gewächse, mit breiter und

hochgewölbter Krone und bräunlichgrauner Rinde, daran ein Netzwerk von Leisten und Furchen, im späten Juni oder anfangs Juli zu blühen beginnen, mit einem gelben Hauch, dann liegt auf den dunkelgrünen schmalen Blättern, mit einer gleichmäßigen Zähnung, eine Perlenschnur, ein anmutiger Schmuckglanz: Es sind die bis zu 20 cm langen hellgelben Kätzchen der männlichen Blüten... Bis zum Spätherbst reifen dann in Stacheligeln meist zwei bis drei Eßkastanien heran. Endlich gewann ich eine Vorstellung von dem Baum, dessen »Maroni« uns ab und zu geröstet erfreuten.

Was oft von weither nach Deutschland importiert wird: Hier gedeiht es so nah, und kaum jemand weiß davon...

Wir stiegen unter den Bäumen herum. Dann fiel uns ein Ristorante auf: »Castagneto« – in der Bergmulde hinter Lumini, an der Straße, die von Caprino Veronese über Rubiana heraufführt. Das Lokal mit Tischen, Stühlen und Bildern an den Wänden machte den Eindruck, als wäre hier alles »echt«. Die Frau des Hauses bot Kuchen an, der Herr des Hauses kam mit einem Gebirgskräuterschnaps – und schon waren wir mitten unter Kastanien: Natürlich könne davon allein keiner mehr leben, aber wenn die Ernte gut ausfalle, würde daraus manch Gutes gemacht: von der »crema di maroni«, einer Art Marmelade, bis hin zum Eßkastanienmehl... Und dann eben die Maroni geröstet... Der Meister holte ein Krummnasenmesserchen: Damit müsse man die Schale zur Hälfte aufschlitzen – und dann für eine Weile in den Ofen... Wenn die Schale aufplatzt, schmecken sie vorzüglich, und dazu einen »Novello« oder einen »Marzemino«... Früher seien die Kastanien noch in Pfannen geröstet worden...

Und als wir einmal im Spätherbst vorbeikamen, da lag längs der Hauswand ein riesiger Haufen Kastanien: lauter Stacheligel – vergleichbar einer Rüben- oder Kartoffelmiete. In ihren Stachelschalen halten sich so die Maroni lange Zeit frisch. Die Frau des Hauses verriet uns, wie man die Kastanien püriert und wie sie dann zu einer herrlich cremigen Suppe werden... Und wenn wir doch endlich einmal auch im Winter kämen, sagte der Herr des Hauses: Nur zehn Minuten von hier, von seinem kleinen Hotel aus, da könne man wunderbar Skifahren...

Osteressen

Ein Pontifikalamt mit dem Erzbischof von Mailand könnte vielleicht zur Einstimmung passen – aber die OsterschmausTafeln der Italiener sind der eigentliche Höhepunkt: Sie sind Kult schlechthin; sie haben, was die Zeitverschwendung anbelangt, bereits byzantinische Ausmaße. Der Ostersonntagsschmaus ist hier nicht die Freude an der Auferstehung, sondern die vorweggenommene Feier, daß man noch am Leben ist. In guten Lokalen sind für diesen Tag die Plätze schon vor Weihnachten alle vergeben. Am Ostersonntag ergreift die Bewohner eine tollwütige Sehnsucht nach Gemeinschaft – Weihnachten verbringt man mit den Seinen, aber an Ostern bestimmt man sich die Gesellschaft selbst: »Natale con i tuoi, la pasqua con qui voi …«

Wieder sind wir die Bergschlaufen von Caprino Veronese heraufgefahren, über Lumini; hellgrau leuchteten die Stämme der Kastanien, auf den Wiesen flackerte das Gelbfeuer der Schlüsselblumen. Im »Castagneto« waren die Tische zu langen Tafeln zusammengestellt, die Tischtücher strahlten schneeweiß, mit Blumen geschmückt, und auf den Tischen standen schon die Batterien der Wasser-, Weiß- und Rotweinflaschen … Schon summt es wie in einem Bienenstock – Großfamilien fallen in Schwärmen ein, der Padrone weist jeder Gesellschaft ihre Tafel zu. Mittendrin im Gesumm der Einheimischen, wie in einer Mandelschale, hat er für unsere Gesellschaft gedeckt …

Und dann beginnt das Schmausfeuerwerk. An solchen Festtagen unterwirft sich jeder Gast freiwillig der Speisenfolge, die ein Gaumenverwöhner ausgedacht hat … Den Grund bildet roher, hauchdünner Schinken; dann wird's wärmer mit »Lasagne allo timbalo«; die zweite Vorspeise sind diesmal »Tortellini al salmone«, mit Lachsforellenfilets. In einem wundersam komponierten Rhythmus kommen die Speisen an die Tafel, so daß immerzu Luft zum Plaudern ist … Aus der Duftbrodelküche tragen junge Frauen nun zartes Fleisch auf: »Fesa alle noci«, dazu »Radicchio dei campi« und ein gemischter Salat aus Tomaten und geraspelten Möhren … Der Magen wird durch Pausen wundersam geweitet … Nach geraumer Weile hat er schon wieder Hunger – diesmal auf das »carne bianco«, mit gehackter Petersilie gewürzt … Ach, und dann die Platten mit Lamm, Ziege und Hase … Dazu das gedünstete Gemüse: Spinat und Zwiebeln … Längst gleicht das Tischtuch einer farbklumpigen Tafelmalerei, voller Rotweintupfen … Auf wundersame Weise füllen sich die Weinflaschen wie von selbst... Das Schmausen und Trinken, dieses Plaudertafeln, gleicht jetzt einer venezianischen Regatta: Von jedem Nebentisch springen die Spritzer des Gelächters über Anekdoten herüber; jede Tafel gleicht einer heiter schaukelnden Gondel... Niemand käme auf den Einfall, auf die Uhr zu schauen... Längst haben sich die gesättigten Kinder irgendwohin nach draußen getrollt, kein Kindergeplärr stört – mittelmeerische Heiterkeit zieht auf, man wechselt die Plätze am Tisch, man greift immer noch zu, für mindestens ein Vierteljahr scheint jetzt jeder Hunger gestillt... Den zwischendurch hereinhuschenden Kindern muß es vorkommen, als wären ihre Eltern allesamt mit ihren Stühlen verwachsen: Die stehen gewiß nie mehr auf... An einer Tischkante ist einer schon tief versunken – der Zungenlöser goß ihm Blei in die Füße – doch sogleich wird er hellwach, als die »Macedonia« kommt: das ist freilich nicht der übliche Obstabfall aus der Dose, sondern eine Banane mit Sahne und Pflaumenmarmelade obenauf; zwischendurch flitzen Eisschiffchen über den Tisch, dann kommen die Ruderbootschnitten köstlicher Kuchen auf den Canale Grande der Tafel; ein Ende ist noch nicht abzusehen... Der WachmacherKaffee würzt den späten Nachmittag. Wir hatten uns Punkt 12 Uhr 30 zu Tisch gesetzt – jetzt scheint's 17 Uhr zu sein... Jemand erhebt sich, um die Riesenrechnung für unsere Tafel vom Padrone zu holen... Der Betrag ist stattlich, doch wenn wir ihn, halbwegs wieder bei klarem Kopf dank verschiedener Grappasorten, durch die Zahl der Köpfe teilen, dann kommt eine Zahl zustande, die eigentlich nicht viel mehr als ein Trinkgeld ist... Je länger wir bleiben, desto behaglicher liest der Padrone an diesem untrüglichen Barometer ab, daß wir uns wie Gäste, nein, wie Freunde wohlgefühlt haben – jetzt hat die Padrona ihren großen Auftritt: Erschöpft und lachend übers ganze Gesicht kommt sie aus dem Reich ihrer Küche und nimmt das Lob entgegen... Noch ein besonderer Kuchen wäre jetzt zu versuchen, und ihr Mann spendiert dazu, natürlich umsonst, einen köstlichen »Digestivo«... Selbstverständlich werden wir im nächsten Jahr wiederkommen... Am Abend wundern wir uns, daß niemand bei den Kurven des Heimwegs irgendwo im Graben gelandet ist – niemand hat die Flaschen gezählt.

In den Osterwiesen

An zwei Tagen im Jahr besinnen sich alle Italiener darauf, daß sie eigentlich von Bienen abstammen – und so schwärmen sie hinaus in die ansonsten unbeachtete Natur: Die beiden Schwarmtage sind »Ferragosto«, am 15. August, und am Ostermontag, der »Pasquetta«. Mit Liegestühlen, Feuerstellen, Radios, Proviant und Spielzeug huldigen sie der Erde und brennen ihre Liebe den Wiesen ins Fell. Spielfeuer, Plauderfeuer, Kochfeuer lodern auf; anderntags gleicht Mutter Natur einer Müllhalde – aber dieses sich Hinausstürzen ins Freie... Das Ausschwärmen auf Straßen... Wo uneingezäunte Landschaft aufzuspüren ist, lassen sie sich nieder, jeder unbekannte Nachbar ist plötzlich willkommener Bruder... An zwei Tagen lieben sie die Erde, nicht als Stiefschwester, sondern als leibliche Schwester – sie lieben sie, als wäre an diesen Tagen Inzest keine Sünde.

Die schöne Stelle an der Etsch

Vom Zug aus hatte ich's zum ersten Mal gesehen: Am Südrand der Alpen war das Etschtal schon gedehnt, aber jetzt preßten die Berge noch einmal alles zusammen; das Flußwasser muß zwischen Steilwänden hindurchschlüpfen, die einzige Straße hängt auf Stelzen beinahe über, und die Eisenbahn muß ins Dunkelgefels wegtauchen. An dieser Flaschenhalspassage macht die Etsch eine Schlaufe – und im Eisenbahnkurzen sah ich am Flußbogen ein weitgeschwungenes Sandufer: Dort wär's bestimmt einmal faulenzerschön in der Sonne... Allein, die Landkarte verriet keinen direkten Zugang... Wir suchten vom See aus, vergeblich. Wir fuhren hinüber bis nach San Ambrogio und dann die alte Brennerstraße nordwärts, bis Ceraino. Ein verlotterter Parkplatz am Schienendamm, darunter der Bogen eines Durchschlupfs; Unrat, Abfall und Müll – unbeirrt gingen wir mit Decken und Proviant weiter...

Der schmale Weg führt an einem Weinfeld vorbei, er wird jetzt noch schmaler, ein Mäuerlein schützt ihn, rechter Hand hängen graue Felsbrocken über: Da war die Stelle...

In einer sanften Biegung weicht das Flußwasser einem Steinriegel aus, um sich dann in die Steilkerbe zu zwängen. Unzugänglich mutet der kaum begrünte Bergschädel an. Er bietet dem Wasser die Stirn. Das Wasser der Etsch hat sich hier durchs Dolomitgefels gefressen; Kerben und Schrunden, Rillen und Fräsglätte – jetzt zieht das Wasser mühelos vorbei, als wär seine Sägearbeit längst vergessen wie Sklavenschuften. Anmutig lacht die schlanke Etsch über das Felsstarre: Als wäre nie Erbfeindschaft gewesen zwischen Fließendem und Beharrendem. Das Flußgeräusch hört sich an, als streichle das Wasser die Steine in seinem Bett.

Ein paar Schritte nur noch zwängen Mauer und Fels den sandigen Weg, dann wird er ins Uferweite entlassen; schon stürmen die Kinder zum Fluß – Ziehmutter Wasser streckt ihre einladende Sandhand aus.

Wir schleppen unser Mitgebrachtes durch dünenartig abfallenden Sand – jetzt sind wir am Kieselufer.

Kinder mögen es, wenn ihnen die Elemente entgegenkommen – nackt. Der Sand ist einladend gestaltlos: Er spricht die Kinderhand an, geduldig wie ein Hund läßt er mit sich spielen.

Egal, ob allein oder zu mehreren, in kleiner Gruppe oder umgeben von Einheimischen: am Ufer ist hinreichend Platz; die Autos der Schlaumeier stören uns nicht.

Jetzt sehen wir, nach Süden blickend, die Felswände, lotrecht fallend. Hier schnitt die Etsch mit Berserkerwut am Hartholz der Erde. Wir hören die unaufhörlich tätige Erde – es züngelt der leckende Fluß. Ab und zu dröhnt ein Zug in den Felstunnel hinein; weitab scheint der Verkehr vorbeizufluten. Der Fluß, Erdkraft, wird hier sichtbar und hörbar: Wassermusik.

Wir lassen uns am Ufer nieder. Körbe werden ausgepackt, Tücher und Decken ausgebreitet. Die ersten Flaschen liegen im Kühlen der Etsch. Mit entblößten Füßen springen Mädchen in den weichen Sand, als könne er nicht schlammig genug sein. Watend verloben sie sich mit dem Element. Burgen und Dämme werden gebaut. Jemand sucht Schnecken. Ein Kind entdeckt flache Kiesel, die zum Wasserhüpfspringen taugen, und es wirft und wirft unermüdlich – plumpste es jetzt ins Wasser, würde jeder vor Freude lachen; mir fiel eines Kindes unersättliches Verlangen aus Theodor Storms »Häwelmann« ein: »Mehr! Mehr! Leuchte alter Mond, leuchte!«

Nackte Füße jauchzen im frühlingskühlen Fluß. Das Dörrgras der Böschung ist wie das Schamhaar der Etsch. Hingebungsvoll ist diese Stelle. Das Hundegebell von einem nahen Gehöft erlischt. Irgendwo jaulen Motorradmotoren. Der Fluß rauscht – plötzlich versteht man Richard Wagners Leidenschaft nach dem langlangen Leitmotiv: Jede Wiederholung ist der Anlauf zu einer neuen Erfahrung.

Für eine Weile empfindet niemand die Nähe der anderen als Last. Jeder teilt jetzt gern von seinem Mitgebrachten aus; Flaschen machen die Runde; Tomatenrot würzt Parmesangelb; knusprige Weißbrotstücke werden wie Kommunionbrot gebrochen; Messer säbeln behaglich an harten Würsten. Die Stunde Pans bricht an.

Unterdessen gehen zwei Malerfreunde, Winfried Schmidt und Hermann Leber, auf einen Kalkfelsvorsprung in unserem Rücken – sie wollen die ideale Stelle finden, um die Kraft jenes Felsens, der den Fluß zur Biegung zwingt, in Zeichnungen darstellen zu können. Der Felsbuckel als Augenbeute: wie das Dargestellte in der Verkleinerung groß wird... Hingabe – auch das kann Malen sein.

Aus einiger Entfernung, herab vom schrundig rauhen Graugefels, das Blüten durchflackern, mutet die gemischte Schar an wie eine Gesellschaft, die gleich von Renoir oder Manet zum »Luststück« gemalt werden wird. Es gibt Stellen im Freien, an denen schmeckt das Wort »Gastmahl« so erfrischend, weil nichts Falsches drumherum ist.

Inzwischen schweift ein Blick zu den weißleuchtenden Bergbastionen, die noch aus Napoleonischer Zeit übriggeblieben sind – das Gebiß dieser Befestigungen ist stumpf geworden –, es haben sich nur die Formen der Geldräuberei geändert. Aber das ist jetzt belanglos.

In den Kerben der Felsen glänzen braun gebänderte Schneckenhäuser. Aus einer Felsspalte zwinkert das zierliche Rot eine Päonie. An einer feuchten Stelle nippen die Segelfalter.

Nun zeichnete einer der Maler eine Frau im grünen Cordkleid, dessen Falten in der Nachmittagssonne golden schillerten. Der Maler erfaßte das Kleid wie eine Haut des Körpers, und seine Anmut leuchtete, ohne entkleidet zu werden. Manchmal muten dann Kleider nicht wie Verkleidung an, sondern wie eine Schutzhaut, die sich luftig dem Leib anschmiegt. In so einer Zeichnung schmilzt eine Stunde zum Augenblick ein – zum Anblick eines Menschen, der ganz und gar versunken dem Wasser lauscht und sich an einer Stelle der Erde wohlfühlt. Dasselbe, fast kindliche Behagen bei einem Mann, der nach eigenwilligen Steinformen am Ufer sucht und sich freut, wenn er eine schwarze Form fand, die wie ein Stolzhaupt anmutet... Manchmal fallen dann auf einem der schroffgrauen Felsgebilde Schraffuren und Rillen auf – wie Linien einer verworfenen Zeichnung: Es sind die Spuren der Handschrift der Eiszeitgeschichte – Gletscherschliff. Manchmal, auf so einer Osterwiese wie bei der Etschklause, spüren wir die gemeinsame Ehrfurcht vor dem Leib der Erde: Steine flitzen über den Fluß, Grillfeuer würzen die Luft, aus Radios schäkert Musik – im Gastspiel der Menschen wirken Fels und Fluß als Gastgeber mit, das Gastgeschenk selbst ist die miteinander geteilte, gemeinsam genossene Erde.

Als es einmal zu kühl war zum Lagern im Freien auf jener Osterwiese an der Etsch, da fuhren wir nach Rivoli, um endlich eines dieser massiven Festungswerke zu betrachten.

Kaum waren wir zu zweit auf der befestigten Umwallung, da kam schon ein Italiener und zeigte uns in minutiösen Erklärungen den Verlauf einer Schlacht. Das Kriegerische, samt allen Listen, bewegte uns wenig – indes der Ausblick, zuerst nordwärts ins enge Etschtal, dann westwärts zum Gardasee. Ach, all diese Details von Schlachten… Dazu die Namen von Generälen und der Nachhall von Napoleon… Als wir in die Kernfestung kamen, sahen wir, wie geschickt von diesem hohen Punkt aus hier das Etschtal mit gezieltem Artilleriebeschuß gesperrt werden konnte. Auch das berührt einen nun nicht mehr so sehr. Indes rührte es mich an, wie ›unser‹ Italiener nun die sorgfältige Baukunst »der Österreicher« rühmte: Wie schön sie auch einen rein militärischen Zweckbau errichtet hätten, und obendrein viel sorgfältiger als die Anbauten »der Italiener«…

Und wie wir ganz versunken hinabschauten auf die »Chiusa del Adige«, das trübgrüne Wasser, das seine tiefe Bogenschlaufe ins Gestein schnitt, da sagte »unser Italiener«: Dies sei eine »magische Stelle«… Ja, es hat noch immer magische Kraft, wenn sich ein Fluß mit seiner zähen Macht seinen Weg bahnt… Doch diese »Magie« meinte unser freundlicher Mann nicht – er sagte: »Das ist eine wahre magische Stelle, denn hier begegnen sich der mediterrane Süden und der Donau-Norden.« Daß er unseren Norden jenseits der Alpen mit der Donau verband, das verblüffte mich. »Donau-Norden« und »mediterraner Süden« – zwei komplementäre Welten, die einander am Gardasee begegnen und nun seit langem einander ergänzen.

Segeln mit dem UrBoot San Nicolo

Wunschtraumschön lag's an Bardolinos Uferpromenade verankert – ein stattliches Segelschiff.

Während einiger Osterzeiten war es wiederhergestellt worden. Jede Planke wurde eigenhändig zum Glänzen gebracht. Ein Fachmann hämmerte mit einem Meißel DämmMasse zwischen die Fugen; ein Jahr später glänzte es vom Kiel herauf teerschwarz. Spannten und Aufbauten waren aus Lärchen- und Mahagoniholz. Eines Tages schwamm die San Nicolo, lackbraun, vor dem Ufer: Vielleicht wird's ein Segelschulschiff... San Nicolo geisterte durch manchen Traum... Eines Tages kam das Gespräch auf sie, in der »Agenzia Europlan«... »Nichts einfacher als dies«, sagte einer der Immerfreundlichen... Jetzt sei die San Nicolo endlich in Ordnung... Im Vorjahr habe sie jemand nicht fest genug vertäut, da habe ein Sturm das Schiff ans Ufer geworfen und etliche Planken und Stücke der Bordwand zertrümmert...«

Alsdann: Dienstag, 14 Uhr, am hinteren Landesteg...

Unsere Gesellschaft ging an Bord; wir verteilten uns auf dem leicht nach außen abfallend gewölbten Deck; niedrig, sehr niedrig schien mir die Bordwand; Segel wurden noch keine gesetzt; der neue Mercedes-Dieselmotor gab dem Schiff eine verhaltene Geschwindigkeit; der Kapitän brachte Gläser und Wein aus der Kajüte. Stolz gab er Bericht: Wir sind auf dem einzigen noch erhaltenen Typ eines Transportschiffes aus dem Jahr 1926; einst diente dieser »barcone« als Steintransporter.

San Nicolo, auf den Heiligen der Seefahrer getauft, schwamm nicht, fuhr nicht – San Nicolo glitt dahin. Viel näher kam das Schiff an all die Uferstellen, die wir in den vielen Jahren beinahe nur flüchtig gesehen hatten, vom Batello oder vom Aliscafo aus... San Nicolo wirkte jetzt noch fürstlicher – man konnte sich Winston Churchill beim Zeichnen vorstellen, auch den Gerngast, den spanischen König...

Zum ersten Mal sahen wir von der Seeseite aus die olivenbaumbestandene Badebucht, die »Baia delle sirene«... Mit einem Mal verstand ich, wenn jemand dem Sirenengesang nachgibt und sich für so ein Schiff entscheidet... Jetzt, vom Ufer abgekehrt, setzte der Kapitän mit seinem Bootsmann die Segel; Wundersames geschah: Der Wind stürzte sich sofort in dieses Lockvogelsegeltuch, blähte es auf, und San Nicolo verwandelte sich zu einem Seepferd, das im leisesten Jagdgalopp übers Wasser schoß. Zum ersten Mal hörte ich die WindSummMusik eines Segelschiffs. Musik und Wasser – beide sind Geschwister des Unendlichen.

San Nicolos Tempo war stark, und doch war das Gleiten vor dem Wind so geruhsam, daß wir nun endlich einmal die Schauseite der »Isola del Garda« sehen konnten; die Linienschiffe fahren ja stets nur an der kalten Schulter der Rückseite vorbei – damit kein Gelüst aufkommt... Wir sahen die herrschaftliche Geste der Villa; etwas Hochmütiges lacht aus diesem Privatbesitz; in der Gartenzier schlugen Hunde an. Das Inselreich gehört der Familie Borghese.

Mit wendigem Manöver bog unser Barcone jetzt nach Süden. Ganz nah fuhren wir am Steilgefels der Rocca von Manerba vorbei. Eines Tages werden sich hier Steilwandkletterer erproben. Der See lachte. Wir sonnten uns. Größer als sonst mutete das Wasser an. Jemand meinte: Über kurz oder lang wird das strikte Reduzieren der Motorboote dazu führen, daß BuntschirmGleiter wie Amselschwärme über den See herfallen... »Ach, mal doch den Teufel nicht an die Wand!« Nichts vergällte das Vergnügen am Dahingleiten.

Deutlicher als sonst sahen wir den langgestreckten NordTrichterhals des Sees: wie sich die Wasserbläue dem Dunkelgewölk anglich, das über Riva stand; dazu kamen die Blautöne der Berge, deren entfernteste nur noch blaue Konturen haben und keine Felskörpergestalt mehr. San Nicolo hielt auf die Grotten des Catull zu, machte einen Schlenker vor der Nasenspitze Sirmiones, verlangsamte die Fahrt, und dann wies uns der Capitano auf eine Kostbarkeit hin: An einigen Stellen steigen aus dem Seegrund Thermalquellen auf – in BläschenKetten kam das Sprudelnde wie eine Säule vom Seegrund herauf, wärmte die Hand spürbar im noch aprilkühlen Wasser des Sees. So sollte vom Seelengrund eines Menschen immer etwas Gütigwarmes heraufsprudeln...

San Nicolo machte jetzt kehrt. Wir spürten das wohlige Wörtchen »genug«. Kinder durften jetzt abwechselnd das Steuerruder bedienen. In eines jeden Gesicht funkelte etwas vom uralten Seefahrerstolz: wenn man sein eigener Steuermann ist. Noch einmal machten die Weinflaschen die Runde. Unser Leben ist auch bestimmt von den Elementen, die Beziehungen herstellen – und mit einem Mal begreift man's: Wie Menschen einander erlebt haben, das wird belanglos – nur das, was sie miteinander erlebt haben, fügt sich in die Lebensgeschichte ein.

»Senza niuna impazienza sognerò… Ohne alle Ungeduld will ich träumen…« So beginnt ein Gedicht von Ungaretti (1939), und wir träumten von einer erneuten Fahrt mit San Nicolo, die sich zwei Jahre später ergab.

Nach dem Ablegen in der Hafenbucht von Bardolino nahm ich die fürstliche Lage der Villen der Albertini, Canoza und Guerrienti im weiten Bogen der Bucht von Garda wahr. Wieder passierten wir die Südseite der Isola del Garda mit ihrer blütenprächtigen Schauseite. Und als wir wieder hafenwärts fuhren, zeigte uns der Kapitän eine besondere Stelle im See: Da sahen wir in vier Metern Tiefe unter der Wasseroberfläche eine Felsspitze herausragen – »La Pal del Vol« heißt die Stelle, wo ein unterseeisches Gebirge aus dem Seegrund gefährlich heraufragt.

So ähnlich ragt manches aus dem dunklen Grund unseres Gedächtnisses herauf. Ich mußte jetzt an die noch nicht untergegangene Tradition der Glockenspieler denken, die sich in regelmäßigen Abständen auch in Cisano treffen zu einem Wettbewerb, bei dem verschiedene Gruppen von Glockenspielern nach besonderen ›Notenblättern‹ Lieder spielen, gemeinsam an den Glockenstricken ziehend – genau beobachtet von einer Jury.

Und als wir die intim schöne Hafenkuhle von S. Vigilio passiert hatten, dachte ich an den von lila blühenden Judasbäumen gesäumten Weg von dort aus, entlang der Westflanke des Monte Luppia, durch ausgewaschene Steinrinnen und Laubwald: bis hinauf nach Albisano.

Und wie dann jemand die aufsteigenden Perlenschnüre der Thermalquellen erwähnte, beschlossen wir, doch einmal in das neu eröffnete Thermalbad in Colá zu fahren. Das Becken mit sehr warmem Wasser liegt inmitten eines herrschaftlichen Parks mit stattlichem Baumbestand.

So wird der Gardasee immer wieder zu einer Quelle des Unerschöpflichen, das einen nicht bedrängt. Da kann dann eine Stimmung auf dem Wasser entstehen, die all das enthält, was Giuseppe Ungaretti in zwei Zeilen zusammenfasste: »Ich erleuchte mich / durch Unermeßliches – M'illumino / d'immenso«.

Zeitvergeuden

Giraffen unterm Mikroskop: Parco Zoo Safari

Der See mit allem, was an ihm heranwuchs, wäre ja nichts, wenn nicht hinzukäme, was dem Fremden zuflüstert: »Und extra für dich hab' ich noch eine einmalige Überraschung!« Die NaturVorgabe muß Jahr um Jahr eine Wertsteigerung erfahren – »AttraktivitätsAkzelleranz« heißt das im Jargon der Brainstormer. Der »Parco Zoo« bei Pastrengo gehört seit langem dazu. »Faxen«, hab' ich abgewinkt: »Ihr werdet doch nicht im Ernst glauben, daß hier eine echte Safari stattfindet!« Dem steht der Anspruch der Kinder auf Spaß entgegen – »ich höre und gehorche«: so lautet einer der anschmiegsamen Sätze aus »1001 Nacht«...

Man weiß im voraus: Solche Ausflüge kosten immer mehr als vermutet. Gleich beim Zahlhäuschen, sämtliche Ermahnungen beherzigend und zugleich vergessend, begannen Affen an der Autoantenne zu schaukeln. Diese Koboldereі ist inzwischen abgeschafft. Im Schlamm wälzte sich ein Nilpferdkoloß. Mit weit ausgespreizten Beinen beugt sich zum Autofenster eine Giraffe herab. Zebras und Antilopen laufen frei herum. Wir fahren im ersten Gang gemächlich dahin. Vor dem Nashorn fürchtet sich niemand.

Vor einer Gitterschiebetür müssen wir anhalten; auf einem Wachttürmchen sitzt ein Wärter und läßt das Gitter zurückrollen; wir rücken in die Gitterschleusenkammer ein – hinter uns wird geschlossen. Das vordere Schleusentor geht auf. Eindringliche Ermahnung: die Fenster geschlossen halten, nicht anhalten. Ein zebragestreiftes Safariwägelchen steht einsatzbereit beim Wachtturm: Bei plötzlichem Motorversagen sind wir also geschützt: Auf der Wiese lungern Löwen und Tiger herum. Knochen erinnern an Fleischbatzen. Kein Löwe brüllt, kein Tiger faucht. Schon sind wir an der Ausfahrtsicherheitsschleuse. An einer Kehre trotten Elefanten vorbei. »Die Affen waren am drolligsten...« Antwort eines Miesmachers: »Nicht viel anders als wenn du, behaglich zurückgelehnt, einer türkischen Bauchtänzerin zuschaust – nur der kann man in BH und Höschen türkisches

Geld stecken und die Haut berühren...« Der Vogelexotenpark würde jetzt noch extra 10000 Lire pro Person kosten... Schon neigt sich der Tag. Ein Mann pflückte mit einer langen Stange die Zoopapageien von ihren Sitzbäumen, wie Äpfel – mit einem Hopser kamen sie auf die Stange, der Mann lud sie auf den Rand seiner Schubkarre – dort blieben sie hocken, als wären sie ausgestopft.

Nun machten sich Wärter daran, die Giraffen in ihren Stall zu treiben. Die langbeinigen Grazien geruhten nicht, zu gehorchen. Schadenfroh sahen wir zu. Die Giraffen ließen ihre Betreuer spüren, daß die jetzt unterlegen waren. Alle Tricks der Wärter verfingen nicht. Die Giraffen wandten sich, ehe sie in die Enge getrieben waren, vor den Stangen um, und die Männer wichen zurück. Es war, als würden die Giraffen von Mal zu Mal größer. Die Treiber umstellten die Ungehorsamen. Kraft wachte in den Tieren auf, immer schneller eilten sie in die Richtung vermeintlicher Freiheit. Jetzt schoß eine Bewegungskraft in die Tiere, die sonst nie in zoologischen Gärten zu sehen ist: Giraffengalopp – als schwebten sie über der Erde; eine schwingende Bewegung durchlief ihre hohen Leiber, pflanzte sich fort in Wellenbewegungen durch Hals und Beine. In eiliger Anmut bäumten sich die Giraffen auf – als entsännen sie sich jetzt der afrikanischen Savanne... Doch wie ein Strohfeuer erlosch ihr Aufflackern; sie hatten genug vom Neckspiel. Wir immerhin hatten das nun einmal gesehen: Giraffenschnelligkeit. »Die wollten uns zeigen, was sie wirklich können – für diesen Anblick wird dich das Eintrittsgeld doch nicht reuen...«

SuperSplash-Steigerungen

Eines Morgens kündigen Plakate ein großes Bootsrennen in der weiten Bucht von Peschiera an: »In allen Klassen«. Schon höre ich die neue klassenlose Gesellschaft heranbrausen...

Neidvoll schauen Besucher auf die Uniformen der »Banda dei Carabinieri«. Wenn das vielstimmige Blasorchester Opernmelodien schmettert, scheint es, als habe jeder Einheimische eine Ohrenaktie an Verdi, Rossini, Donizetti oder Mascagni – und noch einen Grad neidischer hören wir diesen Volksausgaben von Opern zu...

Ein Meer ist zwar weit und breit nicht in Sicht, aber auf Tafeln heißt das Seeufer »Riviera degli Ulivi / Olivenriviera«. Sag nicht,

Übertreibung gehöre zur Werbung – ohne Übertreibung ist mancher nicht anzulocken, und also heißt eine Spezialrutschbahn mit zahlreichen Windungen »Supersplash«, deren Geheimnis in einem großen »Wumms« besteht, mit dem man ins vorgeheizte Wasser platscht – das ist die Riviera für den verwöhnten Mitteleuropahintern…

Wie bescheiden dagegen ein Schild hinter Pacengo: Es muß aus der Frühzeit deutscher Italienreisen, nach dem 2. Weltkrieg stammen, da ein italienischer Autoelektriker den Fremden seine Dienste anbieten wollte, auf deutsch. Er war ein findiger Handwerker, der einen Vetter hatte, dessen Vetter in Deutschland Gastarbeiter war – den fragte er, was denn am elektrischsten an den zuverlässigen deutschen Autos sei. Der Befragte dachte nach – am elektrischsten sind Hupen, damit mußt du sie locken, elektrisieren… Und also warb der Kfz-Mechaniker mit einem einfachen zweisprachigen Schild: »Elettrauto/Hupen«. Ach, wenn doch einmal meine Hupe kaputt gegangen wäre – dort hätt' ich mir eine Gardaklangfanfare einbauen lassen…

»Gardaland« / »La città dei divertimenti«

Nachdem die erste Aufbauphase am Gardasee abgeschlossen war, also Hotels, Bungalows und Ferienwohnungen standen, der Fremdenzustrom auf Jahre hinaus gesichert schien, also Ende der 60er Jahre, da kam es auf dem Monte Baldo zu einer beinah biblischen Szene: Die TourismusVerantwortlichen und Manager der Baubranche kamen zusammen, und sie sahen ihre herrliche Ferienwelt zu Füßen – da trat Beelzebub zu ihnen und sagte: »Das alles gehört euch, doch ihr könntet noch viel mehr Geld aus dem Gardameer herausholen, auch Einheimische ließen sich von weither anlocken, wenn ihr euch von meinem Versuchervorschlag überzeugen laßt…«

Begierig lauschten die Fremdenverkehrsgewaltigen…

Die Baulöwen zappelten ungeduldig mit ihren Entwürfen…

Die Bürgermeister rechneten mit neuen Investitionen…

Allen leuchtete ein, daß der See allein, samt Ufer, Wein und Olivenbäumen, hübschen Kirchlein und Campingplätzen nicht mehr ausreichte…

Beelzebub sagte: »Ihr müßtet mir nur ein stark erweiterungsfähiges Gelände am Ufer zur Verfügung stellen, dann könnte ich euch Bäume aufstellen, die goldene Äpfel tragen werden…«

Die Vertreter der Gardagemeinden überboten einander mit günstigen Geländeangeboten an den künftigen Bauherrn, als sie das Stichwort vernahmen: »Eine Art Disneyland«...

Da unter den Anbietern keiner auf Mafiaart umgebracht worden war, läßt sich vermuten, daß die Entscheidung über den endgültigen Standort mit einer Mischung aus Einsicht und Geldmunition gefällt wurde.

Dann begann der Bauboom.

Das flache Moränenufer zwischen Pastrengo und Peschiera bekam den Zuschlag. Eine Stadt wurde gegründet für den Slogan: »Visitate il Gardaland – la città dei divertimenti«.

Schon der Name »Gardaland« ist ein Geniestreich und Ausdruck europäischen Denkens: Jeder Italiener kann das aussprechen, und jeder Deutsche fühlt sich durch den Namen geschmeichelt – ein italienischdeutscher Neologismus. Und das Parkplatzproblem auf Jahrzehnte hinaus gelöst.

Das Prinzip »Gardaland« ist uralt. Schon ein Salzburger Fürstbischof hat es angewandt: Größere Ansammlungen von Menschen brauchen zusätzliche Attraktionen – daher ließ er unter den Sitzen seiner Gästetafel Wasserrohre einbauen, mit denen sich, auf einen Wink hin, die vornehmen Hintern naß machen ließen...

Das Kreischen der Damen mit durchnäßten Reifröcken und das Aufschießen fürstbischöflicher Fontänen – das alles ist natürlich nichts im Vergleich zu den Extravaganzen und Attraktionen des »Gardalands«.

Ein Anderland ist Gardaland.

Am Kassenhäuschen erwarteten uniformierte Mädchen die Besucher, die zuvor von uniformierten Parkplatzanweisern hereingelotst worden sind. Ein neues Königreich braucht zuallererst hübsch uniformiertes Personal.

Das war erst der Anfang.

Eine Wildwesteisenbahn umrundet das weite Gelände. Die Fahrt damit gilt als unumgänglicher Aperitif; sie verleiht einen Vorgeschmack auf künftige Herrlichkeiten – ein Appetitsteigerer.

Karusselle und Schiffsschaukeln erinnern an die Anfänge unseres Jahrhunderts, dann folgen Weltraumraketen.

Pferde laufen in einer Bahn, manchmal hört man Cowboys knallen.

Eine Scheibe mit Sitzplätzen rotiert rasend über einem Kunstsee.

Für die Kleinen fahren Schnauferlautos auf Schienen.

Blechboote, auf Schienenkufen gezogen, fahren dich im gewundenen Sumpffluß, aus Zement, an Krokodilen vorbei, die im Moment der Passage drohend ihre mechanischen Rachen aufsperren. Im Gestrüpp trommelt ein Orang Utan auf seine Riesenbrust. In der Savanne schmoren Neger einen abgestürzten weißhäutigen Flieger. Wenn das Boot um eine Dschungelecke biegt, sieht man Indianer ihre Pfeile anlegen auf einen Löwen, der sonst im nächsten Augenblick in das Boot gesprungen wäre...

Die Atmosphäre gleicht einer ewigen Kirmes. Gardaland funktioniert in der Saison nach dem Prinzip des Perpetuum mobile.

Hier fühlen sich Kinder wohl: Wie wenn's anderswo ganz fad wär. Mit einem Mal werden übliche Kinderspiele wertlos wie altes Papiergeld: Feuerchen schüren, Schneeballwerfen, Tretbootfahren – da machte man sich ja nur dreckig...

Hier genügen die Geldscheine der Eltern, dann wird man an die Hand genommen und braucht sich nur noch den Angeboten zu überlassen.

Kaum ein Kind wird in einer WochenendWarteschlange ungeduldig – ein Paradies wartet ja auf jedes.

Einwände, daß manche Vergnügungsapparaturen extra Geld kosten, werden von Kindern in den Wind geschlagen. »Hier«, sagt eines, »bin ich zum ersten Mal in meinem Leben auf einem echten Pferd geritten. Da will ich unbedingt wieder hin!«

Diesen Trumpf kann niemand überstechen. Auch für Erwachsenenaugen ist gesorgt: die herrlichen Blumenschmuckanlagen, das Flanieren, und verhungern oder verdursten muß zwischendurch auch niemand.

Das Gardaland ist ein Magnet. Man müßte ihn schon sehr weiträumig umfahren, um die Sirenengesänge zu überhören.

Nach Jahren mühsamen Ausredens: erneuter Besuch...

Die Blumenarrangements schon am Eingang nochmals gesteigert. Der Parkplatz gegenüber dem Eingang nochmals erweitert. Das Personal wurde noch einen Grad uniformschöner. Die Pferdeäpfel auswerfenden Reittiere waren freilich verschwunden – dafür kann man in Schiffen in tosendes Wasser hinabrasen und das berühmte Magennervenkitzeln genießen – kurz vor dem Aufprall in die schäumende Gischt: Derlei kann der Gardasee nicht mal bei Sturm bieten.

Wer will, kann in einer HängeSeilbahnGondel, stehend, das ganze Gelände umrunden, auf daß sich die noch nicht aufgesuchten Vergnügungsstätten einprägen.

»Wie schade, daß die kleinen Eisenloren in das Bergwerk verschwunden sind... Aber dafür gibt's jetzt neu einen Zug, der den doppelten Saltomortale fährt...«

Die Maschinen werden immer größer und attraktiver, als müßten Drogen von Mal zu Mal in stärkerer Dosierung verabreicht werden: »Überlaß dich nur diesen Maschinen, die Schwelle des Kitzels wird immer höher...«

Gelangweilt ging ich an den Muskelprotzen vorbei. Jahrelang schlossen wir diesen Kompromiß: Jemand bringt die Kinder hin, sie bekommen ihr Gardalandgeld, jemand anderer holt sie ab.

Ein Osteraufenthalt ohne Gardaland wäre wie ein Geburtstag ohne Geschenke gewesen. Ich hatte eigentlich nur abfällige Bemerkungen für diese Belustigungsmaschinen übrig...

Dann erlebte ich dort eine Paradenacht.

Das Gardaland war zur üblichen Stunde geschlossen worden, das Volk war aus dem Paradies vertrieben worden – aber augensatt und fußmüde.

Jetzt, zur vornehmen Abendstunde, zog die bedreßte Dienerschaft noch eleganter auf. Es durften nur geladene Gäste herein – vorwiegend Journalisten aus aller Herren Länder.

Die frisch eingepflanzten EchtPalmen glänzten noch strahlender als sonst.

An neuen Gebäuden entfachten Lampen orientalischen Glanz.

Wasserkaskaden tirillierten so im Aqua-frescaCrescendo über die Kunstfelsen, daß sie wie Echtgefels anmuteten.

Bauchtänzerinnen zogen Schleierdunst aus »1001 Nacht« auf.

Schwertkämpfer säbelten klirrend.

Die Küche im Orientpalast wartete mit den feinsten Nuancen der oberitalienischen Regionalkünste auf; die Speisefolge war auf erlesenem Büttenpapier gedruckt. Das Erlesenste war aufs geschmackvollste arrangiert – ein Fürst ließ sich die Demonstration etwas kosten. Diskret wuselte es deutsch, italienisch, englisch, französisch, niederländisch und dänisch.

Ohne den üblichen Massenansturm wirkte das Gardaland wie ein Königspalast, in dem jetzt nur der Hochadel dinierte.

Erst jetzt war's zu sehen: Das Ganze ist perfekt als Goldgrube geplant – und so funktioniert es auch.

Jedes Pflänzlein scheint eigenhändig von einem Landschaftsarchitekten an seinen Platz gewiesen worden zu sein.

Es gilt, den Menschen von Effekt zu Effekt zu führen, ihn bei der Hand zu nehmen. Und bei dem hübschen Personal würde ein »Nein« ja eine Unhöflichkeit gegenüber den Anbietern sein.

Hier kann sich der Mensch als vorbehaltloser Ja-Sager, als reinen Gewissens Genießender erleben. Hier darf er einmal Allesfresser sein, der teilnimmt am neuesten Stand der Unterhaltungstechnik. Für etliche Stunden ist er ganz vorn an der Spitze des Fortschritts.

Das Ganze hat seine Faszination. Kirmes, Superhotels, Freizeitvergnügen – alles hochkonzentriert, zur Verschwendung einladend. Überdies liegt das Ganze ja in einem hübschen Ambiente. Nichts muß wie bei wandernden Kirchweihen oder Volksfesten nach kurzer Zeit wieder abgebaut werden – das Ganze steht und wird von Jahr zu Jahr auf den neuesten Stand gebracht. Eigentlich ist das Gardaland längst ein HighTechParadies der Vergnügungsindustrie. Das MenschenMögliche – zwischendurch will man's doch gesehen haben, und einen Tag hat man doch dafür locker übrig...

Jener Vorführabend hatte seinen eigenen Reiz...

Wenn du dann zur Feier eines Kindergeburtstages, umgestimmt, mitgehst, in der Gondel stehst und den Gardasee in seinem Zauberblau siehst, dann mutet er nur noch als hübsche Zugabe zum Gardaland an. Ein Weinfeld, das noch ganz nah am Zaun gedeiht, erscheint schon wie eine museale Erinnerung an Zeiten, in denen die Menschen noch in der Fron der Handarbeit standen.

Ich bin überzeugt, daß der Geburtstag für die damals achtjährige Tochter, samt mit eingeladener Freundin, wohl gelungen war – an einem Karfreitag in Italien.

Sie genoß es, mit einem Freibrief nach Herzenslust alle Lustbarkeiten zu kosten, zumal ja manches Gerät ein Springen über den eigenen Angstschatten bedeutet.

Der im Halbstundenrhythmus aufkommende Hungerdurst konnte an beinah jeder Ecke gestillt werden.

Das Lirepapier schmolz rascher als Eis in der Wüste.

Und dann der Knalleffekt: Als in der ägyptischen Gruselkammer der Strom einmal ausfiel und die Fahrzeuge in der Folterkammer stecken blieben. Alsbald lief alles durch ein Notstromaggregat weiter, und wir sahen, fast leibhaftig, die pharaonischen Sklaven. Ich konnte mir die Bemerkung nicht verkneifen: »Nur noch ein paar Jahre, und man wird hier auch Auschwitz als eine lehrreich-vergnügliche ›Fahrt durch die Geschichte‹ darstellen...«

Und wie dann, durch Lichteffekte gesteigert, das Pyramidenfahrzeug durch rauschende Wasser beinahe in Lichtgeschwindigkeit dahinsauste: Das war so übel nicht.

Einen Augenblick dachte ich an die Automatenstimme des Begrüßungsclowns, der auf seinem Einrad seine BuonGiornoRunden drehte, weiß behandschuht, und wie eine Schallplatte abschnurrte sein »Benvenuto nel Gardaland, come stai ...«.

Das Personal dient dem Reibungslosen. Noch nie zuvor gab's am Gardasee soviel neue und überaus angenehme Arbeitsplätze – auch wenn man den ganzjährigen Betrieb noch nicht erreicht hat.

Inzwischen sorgt ein BusShuttle für den raschen Transfer vom Riesenparkplatz zum Gardaland.

Das Gardaland gehört in die Rubik »künstliche Gärten«, doch wird hier nicht die Natur abermals gesteigert oder gar verherrlicht: Hier ist eine Machtdemonstration des technisch Möglichen. Verherrlicht wird hier die rasante Steigerung der GroßLust-Geräte. Wehe dem Direktor, der nicht von Jahr zu Jahr seine VergnügungsMaschinen auf den allerneuesten Stand brächte – Millionenverluste entstünden, schlüge er nicht mit den Marktführern dieser Branche die andernorts lauernde Konkurrenz.

Das Gardaland, vielfach erweitert, ist immer noch ausbaufähig. In ein paar Jahren wird es bestimmt einen eigenen Hafen für U-Boot-Fahrten in den Gardasee haben; vielleicht wird es auch Katapultstarts für Rundflugzeuge geben, die dann die Mitfliegenden am Gleitschirm wieder hier sicher landen lassen. Ich bin nicht abgeneigt, auch künftig am Defilee der neuen Errungenschaften teilzunehmen.

Der hübsche Kitsch von »Gardagel«

Wir hatten Olivenöl, Wein und Essig gekauft – beruhigender Vorrat. Am Hafenplatz von Cisano wurde Abschiedseis bestellt – es kam in einem Glasschifflein, geschmückt mit allerlei Firlefanz: kleine venezianische Maske am Stiel, das Schifflein in Schwanenform... Aus Flachs den Kellner gefragt, wo's derlei zu kaufen gäbe... Er dachte nach, holte das Telefonbuch: »Gardagel«, irgendwo in Lazise... Wir suchten, wir erwarteten ein großes Geschäft... In einer Bungalowsiedlung ein Schild; wir klingeln: »Ah, aus Germania...« Eine Frau führt uns in einen grellhellen Saal, als wären wir in den Fundus eines Operettentheaters geraten... Es glimmert und glitzert: Dekorationen für Bars und Messestände... Augenaufschneiderei – ist Übertreibung nicht eine der italienischen Künste? Buntglaskörbchen, Farbglasschiffchen... Wir vergaffen uns in Schmuckzierrat für Kindergeburtstage: Papageien und Schwäne aus weichem Stoff, Masken und Pferde, Perlenstangen und Schnurrpurzen, Lichterloh und Grellerla... Leider alles nur für »ingrosso«, für den Großhandel zu haben – wir brauchen keine tausend venezianischen Fingerhutmasken als Mindestabnahme... Inzwischen erklärt die Signora die Philosophie ihres Mannes, der nach amerikanischem Vorbild auch hier Managerseminare durchführe: Man müsse spielen mit dem Leben – giocare colla vita... Entzückt von den Abenddelikatessen bedauern wir, daß wir in Deutschland niemanden zu beliefern haben... »Ach was«, sagt die Signora, »nun sind Sie schon einmal da – bestimmt haben Sie jemanden in Deutschland unter Ihren Freunden, der sowas in größerer Stückzahl abnehmen wird, wenn er erst auf den Geschmack gekommen ist... Suchen Sie sich nur aus, was Ihnen gefällt...« Schon sind die Zusatzschmuckstücke für den nächsten Kindergeburtstag auf einem Tisch beisammen – lächelnd schenkt uns die Signora unseren Einzelhandelsposten.

Bekanntschaftmachen

Vom Feldgang hatte ich das Dunkelgrün vom Kirschlorbeer, das gelbsternige IlexBlühen und das RosmarinZartblau zum Strauß zusammen; damit betrat ich in Lazise das »Batello«, und bald sprach mich einer der Bootsmänner an, der mir die anderen Blumen bestimmte. Dann vernahm ich, daß Lorbeeröl gut gegen Würmer sei; Oliven, getrockneter Lorbeer und Salbei seien die beste Fleischwürze; das beste Olivenöl gedeihe bei Malcesine, gefolgt von den Lagen um Limone und Sirmione. Leider legte nun das Boot schon in Bardolino an... Ich fragte nach dem Dienstfahrplan, und zwei Tage später trafen wir uns erneut an Bord. Nun begann eine Einweihungsstunde auf der »Verona«; der Navigardamann hatte »il grande libro delle erbe« dabei – zum Pflanzenbestimmen, und wenn ich hier noch heimischer werden wolle, müsse ich unbedingt die Zeitschrift »Vita in campagna« abonnieren... Zwischendurch tranken wir Weißwein. Mit Handschlag verabschiedeten wir uns – mit einem Schuß neidischer Verblüffung schauten unsere Landsleute uns beiden zu.

Navigarda-Mutprobe

Ein Mädchen, ein paar Jahre mit dem See vertraut, will es eines Tages wagen: allein über den See und wieder zurück auf eigene Faust. Mit der Armbanduhr und dem Fahrplan: »Das schaff' ich schon...« Die Eltern zappeln ein wenig, aber dann lassen sie das Kind los: »Eigentlich kann ja nichts passieren... Hier ist noch nie ein Schiff untergegangen...« Das Mädchen bricht am Morgen zur Weltreise nach Sirmione auf – in seinem Reisenetz hat es ein Liederbuch als Talisman.

Navigarda-Überlisten

Manchmal, nur manchmal bin ich schadenfroh: Wenn Landsleute meinen, es müßte hier alles ebenso automatisch funktionieren wie in Deutschland, und sie hätten einen verbrieften Anspruch auf die Erfüllung ihrer Wünsche...

Manchmal, an Feiertagen, murrten Landsleute, wenn sie trotz gekaufter Schiffstickets nicht mit dem »Aliscafo« fahren konnten. Für die Schnellsauser dürfen aus Sicherheitsgründen nur Sitzplätze verkauft werden – da aber die Kartenverkaufshäuschen noch nicht an einen Zentralcomputer angeschlossen sind und also die Ticketverkäufer nicht wissen, wieviel Sitzplätze an den Häfen zuvor verkauft worden sind, kann es vorkommen, daß zuviel Fahrkarten verkauft wurden. Der Kapitän signalisiert dann vor dem Festbinden des Landestegs mit einem Handzeichen: »Nur noch vier!« Dann müssen die restlichen in die Röhre schauen oder sich mit dem nachfolgenden, langsameren Batello begnügen.

Fünf Mädchen warteten. Die Kartenverkäuferin hatte den drohenden Engpaß schon geahnt... Die fünf Mädchen drängen sich ganz vor an den Landesteg. Der Aliscafo senkt sich, wird festgebunden, vier Leute steigen aus. Des Kapitäns Finger signalisieren die ominöse »vier«. Ein Landsmann inmitten des Gedränges prustet: »Wir sind genau vier!« Und da er einen sperrigen Kinderwagen dabei hat, ist er überzeugt: Er muß in das letzte TitanicRettungsboot, sonst ginge seine Urlaubswelt unter... Ich zwinkere dem Capitano zu: »Den ganzen Tag haben die fünf Mädels sich schon auf diese Fahrt gefreut... Man kann so eine Mädchentruppe doch nicht auseinanderreißen... Schlank sind sie ohnedies, die kommen leicht mit vier Sitzplätzen aus...« Und eh sich's die anderen versehen, winkt der Kapitän, der BootsTauhalter zwinkert, zieht das Fallreep zurück, und schon braust der Aliscafo davon – mit den fünf Mädchen: auf dem italienischen Floß der Ausnahme.

Spitzenprodukt

»Natürlich brauchen wir auch die Busladungen aus Deutschland«, sagt der junge Tourismusmanager, »wir aber wollen ein Spitzenprodukt auf den Markt bringen. Nur Surfhotels und Golfplätze genügen nicht. Die Kapazität des Flughafens von Verona muß gesteigert werden. Wenn wir jetzt nicht die leeren Felshänge vom Staat kaufen und darauf die neue FelsWohnarchitektur errichten – wann dann? Den See für einen autobahnartigen Zubringer untertunneln, das ist doch heute überhaupt kein Problem mehr. Nur frische Erdbeeren in Eisbechern reichen ebensowenig wie frischgestochener Veroneser Spargel; der Verbund mit der Arena in Verona muß ebenso funktionieren wie die Anbindung an die Mailänder Scala. Wir haben die Trümpfe der oberitalienischen Städte in der Hand... Da ist noch 'ne Menge drin... Wenn das noch alles viel besser vernetzt ist und die fürchterlichen, diese vorsintflutlichen Staus auf der Autobahn beseitigt sind, der Auto-TGV oder Auto-ICE von München bis Affi nur noch zweieinhalb Stunden braucht, dann, dann bin ich gerne bereit, das kleine Fährboot, den alten ›Ticino‹, der 1986 schon 27 Jahre im Dienst stand, von der ›Navigarda‹ zu kaufen – wir können das Schifflein gerne an Sonntagen als kombiniertes Kirchen- und Speiseausflugsboot einsetzen...«

Vom Uferhotel aus betrachten wir den See.

Ich sage: »Am Morgen ist's wie ein Liebesakt – jetzt gleicht der See dem Bett der Sonne...«

»Schön gesagt... Nur leider haben wir im Winter immer noch zu wenig Gäste. Sie könnten solche Einladungen schreiben – wie wär's für den nächsten Prospekt mit der Überschrift ›Hier hat die Sonne ihr Winterquartier‹...«

Ich schmunzle. Er steht auf. Er kommt wieder – mit dem prächtigsten Carpione, einer Lachsforelle, frisch aus dem See: »Ein Geschenk – für Sie, nur zum Appetitanregen...«

Aprilfisch

Mit einem Ulkscherz jemanden am ersten April in den April schicken, mit einem Schreckgewürz: Probe für den Einfallsreichtum und Rückkehr in die Kinderschuhe. Manchmal gelingt's einem. Aber auch hier verkümmern derlei Traditionen. »Soleva farci ogni anno un pesce d'aprile« – jedes Jahr einen Aprilfisch machen... also etwas Unmögliches... In manchem Jahr schillerten in Veroneser Geschäften diese Traditionsfischlein aus Schokolade – rotgolden oder blausilber verpackt... Und wieder ist ein Teich vertrocknet.

Ansichtskarte I

Das Boot des Fischers ist wirklich so lackgrün, wie Du sie auf der Karte siehst. Seine Netze glänzen wirklich so fangvoll. Nachts leuchtet seine Lampe wirklich so fischmagnetisch – aber trotz allen Zuredens: Er darf mich nicht mitnehmen zum Fischen – es gibt da eine strenge Vorschrift, derzufolge »fischfremde« Personen nicht mit hinaus auf den See genommen werden dürfen. Leider.

Ansichtskarte II

Es klingt wie eine besondere Litanei, die ich Dir aufschreibe: Madonna delle Grazie, Madonna di Montecastello, Madonna del Carmine, San Luigi Gonzaga, Madonna del Frassino, Beata Vergine Maria delle Grazie, Sant'Andrea, San Giorgio, Madonna della Corona, Sacro Cuore, Sacra Famiglia... Jaja, Du kannst sie allesamt anrufen: Ich schreibe sie Dir auf, weil mich ein Prospekt stutzig machte: »Dem Jubiläumsjahr 2000 entgegen«. Ganz und gar ohne Tourismuswerbung wird darauf aufmerksam gemacht, daß es mittlerweile also auch Menschen gibt, die hierherkommen, weil sie »den Wunsch und das Bedürfnis nach Spiritualität« verspüren: was für eine anrührende Entdeckung. Du kannst Dir diese Pilgerstätten aussuchen, und wenn Du Dich für eine Weile für »Tage der Einkehr« einquartieren willst, laß Dir den Prospekt schicken von der Comunità del Garda, Via Roma 8, 25083 Gardone Riviera (BS), Fax 0039-365-290025.

Verführungen

Mit all dem, was man sich an haltbaren Dingen für die eigene Wohnung anschafft, lebt man, und es lebt mit einem mit, ja es altert auf sympathische Weise mit einem selbst mit; da hört keiner den Vorwurf gern, er sei »altmodisch«, außerdem wechselt man Möbel doch nicht wie Kleidung alljährlich... Doch dann kann ein Augenblitz in einen hineinfahren: Es war in einem der kühlmodernen Geschäfte, »arredamenti« in modernstem Design stehen da verlockend in lichtdurchfluteter Architektur – und da stand Er... Ein verwegen biegsam aussehender Sessel; auf den ersten Blick nur was für ganz junge Leute; ein Sessel in salopper Form; man kann seinen Fuß vorklappen, so daß er zum Liegestuhl wird. Das Kurioseste an ihm: Dieser Sessel kann nach Belieben anders angezogen werden – er kann wie eine Schürze ein anderes Farbkleid bekommen; eigentlich ist er ein ChamäleonSessel: mal tieflila oder sachtrosa, mal sonnenblumengelb oder mandarinenorange, mal sachtgrün oder azurblau... Und dann hat er auch noch zwei Kopfstützen, die sich zur Seite klappen lassen, als hätte der Sessel zwei Ohren. Noch pfiffiger sieht er aus, wenn das eine Ohr in der dunkelblauen Grundfarbe bleibt, das andere aber eine orangefarbene Mütze bekommt... Dieser Sessel von »Wink«, dessen Designer Toshyuki Kita heißt, war ein Wink – wie ein Floh saß er in unseren Ohren, war nicht mehr zu verscheuchen; er juckte so sehr, daß wir alsbald einen bestellten: mit einem GardaseeSonnengelb und einem Salò-Orangenrot als Mütze fürs Ohr.

Traumformen

Steinstiegen von Porto aus bergan bis Castello. Mittagsmahl unter Bauarbeitern in der Trattoria »Monte Baldo«. Da dünstet die Wirtin den Spinat besonders weich. Auf der Suche nach einem anderen Rückweg fündig geworden: Zwischen ummauerten Ölbaumhängen glänzen gerundete Steine, als habe sie ein Mosaikmeister aus dem Läuterungsbecken des Sees heraufgeholt. Seine Muster sind längst im Grasgrün versunken, aber wie er sich schlängelt zwischen Feldsteinmauern, hinter deren Efeubewuchs ab und zu ein Esel zu sehen war. Gar nichts, überhaupt nichts ist gegen schnelle Verkehrsmittel zu sagen – nur dies: daß die Gleichschaltung auf das Rasche den langsamen Eselsgang unmöglich macht, ihn verpönt; die Langsamkeit trägt den unsichtbaren gelben Ächtungsstern... Manchmal überwölben Ölbaumkronen den schmalen Weg. Mit jedem Schritt wurde das Königreich der Stille größer. Aus seiner Schatzhöhle spendierte es mir Eidechsen, Vögel, Blumen, den Geschmack des Naturbelassenen und ein spanisches Sprichwort: »Wanderer, es gibt keinen Weg – er entsteht beim Gehen.«Und auch das sind Traumformen hier: die Inselträume der Golfplätze, hineinkomponiert – von den 27-Loch-Plätzen in Costermano und Sommacampagna, bis zu den Plätzen in Soiano del Lago, bei Bardolino, in Toscolano oder Bogliaco... Hochkonzentrierte Entspannungsoasen. Auf die Bemerkung, daß es doch beim Golfspielen »auf Leben oder Tod« gehe, antwortete augenzwinkernd ein Golffreund: »Oh, da geht es um viel mehr...«

Wo Dürer zeichnete

Zitronengelb in Torri

NußschalenNichtse – so wirken manchmal die kleinanmutigen Hafenbecken der Uferorte; Torri ist ein Beispiel dafür. Gottlob wird man hier nicht belästigt von Museen. Obwohl: Für ein Weilchen kann's vergnüglich sein, bei der zinnengezackten Festungsmauer die einstigen Schiffstypen des Sees zu betrachten... Und plötzlich gerät man in einen der letzten »Limonare« des Sees: An der Südseite der Mauer. Unterm Gutbedachten, unterm Schutz vor Frostüberfällen stehen die Zinnsoldaten der Zitronenbäume in Reih und Glied. Für einen Augenblick überfällt einen »Weltschmerz«: Wie ausgestorben, tot muten jetzt die LimonareReste an, die einst »Limone« den Namen gaben. Einmal, urzeitlang her, war der Gardasee ein Paradies für Agrumengewächse... Bis Krankheiten und die sizilianische Konkurrenz dem Gelbkugelgeleucht den Garaus machten...

Als D. H. Lawrence sein Buch »Twilight in Italy« (»Italienische Dämmerung«) schrieb, das 1916 erschien, da erzählte er darin auch vom Gardasee; er begriff, daß eine »mechanisierte Gesellschaft erbarmungslos« ist, und er las den Einheimischen auf einen Blick ihre Philosophie ab: »Nur die Gegenwart zählt.« Schon damals vermutete er, daß sich der Gardasee den Zitronenanbau »nicht mehr lange wird leisten können«... Damals wurden Zitronen und süße Apfelsinen allesamt aus dem Stamm der dann veredelten »Bitterorange« gezogen – es sei Franz von Assisi gewesen, der diese Frucht am Gardasee eingeführt habe. D. H. Lawrence mochte diese »glühenden Kohlen« – doch in einem der »Limonare« wirkten die dicht beieinanderstehenden Zitronenbäume auf ihn wie »Gespenster«, aber dann schmeckte er den »zarten, köstlichen Duft von Zitronenblüten...« Auch ihretwegen lohnt sich ein kurzer Gang durch das Sonnenfanghaus an der Zinnenmauer von Torri.

Miniatur

An manchem deutschen Denkmal lautet es lapidar: »Den Gefallenen der Weltkriege« – ein Hauch schlechtes Gewissen ist mit dabei. In Torri beispielsweise, da heißt's »ai nostri caduti«: für »unsere Gefallenen« – wie wenn sie alle zur Verwandtschaft gehörten... Um diesen kleinen Plusgrad an Sorglosigkeit beneide ich die Einheimischen... Und als wir, ohne jegliche Erwartung, durch das Kirchlein von Torri schlenderten, da sagte ein deutsches Mädchen, als wär's Italienerin, zur pompösen Pracht deutend, zu unserer Tochter: »Na, glaubste jetzt an Gott?« Über diese Frage sah ich Ihn schmunzeln: in einem langobardischen Flechtmuster mit Mittelknoten – Er schmunzelte über unser kleingläubiges Verlangen nach Gottesbeweisen.

Hotel mit Hafenauge – Schönplatz in Torri

Manchmal ist das schon eine Anstrengung: Etwa von Torri aus die Schlaufensträßlein hinaufzufahren, Kehre um Kehre – und dann das Fahrzeug stehenlassen und auf diesen Urwegen gehen, die mit fast runden Steinen gepflastert wurden; seltsame Mosaiken bieten diese Steinwege mit den Steinböschungn... Mögen dann auch Knie und Knöchel stöhnen: noch ein wenig hinauf, durch einen Olivenbestand – und dann dieser Hinabblick auf den See...

Es läßt sich leicht nachvollziehen, daß mancher Deutsche eben auf diesen »Blick« abfährt, ihn so liebgewinnt, daß er hier ein betagtes Gemäuer erwirbt, es innen wohnlich behaglich ausstattet, als lade er die Sonne in sein Haus zu einem Sitzbad ein... Es gibt solche betörenden Plätze – auch drüben, überhalb von Bogliaco, in Villavetro beispielsweise: Hinreißende Ausblickhäuser sind da zu sehen, oft vor dem Zerfall gerettet, zum Anmutigen verwandelt.

Also oberhalb von Torri: eine Weile sich hinaufmühen – nach Coi oder Valmagra... Dieses abrupt Steile des nordöstlichen Ufers... Die Steinwege, die Fußfoltergänge... Und dann, wie zur Belohnung, hinunter nach Torri, das seinen eigenen Charme hat, hinter der Durchgangsstraße... Gelegentlich darfst du doch auch schwärmen, nicht wahr... Dieses intimkleine Hafenbecken von Torri... Das Klirren von Ösen an den Masten der Segelboote... Alles Vergnügungsschiffe, schon wahr – aber da kommt noch etwas hinzu: Man sieht das alsbald – wenn ein Platz eine Idealform erreicht hat. Das Becken, das wie eine runde Schutzkuhle anmutet; wie der Kleinhafen umarmt wird von einer Straße, die ihrerseits von schmucken Häusern umstanden ist – und dann krönt dieses Hafenauge eine maßvoll schöne Villa in Hotelgestalt: das »Gardesana«, an der Piazza Calderini, hat diese wundersame venezianischrote Putzhaut: Es ist das vornehme, nie aufdringliche, das zurückhaltende Warmrot venezianischer Grandezza. Man spürt kaum die Größe dieses Hauses – wohl proportioniert sind die Geschosse, das oberste unter dem fast flachen Dach hat im richtigen Maß die Höhe der Fenster verkürzt, so daß dieser rhythmische Dreiklang des Außen entsteht... Und dann eine Weile auf dem terrassenartigen Vorplatz vom Hotel-Ristorante »Gardesana« sitzen, über die Masten der Segelboote schauen zum zinnenzackenschönen Gebilde des alten Castello... Die Urformen der Fischerboote vor Augen, die dort im hübschen Museum an längst vergangene Zeiten erinnern... Das »Gardesana« hat etwas von einer Traumlage, zu der das Einmalige ebenso gehört wie die Ermunterung, daß man durchaus im lokalen Stil bleiben kann, ohne sich an den kalten Modernismus zu verraten. Wer sehnte sich nicht danach, hier eine Weile verwöhnt zu werden – vom Zusammenklang von Landschaft, See, Baukunst und Gutschmaus...

Aber die Himalayazeder beim Wasserfall Varone...

Für eine Weile gefällt mir die Hafenbucht von Riva wegen der Farben der Häuser; auch die Kolonnaden langweilen nicht; das von irgendwem gerühmte Lokal »Al Volt« hatte seinen Montagsruhetag... Hinüber nach Torbole... Manchmal ein Brechreizgefühl: Die Einheimischen gehen davon aus, daß die Nordeuropäer nur zum Essen, Trinken und Surfen hierherkommen – als müßten sie sonst nichts anbieten... Da hilft auch, an einem Torbogen, über einer Brunnensäule, das hübsche Marmortäfelchen nicht, das an Goethes Aufenthalt freundlich erinnert (1786): »Heute habe ich an der Iphigenie gearbeitet, es ist im Angesichte des Sees gut vonstatten gegangen.« Fast hätte ich in einem Laden, in dem auch Bücher verkauft werden, nach der »Iphigenie« fragen wollen, doch man soll die Leute nicht beschämen. Das ist gar zu lang her, als daß es noch bedeutsam wär: daß Goethe den Gardasee nicht versäumen wollte und so diesen Umweg nach

Verona einschlug »und bin herrlich für meinen Umweg belohnt...« Als Anekdote gut zum Weitererzählen: Goethe suchte in Torbole dringend nach einer Toilette, er fragte, er wurde weiter verwiesen, fragte nochmals, nun schon dringender: »dove?« – worauf der Hinweis größter Sorglosigkeit erfolgte: »Da per tutto, dove vuol!« Sein eigentliches »Wohlleben« war ihm »in Früchten, in Feigen, auch Birnen, welche da wohl köstlich sein müssen, wo schon Zitronen wachsen...« (12. September). Mich überraschte gleich daneben der Hinweis auf den Maler Hans Lietzmann von Berlin (1872–1955), der in Torbole über 50 Jahre gelebt und gearbeitet haben soll. Von einem Bild freilich weit und breit keine Spur – spurlos verschwunden.

Und wieder tauchte ein Name auf Schildern auf – dann muß die Sache sehenswert sein, wenn du schon da bist... Ein paar Kilometer geht's in gewundenen Straßen bergauf und bergein: »Varone«... Wieder kommt Mißmut auf: Eintritt ist zu bezahlen für den Wasserfall – er gehört offenbar »dem« Staat... Der Obolus wird dennoch entrichtet, und mit einem Mal verschwindet der Mißmut: Kein Wasser in freiem Fall – Sturzwasser ist's. Fallwasser hat sich ins Felsmark gebohrt und es ausgehöhlt; im Jahrtausendgefäll, aus 80 Meter Höhe, hat das Wasser Hohlrinnen geschaffen... Rauschendes Naßgefeil, das den Felsen glättet; Tobelgedröhn; Fallwasser als Schauspieler – wir zahlen die Gage...

Als wir zurückgingen, hatten wir trotz pitschnasser Haare auch einen Blick für das kleine botanische Gärtlein, das den Aufgang schmückt; alles Gesträuch mit Namenstafeln versehen... Nur eine Gestalt blieb mir im Gedächtnis: Stolzmächtig eine Himalayazeder... Wieder huschte die Bibel vorbei, flatternd wie »pippistrello«, die Fledermaus: In jenen Urzeiten taugte zu einem Haus für Gott nur das Beste – also Zedern- und Zypressenholz, dazu Türblätter von Ölholz... Dieses genaue alttestamentarische Wissen um den Wert der Dinge... Auch aus diesem Paradies sind wir längst vertrieben.

Arco: Entdeckungen bei Dürer

Ein Malerfreund hatte uns die Abbildung eines Aquarells gezeigt: Die »Fenedier Klawsen« von Albrecht Dürer. Mit Wasserdeckfarben war die »Venediger Klause« im Jahre 1495 gemalt. Die gerade mal 22,1 x 22,1 cm messende Arbeit wird im Louvre verwahrt.

Eines Tages fuhren wir zusammen zu dem nördlich von Riva gelegenen Arco. Inmitten einer Felslandschaft machten wir halt und verglichen Postkarten-Reproduktion mit dem Blick auf das »Original« – sieht man von einigen neueren Bebauungen ab, so schien Dürers Aquarell »naturgetreu«: Wir sahen denselben blaugrünen Glanz der Ölbaumkronen, die Burgmauer von Arco und den jähen Burgfelsen selbst. Im Aquarell haben zwei Felsen Gesichter – die waren in Wirklichkeit nicht zu sehen; vielleicht von Verwitterung gelöscht. Wir prägten uns die Felsformen ein – kein Gesicht weit und breit. Dann nahm uns der Malerfreund zu einem anderen Blickpunkt – von dort aus machten wir im Gefels die Vorform jenes Dürer-Felsgesichts aus.

Jetzt sahen wir das triumphierende Gesicht des Kunstfreundes: Er hatte die Beweismittel vorgelegt und begann mit dem Plädoyer. Dürer hatte jene Naturvorgabe transponiert und sie seitenverkehrt im Bild wiedergegeben. Dürer hatte das Gesehene zu einem eigenen Ganzen zusammengefaßt und also Landschaftsdetails in einen größeren Zusammenhang eingeordnet, so daß dem Aquarell ein Plan zugrunde liegen mußte, der alle Bildbereiche umfaßte.

Dürer hat eben nicht nur eine Vorgabe gemalt – es kam ihm darauf an, ein Bild »gesichtshaft« und »figurerfüllt« aufzufassen. Hermann Leber, der Kunstkriminalist, führte uns vor, daß es da nicht um die »schöne Aussicht« ging, sondern um eine Synthese »von Draufsicht und Ansicht«: wie »lebendige Waagen, die nie ganz zum Stillstand kommen, aber stets danach streben«.

Nun leuchtete uns auch die Dürersche »Mittenbildung« ein – und Perspektive als Dreiklang: vom Punkt des Auges, vom Ding, das gesehen werden soll, und vom Licht, »ohn das nichts gesehen wird ...« Bei Dürer seien demnach die Dinge keine Objekte, über die beliebig verfügt werde, sondern die etwas bedeuten. Dürer malte also nicht ab. Dürer hat im Bild eine neue Einheit hergestellt, er zeigte einen Kräftezusammenhang. Dürers Aquarell ist eine Zwiesprache mit der geschaffenen Natur. Und plötzlich leuchtete ein, daß Schönheit immerzu die »Sehnsucht nach der Gegenwart der schönen Sache« erzeuge. Und mit einem Mal, beinah grimmig, als wäre Hermann Leber jetzt in einer Ausstellung zeitgenössischer Kunst, sagte er: »Auch der Künstler, der die in der Wirklichkeit zerstörte Natur mit seinen abschreckenden Mitteln steigernd schildert, setzt das Bild einer heilen Natur beim Betrachter als bekannt und als erstrebenswert voraus. Er klagt an, um das Verlorene wiederzugewinnen ...«

Heiliger Hain bei Arco

Um jenen »Dürer-Blick« auf die Burg von Arco zu finden, gingen wir südlich davon auf einem Weg und gerieten in einen Olivenhain, der einen weiten Hang einnahm. Jeder Ölbaum hat seine eigensinnige Form, doch so ein stattliches Ensemble aus lauter Eigenwilligen hatte ich bislang noch nie gesehen. Einer der Stämme wuchs wie aus drei AnkerStücken empor, um sich erst nach zwei Metern zum ganzen Stamm zusammenzufügen. Gewunden, gekrümmt, verbogen, gerissen, gebeugt und verdreht – jeder Stamm eine andere Variante; auch die Abstände zwischen den Bäumen waren willkürlich; mancher Stamm mutete an, als hätte ein Sturmbeil ihm eine Hälfte abgehauen – entblößt bleckte das Kernholz ohne Rindenschutz, und auch dieser Baum hielt mit den anderen mit. Jeder erweckte den Eindruck, als habe er neben dem Fruchten und Wachsen noch Zeit zum Spielen, zum verspielten Stammdrehen und Stammwenden. Ein wunderbarer Ungehorsam einte die schier unzählbare Herde der Stämme: als wären sie eine verschworene Gemeinschaft, die über die gezüchteten und stets beschnittenen Krüppel der ObstbaumDressuranlagen in Südtirol lachten: Derlei Zuschnitt auf nichts anderes als nur Birnen und Äpfel in Zentnermengen bei geringstem Wuchs – derlei Veräppelung des Wortes »Baum« machten diese Ölwildlinge niemals mit. Und wie sie mit ihrem Zartgeäst das Licht nur leise auf den Grasboden ließen ... Das Willkürliche ihrer Stammform zeigte etwas Willensstarkes. Jeder Baum glich einem anderen der 150 Psalmen: jeder ein neuer Anlauf, und trotz Wut, Zorn und Klage – am Ende gibt jeder seine Zustimmung zur Welt und stattet seinen Dank mit Früchten ab. Ich weiß nicht, wie in uralten Zeiten Bäume verehrt wurden – vielleicht wurden sie an Festen mit Bändern und Girlanden geschmückt, so wie wir den Weihnachtsbaum schmücken und in ihm »den Baum« verehren, mit immer noch kindlicher Fröhlichkeit. Für mich ist dieser Olivenwald ein heiliger Hain – die Blätter flüstern mir etwas Biblisches zu: »Liebe deinen Nächsten, wie dich selbst ... Versuch's mal, versuch's immer wieder ... Es ist schwierig, aber eine verdammt schöne Aufgabe ...«

Segantini & Klimt

In Arco wurde 1858 der Maler Giovanni Segantini geboren. In seinen Alpenbildern huldigt er einer Welt, die mit Bergen, Felsen, Gewässern und Rindern atmete. Segantini sah im Wirklichen auch dessen symbolische Kraft – sein engelsgeflügelter »Amor am Lebensbrunnen« wird vielleicht nur noch Achselzucken hervorrufen, doch manchmal kann der Bezug zu einem Ort wie ein Wink verstanden werden: Warum nicht einmal ins Segantini-Museum nach St. Moritz? In Mailand und München sind Segantinis zu sehen; merkwürdig ist seine »Böse Mutter« (in Wien). In seinem Spätwerk spürt man etwas vom Jugendstil – Gustav Klimts Ölbild »Malcesine am Gardasee« (1913) ist verbrannt; eine Reproduktion zeigt etwas vom Lichtflimmern des Sees: Manchmal sind Maler noch immer Schönheitsjäger.

Ufer NordWest

Fährschnur

Vom Ostufer zum Westufer das Gefahre sparen: Es ist nicht allein die Abkürzung zwischen Torri und Maderno – es ist der Reiz des Umstiegs vom Auto zur Fähre, zum anderen Element. Die Fährleute genießen ihre Kommandogewalt: Zentimetergenau weisen sie die Fahrzeuge ein, knipsen die Tickets, und wenn man einen Bus oder zuviel Autos vor der Nase hat, fährt einem die Fähre vor der Nase davon... Aber dann diese gute halbe Stunde auf dem See... Wenn der Uferhang des Monte Baldo im Diesigen verschwimmt und das Brescianer Ufer noch ein wenig verschwommen ist... Dieses allmähliche Sichannähern, Getragenwerden: Sichganzüberlassen...

Widderkopf und Löwenhaupt: San Andrea in Maderno

Wiederholung ist Abweichung und Steigerung – nur so erstarrt das Wiederholte nicht. Jedesmal schraffiert die Fackelstaffel der Zypressen den Steilhang von Maderno anders, wenn das Fährboot in weitem Bogen zu den Bohlen an der absenkbaren Eisenrampe gleitet. Dann schwärmen die Fahrzeuge davon. Im Hafenbogen des Ortes hatte ich's lang übersehen – jetzt fiel mir ein Kirchenportal auf. Das Auge muß sich im Dusteren erst einsehen, dann spürt's eine Magnetkraft: Das Kapitell als Haupt einer Säule... Da, wo das Tragende mit dem Getragenen zusammenkommt, an der Stelle der höchsten Belastung, bildet sich Schmuck am verschwenderischsten aus. Aus dem runden Säulenschaft steigt eine Bewegung zum Säulenkopf, und an jedem der sechs Kapitelle schmücken Flechtbändermuster – byzantinisch-karolingisch...

Ein Löwenkopf sperrt sein Maul auf: So wurde Gefahr erkannt, dargestellt und also gebannt. Kirche einmal auch als bildhafte Gefahrenpassage: Das Erschreckende blieb stets gegenwärtig.

Flechtbänder, Widderköpfe, ein andermal Pferdeleiber und

schuppige Vögel: Urtiere, Angsteinjager und Ermunterer zugleich. Aus einem Guß – wie das Schmuckrankenwerk im Portal: eine besondere Stelle wurde geschmückt; Aufgabe und Ausschmückung werden eins – eine Tür, unverwechselbar, gehört zum Antlitz eines Hauses.

Gebirgswasserlachen

Die Jagd nach Vollständigkeit lähmt. Wiederholen, denn in jeder Wiederholung steckt die Möglichkeit einer neuen Erfahrung – in der Liturgie der Kirche weiß man um diese Hilfestellung –, und dann stellt sich alljährlich irgend etwas überraschend Neues von selbst ein. Einmal dachten wir, die kleinen Seegeschwister des Lago di Garda müßten wir doch auch einmal in Augenschein nehmen: den Lago d'Idro und den Lago di Ledro. Vielleicht gefallen diese Gebirgswasseraugen dem, für den am Gardasee zuviel Betrieb herrscht – »See« aber ist für beide Gewässer eine Übertreibung. Und auch der künstlich angelegte Stausee, der Lago di Valvestino, taugt eigentlich nur dazu, den Gardasee selbst noch mehr zu schätzen – an ihm ist das KleinUrbane besonders geglückt.

Verwilderung im ToscolanoTal

Zwischen Maderno und Toscolano hat ein Bergfluß eine Landzunge gebildet: Sie wurde bebaut. In Finstergassen die Blumentopffeuerwerke der Balkone, der Spannbogen einer Brücke; eine sandfahle Fabrik scheint eingeschlafen. Einst, lang her, da war Papier aus Toscolano berühmt; Luthers Bibel, wird behauptet, sei auf solchem Papier gedruckt worden – 1523 erschien hier Luca Paciolis »Summa de arithmetica«... Büttenpapier schöpfen – ungewöhnliche Industrie am Gardasee – ausgestorben... Unsere masochistische Lust flackert auf: nach den Spuren von »Es-wareinmal«...

Das schmale Sträßlein bergwärts wird noch schmaler; die Talkerbe vertieft sich, und schon taucht eine Ruine auf. Holzdach und Mauern sind eingebrochen – aufgegebenes Hausgeniste. Am First noch ein Balkendreieck; die Ziegellagen, rotsandig – die meisten zerbrochen; graue Latten, unbetretbar das Ganze. In einem Gehäuse stehn noch schwere schwarze Tonnen – darin wurde einst der Brei angerührt fürs Papier. Die Fabrik war wie ein Keil in die Felsschlucht getrieben, dem Wasser entgegenkommend, das hier umsonst Räder trieb. Jetzt lacht das tollwütige Wasser: Es ist einer Last ledig.

Hierher also wurden einst, mit Schiffen, Lumpen angeliefert – Fabriken zerkleinerten sie, bis Papier daraus wurde – ein Edelprodukt, das Tinte festhalten konnte... Unter venezianischer Flagge wurde die »tipografia benacense« berühmt; in der Blütezeit, im 16. Jahrhundert, sollen hier einige Dutzend Papiermühlen gearbeitet haben: mit rund 500 Beschäftigten und einer Tagesproduktion von 4000 Blättern... Die Pest leitete das Ende ein... Aber es gibt noch die Papierfirma »Cartiera di Toscolano SpA«, allerdings mit Sitz in Vicenza und einem kleinen Betrieb an der Flußmündung in Toscolano-Maderno.

Die Mühlen haben kapitulieren müssen. Die Natur macht sich lustig über diese Niederlage; sie lädt das Zerbrechende ein, wieder vollends zum Wilden zurückzukehren. Mauersegler schwirren über der Talschlucht. Von einer Klippe stürzt ein Wasserfall. Ein Tunnel dampft voller tropfender Feuchte. Dahinter jubiliert der Fluß; sein Wasser gleißt quellklar. In Gumpen glänzen algengrüne Steine, stehen Forellen. Wasserfallwasser sind wir nicht beinah schon im Urwald? Wunderbar klar rauscht das Gebirgsbachwasser. Die Wegkerbe ist so schmal – wie wenn ein Wildbachreich hinter Bergwänden vor den Seebesuchern versteckt werden sollte. Gut hört sich die Forellenbachstille an – wie behütet wirken die glatt geschliffenen Steine im Bachwasser. Wildnis auf Schritt und Tritt.

Katarina internazionale

Noch ein paar Schritte im Wildbachtal des Toscolano, und der Weg wird zum Saumpfad. Zwei weitere aufgegebene Mühlen folgen. Aus dem Wasser schillert das Rotgefleck von Forellen. Ein Gasthaus verwildert – Bambus und Efeu verschlingen es. Gestrüpp; mit einem Mal ein Brücklein aus Planken und rostigem Gitter... Bei zwei anbrüchigen Häusern stand ein dreirädriger Kabinenroller, aus dessen Motor die Eingeweide hingen; auf Drähten trocknete Wäsche; eine betagte Frau huschte in ein Haus, ein Hund schlug an, eine zweite Frau kam heraus, kam näher – wie aus einem Hexenhaus –, der Weg hörte hier auf.

»Buon giorno, Signora... Ehe wir umkehren müssen: Gibt's bei Ihnen vielleicht einen Kaffee zur Stärkung?«

Als die Frau das Zauberwort »Germania« hörte, öffnete sie die Gittertür. Die Mitwandernden zögerten, doch jetzt konnten wir die Einladung schon nicht mehr ausschlagen. Ein Mann brachte eine Forelle und einen Hasen, ging zwinkernd fort – waren wir in eine Wildererspelunke geraten?

Wir betraten einen dusteren Kaminraum, in dem der Kehrbesen nur ein seltener Gast war. Über und über behängt waren die Wände mit Fotografien, Bildern und Plakaten; ein Mini-TV-Gerät flimmerte. Eine Kochplatte versah das Küchenamt. Rauchig schmeckte es in der Höhle des Hauses. Die Frau redete wie ein Wasserfall – aus einem Bottich schöpfte sie Wasser für den Kaffee.

»Mein Mann hat drunten gearbeitet. In der Papierfabrik. Er ist schon lange tot – wie die Fabrik. Aber ich, ich bleibe – immer. Freunde kommen zu mir, viel Freunde. Bin immer freundlich, auch zu Fremden.«

Das Wasser kocht noch nicht. Die Frau öffnet eine Schublade, zeigt ein Bündel Briefe: »Ich – viel Post; aus Dänemark, auch aus Germania. Viele Freunde...« Ihre Hände sprechen mit, manchmal streichelt sie jemandem übers Haar. Gläser stellt sie auf den Tisch. Die Wandbilder haben einen Hauch von Heiligenbildern. Zucker in kleinen Beutelchen. Die Frau hält inne: »Ich bin Katarina – Katarina internazionale!«

Sie herzt einen von uns, küßt ein Kind – als erkläre sie alle Grenzen für ungültig und das Himmelreich der Freundschaft für eröffnet. Sänge sie jetzt »bandiere rossa«, hielten wir sie für eine Partisanenführerin, die den Duce eigenhändig gefangennahm. Jäh hält sie inne: Immer sei sie ganz allein – »sempre solo...« Tränen kommen ihr. Das Kaffeewasser faucht. Sie scheucht den Tränenanfall beiseite, herzt die Kinder reihum, zaust einem Freund das Haar, als wären wir schon jahrelang miteinander vertraut. Rasselnd rauh klingt ihr wiederholtes »Katarina internazionale!«. Wie ein Irrwisch fegt sie durch den Raum, umarmt ein Kind, als wär's ihr Enkelkind, dann verspottet sie einen wegen seines Bauches... Das Lachecho auf ihr stolzes »Ich – Katarina internazionale« fällt dünner aus; am nächsten Sonntag würde sie die Forelle braten – wir müßten unbedingt wiederkommen. Schon tischen wir ihr die ersten Notlügen auf – bald ginge unser Schiff... Sie huscht in ein finsteres Nebengemach – dann schenkt sie einen Porzellanschwan, mit blauem Flitterglanz überstäubt, unserer Tochter – wie den Segen Abrahams.

Endlich reißen wir uns durchs Brombeerrankengestrüpp aus

Worten, Kaffee, der Aufforderung zum Bleiben; jemand legt unauffällig einen Lireschein auf die Fensterbank. Von der Brücke aus winkt sie uns noch nach... Aus den Kindersätzen kommt jetzt eine Mischung aus Bestürzung und Bewunderung, Geringschätzung und Unbehaglichkeit: Als hätten auch sie etwas geschmeckt von diesem Zwischenreich aus Armut und Freiheit. »Wir müßten ihr Lebkuchen schicken und einen Nürnberger Rauschgoldengel...« Auf dem Schiff wurde ihr triumphierender Standardsatz wiederholt, den sie wie einen Trumpfbuben immer wieder hervorgebracht hatte: »Germania – prima! Italia – Schaissä!«

Solche Wildvogelnester sollte man nur einmal aufsuchen... Und doch lockte uns bei einem späteren Aufenthalt ein Teufel in dieselbe Schlucht; genauso unberührt war das ToscolanoTal... Durch einen Türspalt kündigte ich uns an...

Ein knurrendes Echo kam aus der Dusterkammer: »Vogliamo fare l'amore...«

Ich gab zurück: »Na, wir kommen ein andermal wieder...«

Doch schon fuhr sie aus ihrer Dachshöhle heraus, ein Mann verschwand; wieder tätschelte sie die Wangen der Kinder, lachte über einen Bauch, lud zur Forelle ein – besser und billiger als in jedem Lokal am See... Und wir hatten kein Geschenk dabei. Glichen wir nicht Mutwilligen, die einen längst gepfändeten Zirkus umsonst anschauen wollten... Katarina Internazionale badete wieder im Lachen der Zustimmung, das auf ihren Standardsatz folgte: »Germania – prima! Italia – Schaissä!« Ich spürte, wie sie in den Augen der anderen lächerlich wirkte, schamlos entblößt... Wieder legte jemand einen Lireschein für den Kaffee auf die Fensterbank.

Als wir im Jahr darauf wiederkamen, sahen wir von weitem, daß sie gestorben sein mußte. Den Kitschschwan aber gibt es noch – die Tochter hält ihn in Ehren: »Der ist von der Katarina Internazionale! So eine stolze und traurige Frau... Italia – prima! Germania – Schaissä...«

Wunschtraumhaus eines Dichters

Fort aus Deutschland, nach 1968; fort aus einem kaltherzigen Land: Das Synonym für alle Sehnsucht hieß Italien. Hinter Maderno, in einem rohen, zweistöckigen Haus auf einem Olivenhang – da müßte sich der Freiheitstraum verwirklichen lassen: Hier schreiben, das Geschriebene in Deutschland verkaufen...

Mutig begann der 1932 Geborene. Aus seinem Arbeitszimmer sah er einen Seefleck. Dem Unkraut wurde er kaum Herr. Eine Baustelle blieb das Haus, aber schon nistete darin der Traum. Nichts wurde fertig, aber die Landschaft schien echter als in Deutschland. Italienisch machte ihm keine Mühe. Die Nachbarn berieten beim Ölbaumschnitt; was er schrieb, interessierte sie nicht. Oft, wenn er am besten schreiben hätte können, fielen Starenschwärme von Besuchern aus Deutschland ein. Ein Roman enstand: »Im Garten der Gefühle«. Im Romangarten und im echten Garten begann Termitenfraß; die Oase war nicht zu halten auf Dauer. Störungen, Erkrankungen prallten mit Idealvorstellungen zusammen. Eine Schmerzdiagnose lautete: »Vielleicht ist in der Beziehung zwischen den Geschlechtern überhaupt etwas vermasselt...« Wer vermasselte wem den schönen Traum? Unermüdlich schrieb er weiter: Lohnarbeit für Zeitungen und Radiosender – das eigentliche aber war das Ähnlichwerden von Sprache und Musik. »Anhand meines Bruders« hieß sein Doppelporträt; dann widmete er sich Franz Schubert. In seinem letzten, unvollendeten Roman wird ein Traum geschildert: Jemand träumt, daß jemand komme und um Verzeihung bitte... 1986 starb der Dichter. Wenn er jetzt sähe, wie seine längst zuvor von ihm geschiedene Frau seinen Traum mit ausgemaltem Gartenzimmer, an der Seite eines betagten Geldgebermannes verwirklicht hat; wie der Garten jetzt blüht, sogar einen Teich hat... Und längst ist auch die schmale Straße nicht mehr ausschließlich mit einem Geländewagen erreichbar... Der Platz, weit oberhalb des Sees, war wunderbar gewählt: von Hans Jürgen Fröhlich. Nicht immer wollte er seinem Namen widersprechen – ihm lag der Bitterschmerz. Am meisten mag ich seine deutschpolnische Schmerzerzählung: »Die Woreks«.

Ausgesperrt

Das Wetter spielte mit, wir erreichten das erste Fährboot in Torri. Wieder strahlte die Sonne noch stärker – von den Schneekämmen des Monte Baldo grundiert. Wieder fuhren wir langsam an der sandgelben Freitreppe von Bogliaco vorbei. Wieder sahen die barocken Figuren blendend weiß aus und stolz in Nischen und auf dem Balustradenrand. Wieder wandte der Garten seine Schauseite der Straße zu, und die schwarzen Zaungitterstangen brachten uns zur Weißglut: Wieder half kein Zureden, Bitteln und Betteln – dieser Garten bleibt ungeladenen Gästen verwehrt. Aussperrbitter klingt hier das Wort »Zaungast«.

Kreuzgang in Gargnano

Eine Idealform des umschlossenen Gartens ist der Kreuzgang: Der überdachte Wandelgang in quadratischer Form, nach außen verschlossen, innen dem offenen Garten zugewandt, ist der Gebetssaum eines blühenden Teppichs. Diese eigensinnige Form war einmal der schlüssige Ausdruck eines rhythmischen Wechselspiels – zwischen »ora et labora«. Der Kreuzgang in Gargnano ist leicht zu finden: gleich neben der Kirche, ganz nah beim Rathaus – an jenem Morgen war er leider verschlossen.

Erst Nachfrage bei putzenden Frauen und Nonnen in der Kirche: Der Schlüssel sei in der Gemeindeverwaltung… Dort hätte man mir auf der Stelle ein Grundstück anbieten können – nur nicht den Schlüssel: Den habe die Frau gegenüber, im Laden mit den Ansichtskarten… Der Mann aus dem Rathaus begleitete mich hin, die Tür verschlossen: Die Signora werde wohl gleich wieder da sein… Sie kam alsbald: Ach, der Schlüssel, der sei seit urdenklichen Zeiten immer in der Kirche, und die wäre doch offen… Ich kehre ins Rathaus zurück – ich erwähne die italienische Höflichkeit, der Mann weiß: Das ist eine Bringschuld: Ja, freilich, der Signore Tozzi habe den Schlüssel, dort habe er auch schon angerufen, nur sei leider bloß die Signora Tozzi da, und die wisse nicht, wo ihr Mann den Schlüssel habe – aber, seit jeher ist in der Kirche ein Zweitschlüssel, unbedingt… Erneuter Anlauf: Ich sage zu den immer noch putzenden Frauen, daß es in der Kirche nicht nur ein Geheimnis des Glaubens, sondern auch ein Geheimnis des Schlüssels gebe… Verdutzt schauen sie auf, überhören meinen vorwurfsvollen Unterton; eine führt mich zu einer alten Holztür: »Hier ist immer abgesperrt! Da ist das Schloß und hier«, sie führt mich in die Sakristei, »hier hing auch immer der Schlüssel, aber der ist uns vor kurzem gestohlen worden. Sie sehen ja selbst…«

Knurrend kapituliere ich: »Es gibt also keinen Schlosser mehr in Gargnano…«

Landeskunde hin, Landeskunde her… Hartnäckig schau' ich mich um: eine Steintreppe fällt mir auf; sie führt zu einem Turmhäuslein… Erfolgloses Klingeln… Ein Dachvorsprung: mit kräftigem Schwung zieh' ich mich hoch, die Hose wird ziegelrot staubig – jetzt ist ein Vogelblick möglich ... Schmale Säulen, Bögen, ein Spitzbogen ... Der Garten war etwas verwildert, aber die Idee vom Gebetsgarten war noch zu sehen: Unter Ausschluß der Öffentlichkeit nach innen schauen und auf vorgezeichnetem Kreuzgangweg den eigenen Gedanken nachgehen: Das Franziskanerkloster, das den Garten einst mittrug, ist längst erloschen.

Eifersüchtig auf Tignale

Schroff abweisend ist die Nordwestküste des Sees. Die Straßenschlaufen sind aus Keuchen und Stöhnen gebaut. Der Seeblick ist dann manchmal betörend; die wenigen Felder ringsum, im steinigen Brachland, heißen zu Recht »Hungerwiesen« – »prato della fame«. Mancher Autofahrer kann hier die panische Angst von Beifahrern erleben: Abgrund und enge Kehren machen schwindlig ... Aber dann, oben auf einem Steilberg: Die Lage des Santuario della Madonna di Montecastello ist einmalig. Zwei Freitreppen führen zur grausteinigen Kirche. Kühn wurde dieser Platz auserkoren: auf einem Felsvorsprung Gotteslob in Kirchenform gebaut – wie wenn Baumeister und dann die heraufpilgernden Gläubigen ihre Schwindelanfälle hätten austreiben wollen ... Der Ort gilt als »Perla del Garda«; er ist eine Vorzugslage – plötzlich fällt mir die Szene aus dem Neuen Testament ein, da »der Teufel« Jesus auf einen Berg führt und ihm die ganze Welt anbietet ... Man kann sich vorstellen, daß ein heutiger Versucher, ein Tourismusmanager, den Kirchenbesitzern eine Unsumme anböte, damit er diesen Platz verwandelte zu einem Traumhotel, das sich mühelos durch eine Zahnradbahn mit dem Ufer verbinden ließe ... Aber Kirchenbesitzer und Gläubige hüten diese Kirchenklippe, diese Bergzisterne Gottes wie einen Augapfel – nur ein Meditationszentrum ganz in der Nähe ließen sie zu ... In seiner Verdeutschung des Alten Testaments übersetzte Martin Buber den Satan, den Versucher, als den »Hinderer«. Noch hindert ein guter Geist alle auf Tignale Eifersüchtigen, hier etwas anderes als eine Kirche zuzulassen; nur ein winziger Devotionalienladen wird geduldet.

Südbuchtweit

Auf der Rocca von Manerba

Vom Schiff aus zeigt sich das Klippenprofil dieses Felsen am schärfsten. Vom Felsplateau aus kann der Blick weit über den See schweifen. In den westlichen Hügelfeldern gedeiht der Brescianer Rotbruder des »Bardolino«. Von hier oben ist das gut zu sehen: wie in den Dörfern Wohnhäuser und Kirche als Ganzes komponiert wurden – die Landschaftsverträglichkeit einer Siedlung, samt ihrem Nahbeisammen, aber solche Hofeingänge mit Portalen werden längst nicht mehr gebaut. Um die freistehenden Siedlungsanlagen unserer Tage weht immer der Eiswind des Abstandes. Ein Bewußtsein fürs Zusammengehörige erlosch – früher wurden Vorzugslagen noch an Gemeinschaftsziele vergeben: wie in San Felice del Benaco, das auf einem Hügelrücken nordwestlich der Rocca liegt; ein Kircheninselchen auf dem Trockenen.

Gropello

Einer mit dem Jagdgewehr seiner Kamera sah ihn zuerst: Inmitten eines Ortes wuchs ein Weinstock aus dem Blechschaft einer Dachrinne.

Wir beneiden die Einheimischen um diesen Hausbaum... Wie er manchmal in einem Bogen Gassen überspannt...

Überhaupt: Hier können Sträßlein noch treppen und winkeln und ums Eck huschen.

Und der Brescianer Rotweinbruder des »Bardolino« heißt »Gropello«... In einem Gehöft, wo er verkauft wird, drechselte der Winzer im Winter allerlei Gegenstände aus gemasertem Olivenholz – ein Kerzenleuchter hatte das Flackerlicht einer stürmischen Nacht in sich... Dann probierten wir noch den »Tocai« aus der Gegend von Sirmione – weinselig schlossen wir eine Wette ab: »Wer von uns beiden zuerst den Literaturpreis ›Ferruccio Busoni‹ für deutschitalienische Verständigung bekommt, der richtet die Feier auf einem der beiden Schaufelraddampfer aus...«

Wir schlugen ein.

Mein Kollege sagte: »Bene! Es steht aber jedem frei, ob er den ›Zanardelli‹ mit nur 90 Sitzplätzen, oder die ›Italia‹ mit 110 nimmt...«

»Einverstanden«, gab ich zurück, »wenn es soweit ist, werde ich sowieso eine Nachtfahrt machen; 1991 hätte das für die ›Italia‹ 4 800 000 Lire gekostet, zuzüglich 18 % Mehrwertsteuer und nochmals 30 % vom Grundpreis als Nachtzuschlag dazu...«

»Auch dann bleibt dir vom Preisgeld immer noch was übrig...«

Buchsbaumduft in Maguzzano

Bis in die Hügel zwischen Desenzano und Lonato sei einmal ein ungarisches Heer vorgestoßen und habe die Abbazia von Maguzzano im Jahr 922 verwüstet, wie es 1438 nochmals geschah durch Truppen der Visconti... Ein Kloster, mittlerweile als »Haus der Spiritualität« eingerichtet, bedeutet noch immer Widerstand. Nicht weit davon entfernt die grellhellen Geschäfte unserer Tage, überlegen und umsatzsteigernd – als Gegengewicht ein Kloster mit einem Innenhof. Es könnte auch das »Buchsbaumkloster« heißen. Stark ist der Duft der Hecken; die widerstandsfähigen Blättchen wölben sich – ihre Mulde hellgrün, ihr Rücken erinnert an dunkles Käfergrün. Buchsbaumhecken fassen Beete ein – lauter geometrische Formen bilden Linien und Wege: Kreis, Rechteck, Dreieck und Oval – dazu Palmen. Verwüstung und Neugründung: Anläufe zu Fassungen. Ich war überrascht, daß der Klosterverkaufsstand neben dem Üblichen auch Bücher zur russisch-orthodoxen Frömmigkeit anbot – ein Hauch Byzanz vermischte sich mit dem BuchsbaumImmergrün; Liturgie des Ostens hat ja etwas Immergrünendes an sich... Einer der Mönche überraschte uns mit einer ganz anderen Sammlung: über 1200 Vögel sind hier präpariert; zwar roch es nach Mottenkugeln, aber es war auch ein Hinweis auf den Reichtum der Schöpfung. Solche Sammlungen erinnern auch ans Aussterben; auf dem Mönchsfriedhof war abzulesen, daß viele Patres die Alterslinie der Achtzig erreicht hatten. Die Buchsbaumlinien indes bildeten ein Muster der Zuversicht.

Pinienallee nach Desenzano

Wenn nach heftigem Gekurve die Straße von Salò nach Desenzano in die letzte Schußgerade abfällt, kann jeder Autofahrer die Parade einer Pinienallee abnehmen. Stammrot und Kronengrün geleiten ihn – ein Stück Straße wird geadelt. Fächerdachgroß und nach Pinienharz duftend wird die Münze »Unvergeßlichkeit« geprägt.

DesenzanoMosaiken

Als immerwährender Rummelplatz ist mir Sirmione unsympathisch – als wohnten dort keine Einheimischen mehr. Ganz anders Desenzano: Ein langgestreckter, mit ein paar Treppenstufen gegliederter Platz bildet eine Mitte; dazu gehören Platzausbuchtungen, ein kleines inneres Hafenbecken und Kolonnaden mit Geschäften und Cafés. Einkaufend und Kaffee trinkend – Einheimische sind hier zu Hause. Der langgezogene Platz wirkt wie die unterste Sitzbank einer weitgeschwungenen Arena – mit Seeblick. Die Cafés haben etwas von lichten Höhlen – eigentlich ist Desenzano die einzige Stadt am See, und überdies der Ort, in dem die Bewohner noch die Aktienmehrheit halten gegenüber den Fremden; die Geschäfte schielen nicht nach ihnen – sie decken zuallererst einheimischen Bedarf. Als Osterschmuck zierte hier einmal eine Taube in Naturgröße ein Schaufenster; die Schokoladentaube trug ein enganliegendes Folienkleid – goldgrün, als hätte sie Picasso entworfen. Seit Jahren schmückt sie unseren Ostertisch.

In einer Morgenstunde las ich in Giosué Carduccis »Barbarische Oden«: »Dolce tra i vini udir lontane istorie… / Schön ist's, beim Wein ferne Geschichten zu hören…« Das schrieb er 1889 in Desenzano – er starb 1907, ein paar Monate, nachdem er den Nobelpreis erhalten hatte. Ach, dieses »immer wieder zu spät«, das wir verzweifelt umdeuten in ein »doch zur rechten Zeit«…

Mitten im Ort, nahe den einstigen Fischhallen, in denen heutzutage Ausstellungen stattfinden, steht das anmutig weiße Denkmal der Ortsheiligen, der Angela Merici. Im Dom erinnern sechs Tafeln an die Legende ihres Lebens; alle hab' ich wieder vergessen – bis auf eine: Da sie im Sturm auf dem See im Boot aushält. Ach, dieser verblassende Kinderglaube: als Orte sich noch zu einer Lokalheiligen bekannten... Die Jugend indes schwärmte von der großen Disco »Genux« bei Desenzano...

Ein wenig versteckt die »Villa romana« mit Resten römischer Mosaiken. Heutzutage prunken die Wohnungen mit hinreißend komponierten Küchen – daß niemand mehr den Fußboden mit Mosaiken schmückt... Zu römischen Zeiten lugten noch Götter aus der Erde hervor...

Zu Beginn dieses Jahrhunderts fuhr hier noch ein Dampfzüglein am Kai entlang – bis zum »Lungolago ferroviario«... Immer wieder dieser Sirenengesang: »Es ist noch eine Steigerung möglich...« Und also wurde 1928 die Flugbasis »Reparto Alta Velocità« eröffnet – in dieser »Abteilung für Hochgeschwindigkeit« wurde eine Pilotenelite ausgebildet. 1934 stellte ein Italiener einen Weltrekord auf: Der Maresciallo Francesco Agello flog vom Wasserflughafen Desenzano mit einer Macchi-Castoldi M 72, darin ein Fiat-Motor Typ AS 6 – und er erreichte die Spitzengeschwindigkeit von 709,209 kmh... Wie eigentlich nicht anders zu erwarten, fand der 32jährige Weltrekordflieger im selben Jahr den entsprechenden Tod: Er verunglückte in der Nähe von Bresso. Merkwürdig, daß im Wort »Unglück« das »Glück« dennoch das Übergewicht behält...

Vor dem Hotel »Splendid Mayer« hielt ich ein Denkmal für »moderne Kunst«: dunkle Bronze. Ein Kometenkopf, der einen Haarschweif hinter sich herzieht. Pfeilbewegung, schräg himmelwärts. Der Kopf mit weitvorspringendem Willenskinn; die Nase scharf ausgeprägt, aber ein stierer Blick. Der Kometenschädel trägt die Aufschrift: »Agli aviatori del reparto alta velocità« – also für die Flieger der Hochgeschwindigkeit – als wäre Vermessenheit hier gebändigt und also selbstverständlich.

Denkmäler wirken manchmal wie unterstrichene Sätze in einem Buch – sie wollen Merkzeichen sein, aber nur wenigen gelingt es, sich mit Widerhaken in unserem Gedächtnis festzusetzen. Auf einem kleinen Platz, nicht weit weg von der zierlich geschwungenen Brücke über den kleinen Binnenhafen, erinnert ein Denkmal an »La resistenza antifascista«. Stünde das nicht dabei, wäre der Sinn nur schwer zu erraten: Figuren, im erstarrten Block, gefesselt – auf einem Eisensteg gegenüber ebenso Frauen. Für einen Augenblick schmerzt etwas in den Augen – ein Stich, und dann beeinträchtigt auch dieses Denkmal nicht das Vergnügen der Menschen, im Freien zu sitzen und auf die zierliche Form eines venezianischen Spitzbogenfensters zu schauen. Längst gibt es den Wasserflughafen, den »Idroscalo«, nicht mehr – über die Morgenstille des Sees donnert ein NATO-Tieffliegerquartett. In seinem »Ewigen Frieden« schreibt Kant von der »Bösartigkeit der menschlichen Natur«; man könne Völker wie einzelne Menschen beurteilen, die sich »schon durch ihr Nebeneinandersein lädieren…«. Stolz sagte ein Mann in einem dusteren Lokal, daß er hier der einzige sei, der den Weißwein dieser Gegend, den »Lugana«, noch offen ausschenke – ein Hauch Wehmut funkelte über sein Gesicht. Ein paar Schritte weiter, und ich vergaß in der Buchhandlung für ein paar Stunden die Zeit; dabei freute ich mich mit über die zahlreichen italienischen Ausgaben von Ernst Jünger: »Die Geste, mit der sie auf vorgestreckten Händen Sichtbares und Unsichtbares darbieten, ist überall verständlich und spricht zu jeder Zeit… Il gesto con cui essi su mani protese offrono il visibile e l'invisibile può essere capito in ogni luogo e parla ad ogni tempo.« Dieser Satz, auf Bronzestatuetten bezogen, spricht unsere Sehnsucht nach Zauberformeln aus – wir möchten, daß von solchen Orten nicht nur Bilder in uns bleiben, sondern auch eine Wahrheit. In Desenzano ist es die Unverzichtbarkeit der Piazza – ein Ort braucht offene Plätze, worin ohne jegliches Programm Menschen gerne zusammenkommen in jener beiläufigen Leichtigkeit und Selbstverständlichkeit, die uns Italien voraushat.

Sirmione. Catull. ÖlbaumBizarrerie

Wer mit dem Auto kommt, ist selbst schuld, wenn ihn die Blutegel der Geldschröpfer befallen. Nur um Mitternacht scheint Sirmione nicht überlaufen. Selbst das Castell im Wasser mutet wie eine Hollywoodkulisse an. Die Gassen wurden zu Boutiquen umgestylt; allenfalls der Platz an der Schiffslände hat noch etwas von südländischem Zauber. Ich fühle mich in diesem Touristenwannenbad nicht wohl. Trotzdem: Einmal umrundet man die HalbinselNadelspitze mit einem lackbraunen Motorboot – sind die schrägen Felsplatten an der Nordspitze wirklich echt? Und die Grotten des Catull: Wurden sie nicht für einen Werbefilm gebaut? Ich will nicht leugnen: Manches Hotel samt großzügigem Park liegt vorzüglich. Der Ortskern kommt mir wie Mittelalter im Käfig vor. Irgendwo steht eine Porträtbüste von Catull; scharf geschnitten sein nobles Gesicht. Ein stolzer, gewiß nicht armer Römer, der in der kurzen Spanne zwischen 84 und 54 vor Christus lebte; bisweilen bot er den Mächtigen die Stirn; Verzweiflung packte ihn angesichts der seinerzeit regierenden »Kielköpfe«; wütend schrieb er über seine geliebte Lesbia, die »auf Platz und Gasse hurt«, und beklagte den Undank der Welt. Catull fiel's nicht leicht, sich von falschen Träumen loszusagen.

»Schwer ist es, plötzlich zu lassen von lang schon währender Liebe.
Schwer ist es, und doch, tue es, wie du's vermagst.
Das ist die einzige Rettung, du mußt es selbst erzwingen.
Setze es also nur durch, ob du es kannst oder nicht!«

Gelind schlägt das Wassergewell ans Ufergestein. Catulls Gedichte, im schmalen Reclamband, schmecken nach Portwein – sie schmecken wärmer als das Kaltgebäude der neuen Thermen, jenseits der Halbinsel.

»Mein Sirmio, Juwel du aller Halbinseln und Inseln...« Catull pries die Heimkehr...

Und dann, auf dem Rückenbuckel der HalbinselLandspitze, wieder jenes Silbergrün: An die hundert Ölbäume stehen da im Wind. Von manchem Baumstamm ist nur noch der Rindenmantel geblieben – als habe sich das Mark zurückgezogen in die steinharte Hülle aus Borke und Rinde. Mancher Stamm ist aufgerissen, als habe ihn ein Windmesser aufgeschlitzt: Karikaturen eines Baumwuchses. Ein Baum scheint zu sagen: »Ich zeig' euch Catulls Verzicht... Ich hab's geschafft, alle lebensnotwendigen Versorgungsleitungen in die Rindenhaut zu verlegen, so daß noch eine ordentliche und fruchtbringende Krone mit reichem Geäst gedeiht...« Ein anderer Baum mutet an, als komme er ohne Stamm aus, als genügten ihm drei dünnwandige Wurzelstränge: »Ich bin so geworden, um euch zu zeigen, woher das Wort ›bizarr‹ kommt – hört ihr nicht den spanischen, den baskischen Urklang? Ich zeige euch, was man sich unter ›bizarr‹ vorzustellen hat: so sieht das Launenhafte aus...«

Nicht minder bizarr: Wie sich in der hotelübersäten Schmallandschaft die steingraue Zisterne Gottes hält, das Kirchlein San Pietro in Mavinas.

In einer der uralten Fresken wird ein Engel seit Jahrhunderten nicht müde, in das Blasinstrument seines Lobpreises zu blasen.

GottVater ist hier dargestellt in einer »Mandorla« – nicht im Gloriolenrund des Kreises, dem Zeichen absoluter Vollkommenheit. Die Mandelform enthält selbst etwas Bizarres. Wenn die frühblühenden Bäume einen rosafarbenen Hauch bilden – und wenn dann aus diesem Hauchzarten die ovalförmigen Früchte werden... Ein olivgrüner Pelz umschließt den Mandelkern; die Nuß selbst liegt in einem glatten Bett – ein bizarrer Kontrast, zwischen Bittermandel und Mandelsüß.

»Mandorla«... In manchem mittelalterlichen Bild liegt das Jesuskind nicht in einer echten Krippe, sondern im Sinnbild der Mandel: also im Hartumschlossenen ist der Heilskern...

Plötzlich ging mir ein fundamentaler Unterschied zwischen Deutschen und Italienern auf; es ist einer der Unterschiede im eigenen Verhalten zur Welt, von der man Sinnbilder entlehnt: Da schmelzen Wunschbilder und Erfahrungen zusammen. Zur Prägung der deutschen Sprache gehört »die Eiche« – mit ihr bezeichnen wir das Standfeste, das erhoffte Unbezwingliche... Im Italienischen dagegen ist derjenige »gesund«, der »salvo come un tronco di mandorlo« ist: In diesem Sprachbild schwingt das Biegsamstarke des MandelBaumstammes mit – der kleinwüchsige Mandelbaum verkörpert ein italienisches Ideal.

Bei Regen mit dem Leseboot nach Sirmione

»Piove a catinelle«... Bindfäden regnet's, wie »aus Waschschüsseln«, aber das macht uns nichts aus. Wir sind die einzigen Fahrgäste im Morgenschiff nach Sirmione. Bevor wir den »Baldo« bestiegen, sah ich, wie ein Ölbaum am Hafen zersägt wurde, und weil das Holz so schön gemasert war und der Stamm lauter Lappenbuchten aufwies, wie die Landkarte zu einem Abenteuerland, erbat ich mir von dem Arbeiter eine Baumscheibe. Nichts leichter als das, doch da kam das Schiff: wohin mit dem Baumstück... Kein Problem, sagte die Fahrkartenverkäuferin – sie werde es bis zu unserer Rückkehr in ihrem Kassenhäuschen verwahren: »Ho de díkaios ek pistéos zäsetai... Der Gerechte lebt aus dem ZutrauenGlauben...« Diese Zeile aus Paulus' Römerbrief ging mir noch nach – das Schiff nahm Kurs über den Regensee. Ich holte lesend nach: Jacob Burckhardts »Cicerone«; der Augenöffner schrieb von der »Baugesinnung« und daß der Barockstil »sehr auf eine gute Wahl des Bauplatzes achtete«... Man kann die Probe am Gardasee machen – bestätigen auch dies: daß

»das Schöne bei willkürlichen Mischungen zerfließt«. Und dann stellte sich dies ein: »ein ruhiges Schweben in geistigem Glück«.

Das Schiff schwebte ruhig im Wasser.

Der Leser kann überall in seinem Element sein.

Während meine Frau Roberto Cotroneos Chopin-Roman »Die verlorene Partitur« fraß, vertiefte ich mich, ebenso »presto con fuoco«, in die Gedankengänge von Guido Ceronetti, von dem es »Gedanken beim Tee« auch auf deutsch gibt. Draußen das Regentrübe: Da vernahm ich von van Goghs Gelb, daß es das Leuchten wieder eröffne – »come una Bibbia«, »wie eine Bibel«; dieses Gelb sei eine Farbe der »Weissagung«... Und an anderer Stelle, plötzlich aufleuchtend: Es komme nicht darauf an, daß eine Frau eine Paradiespforte sei – wichtig sei nur, daß sie eine Pforte, ein Tor sei – denn stets sei unsere Angst unsere Gefängnismauer...

Die Regenwolken rissen ein wenig auf.

Jetzt war die Klippenspitze der Halbinsel von Sirmione in Sicht, bald würde der »Baldo« zu dieser besonders schönen Platzanlegestelle kommen, und wir haben zwei Stunden Zeit in der Tasche...

Die Spannweite der Auslagen: Zwischen ModeChic und Andenkenkitsch, dazwischen die getrockneten Steinpilze.

KamelienGlutrot.

Plötzlich ein Blickfang: eine Gedenktafel: Hier habe die englische Schriftstellerin Naomi Jacob gelebt, geboren am 1. VII. 1884 in Yorkshire, gestorben am 27. VIII. 1964 in Sirmione. Bislang nie diesen Namen gehört – und die Nachfrage nach ihren Büchern in diesem Ort: beinah selbstverständlich vergeblich. Aber diese Gedenktafel mit dem anrührenden Satz: Die Schriftstellerin habe »Italien wie ihre zweite Heimat« erachtet... Eine Landschaft zur Zusatzheimat erklären ... und ein Ort bestätigt zumindest seine stolze Mitfreude, daß er Zweitheimat für einen Fremden geworden sei...

Auf der Piazza am Hafen schaute mich der sichere Römerblick von Catulls Bronzebüste an.

Im Garten der Thermen entfaltete eine Metasequoia ihre maikäferfühler-büschelartigen Blätter; zwischen Magnolien und den zu Spitzkegeln zugeschnittenen Zypressen koboldierten die Weltbürgerspatzen. Dieses anmutige Federkleid: Ein schwarzer Kiel läuft zum Schnabel; die weiße Brust hat einen SchwarzTüpfelLatz – und das Spatzenhaupt: wie wenn's in einem Fäßlein voller CappuccinoKakao gebadet hätte...

Gewitterwolken färben das Licht überm See. Ischa wirft mir einen Satz aus Peter Handke zu, der am Portal von San Zeno in Verona sich freute an den »romanischen Witzbolden«...

Inferno von Solferino

Der »Tocai Torre della battaglia« und auch der »Bianco di Custoza« schmecken beide nicht nach Schlachtfeld. Weder die beiden Weine noch ihre Anbauer sind dafür mit einem Trinkboykott zu bestrafen, weil sie mit ihrer Schlachtfelderinnerung die Lust des Menschen am Vergessen unterstreichen. Beide Weine sind gut. Das Inferno von Solferino ist ohnedies kaum vorstellbar.

Am 24. Juni 1859 fand die Schlacht von Solferino statt: In jener Zeit des »Risorgimento«, der italienischen Einigungsbewegung, standen damals einander gegenüber: Kaiser Napoleon III. und König Viktor Emmanuel I. von Sardinien-Piemont einerseits und Kaiser Franz Joseph I. von Österreich andererseits; 300000 Mann, 26000 Pferde und 900 Geschütze nahmen an der Schlacht teil und vermutlich einige »Zähler«, die nach der Schlacht auf über 40000 Tote und Verwundete kamen. Der zweite Schlachtort am selben Tag war bei San Martino della Battaglia. Zwar »gewannen« die mit den Franzosen verbündeten Italiener, doch der eigentliche Sieger war eine Idee: Henri Dunant verfaßte seine Schrift »Eine Erinnerung an Solferino« – und er »erfand« das »Rote Kreuz«, eine Vorform marxistischer Dialektik: Wenn man schon das gegenseitige Sichbekriegen nicht abschaffen kann, sollte wenigstens für die übriggebliebenen Verwundeten ein wenig Gnade vor Recht ergehen... Nach der abschließenden Entscheidungsschlacht von Custoza (1866) mußte Österreich die Lombardei und das Veneto an das neugegründete Königreich Italien abtreten; bis zum Frieden von Saint-Germain (1891) konnte Österreich immerhin noch das Trentino (mit Riva) behalten, so daß das Nordufer des Gardasees noch immer seinen österreichischen »Touch« hat.

Natürlich wurde in dem »Kampfturm« bei Solferino und auch in San Martino della Battaglia ein Museum eingerichtet: Es gibt dort zwei Postkartenserien mit den Uniformen der beteiligten Armeen. Beide waren so hübsch ausstaffiert, daß ich nicht zu sagen vermag, welche der schönen Uniformen letztlich den Ausschlag für den Sieg gaben. Das Rote Kreuz aber leistet noch immer unverzichtbare Schützenhilfe, weltweit.

Schutzschön: Peschiera

Eine Tigerpranke, zu Stein erstarrt – das ist das Festungswerk von Peschiera. Das gezackte Bollwerk, mit doppelter Ringmauer, 2250 Meter lang, war Panzerarchitektur. Nicht mehr brauchbar verwandelte sie sich: Längst haben Bäume als die friedfertigsten Wachsoldaten die Bastionen besetzt; prächtige Platanen schmücken sie, und ein Stichkanal vom Hafen her mutet wie ein minivenezianischer Kanal an.

Peschiera war ein Eckzahn im Festungsviereck Österreichs – uneinnehmbar sollte das »Quatrilatero« von Verona, Legnano, Mantua und Peschiera werden, seit es 1848 österreichischer Besitz geworden war. Napoleon hatte hier 1796 ein Hauptquartier. Die uneinnehmbare Festung fiel 1866 an Italien: durch Vertrag. Dieser Glaube an die mythische Macht: Es gäbe etwas Uneinnehmbares...

Wären die Wälle danach zum Steinbruch geworden, hätte Peschiera sein Gesicht verloren. In dieser Steintigerpranke aber schlummert ein wundersames Modell – der General Govone hat die Anekdote überliefert: Die Festung war umzingelt, wurde beschossen – aber »da der österreichische General nunmehr gezeigt hatte, daß er sich nicht ergeben wollte, befahl der König, das Feuer einzustellen, und sagte, daß wir uns nichts vorzuwerfen hätten; daß man die Festung nach den üblichen Regeln angegriffen habe und nun kein Anlaß bestehe, den Angriff fortzusetzen...« Also Krieg führen – doch nicht bis zum äußersten... Peschiera als italienisches Modell: Den Bogen nicht überspannen – auf der Suche nach einvernehmlichen Lösungen: noch immer schutzschön.

Pferdefleisch

Und wenn sich Kinder noch so zieren, das »carne equino« ist ganz vorzüglich, vor allem »puledro« – Fohlenfleisch. Ich mag den Laden des Pferdemetzgers. Er ist mir ebenso teuer wie eine Trattoria, in deren Speiseraum die Speisekarte nicht vielsprachig im air-conditioned-room hängt, sondern die betagte Chefin noch eigenhändig bedient, und man zur Toilette noch durch den pflanzengrünen Hof gehen muß. Die Speisekarte ist da eigentlich nur ein Anhaltspunkt – die Küche hat auf Nachfrage stets etwas Überraschendes zu bieten; freilich, es dauert seine Zeit, bis Forelle oder Pferdefleisch aus der Küche kommen – aber kann man nicht erwarten, daß der Gast Zeit mitbringt? Dann kann's geschehen, daß sich die Wirtin an den Tisch setzt, erzählt – sie nestelt ein Amulett hervor, öffnet das goldene Döschen und zeigt stolz das Foto ihres Vaters, der noch auf dem »Piroscaffo«, dem Dampfschiff gearbeitet hat. Gutes Zeichen, wenn Erzählen noch zur Bewirtung zählt.

Seidenkiefer

Manchmal gleichen die schweren Zapfen der Pinien einer leuchtend braunen kleinen Ananas – kein Vergleich mit den Winzlingen deutscher Waldföhren, die im Fränkischen »Zitzermokkerli« heißen. Wenn so eine geschlossene Form in der Zimmerwärme nach ein paar Wochen auftaut, ist der jähe Sprung im Panzerkettenhemd der Schuppen vernehmlich – dann zeigt sich der Bau: ein rundgewundenes Schuppendach, unter dessen Höhlungen die rußschwarzen Samenkerne lagern. Dieser Samenschutz hat etwas Trotzigtrutziges an sich.

Eines Tages fiel mir im österreichischen Kasernentrakt der Festung von Peschiera ein dünnadligere Kiefer auf; lang, schmal, seidenweich fühlten sich ihre Nadelblätter an, und von den Zweigen hingen spannenlange, nußbraune Zapfen herab, wie Ziehharmonikas. Außer Griffweite hingen sie, da kam jemand mit einem Regenschirm ... Alberne Deutsche, wird der Mann gedacht haben; an den dicken Spitzen der Schuppen der Zapfen hängen, wie Honigpollen, Tropfen weißen Harzes, und schon verpappt Klebrigkeit die Fingerkuppen... In einer der hübschen Bäckereien wollte ich eigentlich wieder mal eine hübsche Blechdose mit den »Amaretti« aus Saronno kaufen – da fragte ich die Frau hinter der Theke, wie denn diese Frucht hieße... Für sie war's eine »Pinie«; wozu sollte sie auch unterscheiden zwischen Seiden- oder Weymouthskiefer... Dafür bedachte sie mich mit italienischer Anteilnahme: »Zu Weihnachten, Signore, da bemalen wir die Schuppen dieser Zapfen mit Silber und Gold – das ist ein schöner Schmuck für den Weihnachtsbaum...« (Die Nachahmung gelang – mit Goldlack besprüht schmücken seither Peschierazapfen unseren Baum.)

Altmodisch

Die Lokale rings um Peschieras Hafen wurden von Jahr zu Jahr modernisiert, aber manchmal beißen sich »Design« und »Gemütlichkeit«. Altmodisch mutet der Landesteg an, der weit hinausreicht ins Hafenbecken; auch sein Fahrkartenhäuschen stammt noch aus Urzeiten; der Tag ist absehbar, an dem es von einem Ticketautomaten ersetzt wird... Altmodisch waren zuweilen auch zwielichtige Gestalten, vor denen auf Schildern gewarnt wurde: Sie traten zum eben geparkten Auto hinzu, öffneten geheimnisvoll ihre Jacken, zeigten Uhren und flüsterten »Schmuggelware!« – als verliefe auf dem See noch immer eine Grenze, etwa die zum Uhrenland Schweiz... Wenn dann abends das letzte Schiff, müde vom Seegang, in den Hafen einläuft, anlegt und vertäut wird, dann bringt es das uraltmodische Bild mit: Wie schön das ist, wenn ein Schiff ins Sichere eines Schutzhafens einlaufen kann, und die Bohlen halten getreu.

Schlangenmadonna bei der Esche

In manchem Jahr haben wir Pläne entworfen und versucht, die Wünsche von vier Personen unter den einen Hut von zwei Wochen zu bringen – vor Ort wirft das Verlangen nach Wiederholung und die Gier nach Neuem alles wieder um, doch um die Hauptachse des Beständigen windet sich jedesmal anders die Kletterrose der Überraschung.

»Fahren wir doch einfach mit dem Schiff nach Peschiera – irgendwie werden wir schon wieder zurückkommen...« Diesmal hatte ein vertrautes Restaurant das fasrige Fleisch eines Esels auf der Speisekarte. Hernach fragten wir nach einem »Santuario«, und eines jeden Einheimischen Entfernungsangaben waren falsch – doch bevor die Füße zu streiken drohten, kam am südlichen Ortsrand eine Zypressenallee in Sicht, die zum »Santuario della Madonna del Frassino« führt. Schon die Bezeichnung »Wallfahrtskirche« wäre eine Übertreibung... Angesichts der globalen Möglichkeiten, Live-Sendungen zwischen Wladiwostok und Rio de Janeiro als Plauderbrücken herzustellen: Wozu da noch ein Klosterkirchlein, inmitten von MoränengeröllLand, mit nichts weiter als einem Heiligenbild?

Das einfache Bild leuchtet ein: Inmitten der Krone einer Esche erscheint die Madonna einem jungen Mann; der fällt auf die Knie, läßt sein Stechscheit fallen, und vor ihm ringelt sich eine schwarze Schlange empor – doch die Madonna bannt das Untier, bannt einen Fluch…

Heutzutage: weder Madonna, noch Schlange… Aber das Bild: Könnte die Schlange nicht eine Frau meinen, die einen verlobten Mann verführen, also stehlen will… Und da erscheint das Gewissen in Gestalt der Madonna, und die sagt nur ein leises Machtwort, läßt die Versuchung schlangensüß züngeln, und dann flüstert sie fast unhörbar: »Das macht man nicht…«

Seltsam, daß die Schlange noch immer »das Böse« verkörpert – alles Böse ist ja irgendwie gestaltlos, eben schwer zu fassen, wie eine Schlange… Das Tier ohne Arm und Bein, eigentlich ohne Anfang und Ende – reine Bewegung: Besser läßt sich Bedrohung nicht darstellen…

Im Klosterhof zwitschern gefangene Vögel: Devotionalienhandel; in einem Seitengang eine Nische, glasgeschützt: dahinter der versteinerte Stumpf jener Esche, in deren Stammhöhle die Madonna steht – bis zu ihren Füßen züngelt die Silberschlange hinauf, und sie wird zurückgewiesen. Das Eschenstück steht auf rotem Tuch, das mit Schmuckstücken übersät ist. Nun hängt es von uns ab, ob wir derlei Bilder in unsren Alltag übertragen können.

Wir passierten die dunklen Zypressen, deren Abstände wie Taktstriche wirkten – vor einer ungepflegten Mauerwand, die als einzigen Schmuck das Leuchtblau eines Parkplatzschildes trug. Zweieinhalb Kilometer trotteten wir in den Ort zurück – als habe die Madonna dem Busfahrer etwas ins Ohr geflüstert: Der letzte Bus kam mit so reichlicher Verspätung am Bahnhof an, so daß wir mühelos nach Bardolino zurückkamen.

Puttana-Allee

An der Staatsstraße 11, von Verona nach Peschiera, kurz vor dem Städtchen, tauchen sie seit einigen Jahren auf, meist paarweise. Beim ersten Passieren wunderte ich mich über so viele dunkelhäutige Tramperinnen – bald war klar: junge Frauen, die man von der Straße weg mieten kann. Ein italienischer Freund sagte, ohne alle Geringschätzung: »Die meisten kommen aus Osteuropa, seit die Grenzen offen sind. Sehr viele von ihnen sind sehr elegant, vornehm und hübsch – es könnten die eigenen Töchter sein.«

Und beiläufig fügt ein anderer hinzu: »Daß D'Annunzio als weltberühmter Autor immer einen ganzen Harem hatte, das ist bekannt. Aber als er älter wurde, mußte seine Haushälterin die entsprechenden Mädchen dem Dichter zuführen – das wär' heute einfacher...«

MincioPappeln

Wer einmal durch das Sarcatal zum Nordufer des Gardasees fuhr, der hat's nicht nur vor Augen: Der hört's vielleicht noch poltern – als mit unbändigem Getob, erdzeit-zeitlos, die Schmelzgletscher aus dem Gestein Riesenbrocken sprengten und sie wie eine Steinschafherde seewärts trieben, und irgendwann ließ das Schmelzwasser die rundgeschliffenen Steinspielzeuge liegen... Dieser Wildbraus gehört zu den Nordbildern des Sees. Man kann sich gut vorstellen, daß die Ureinwohner einst meinten, hier hätten Riesen ihre Mühlkugelsteine in riesigen Mürskesseln rund geschliffen – »marmite dei giganti« heißen noch immer die Steinkuhlen bei Nago, wo's jähsteil hinabgeht nach Torbole... Nordtobgestein – und dann im Süden das Gegenstück: Ganz beiläufig, trödelnd, verhalten, auf jedes Tempo pfeifend stiehlt sich das übrige Wasser bei Peschiera davon; manchmal mutet es bekümmert an, weil es nun das Seebecken verlassen soll, und so tändelt es noch eine Weile im breiten Wassergraben an einer der ziegelsteinbraunen Festungsmauern – gekitzelt von Reusen und Netzen, und am Ufer gaukelschaukelt ein Schwimmrestaurant. Das Auslaufwasser des Gardasees rinnt unter der Autobahnbrücke südwärts dahin, doch dann schien's ihm bewußt geworden zu sein: Ein Fluß bin ich jetzt... Und also schmückt sich der Mincio – mit den Geschwistern der immergrünen Zypressen; für eine Weile ist der Mincio eine einzige schnurgerade Pappelparade... Wenn im Frühjahr ein warmes Orange aus den herzförmigen Blättern kommt, wenn sich's allmählich umfärbt zum sommerharten Grün, wenn es sich spiegelt im Eisgraugrün des Flusses, an dessen Ufern Angler jagen, dann freue ich mich jedesmal an diesen Taktstrichen – wie wenn jemand den richtigen Abstand zwischen Bäumen gefunden und festgelegt hätte: Es ist nichts anderes als ein Bild, das wohltut und anregt: Das Märzgrün flüstert's einem ins Ohr – auch der Mensch sehnt sich jetzt nach seinem Frühlingskleid, und irgendwann einmal wird er den richtigen Abstand, den regelmäßigen, zwischen Besuchen bei Freunden schon finden...

Sigurtàs Gartentraum

»La terra è un solo paese
Die Erde ist eine einzige Heimat
Siam onde dello stesso mare
Wir alle sind Wellen im gleichen Meer
Foglie dello stesso albero
Blätter des gleichen Baums
Fiori dello stesso giardino
Blumen im gleichen Garten«

Der Garten ist märchenhaft; er bestätigt das Märchen von der Sehnsucht nach der geglückten Ausnahme: Ein junger Mann arbeitet sich aus einfachsten Verhältnissen hoch und wird Chef einer florierenden pharmazeutischen Industrie. Der Geldgrund ist gelegt, so daß wenigstens einer werden kann, was er gern sein möchte: ein Gönner, ein Mäzen, ein Beschenker.

Der Begründer dieses Gartens, Giuseppe Carlo Sigurtà (1898–1983), erhält eines Tages, noch vor dem 2. Weltkrieg, eine Rechnung von einem entlegenen Gutshof, an dessen Besitz er sich kaum erinnern kann – 15 Lire wären zu zahlen... Der Verblüffte stellt fest: Das sind die Gebühren aus einem verbrieften uralten Recht – jenes Landgut zu bewässern aus dem Mincio... Jene 15 Lire gaben den Ausschlag; Signore Sigurtà muß sich gesagt haben: »Das wär' doch gelacht, wenn das verwahrloste Gut nicht wieder in Schwung zu bringen wäre...« Sein Pharmaunternehmen gedieh, warf genug Geld ab... Ein Märchen beginnt und geht weiter: Es gelang, das Gelände über den Krieg hinweg zu bewahren, so daß kein Baum gefällt werden mußte – und ab 1945 setzte die Rekultivierung ein am Mincio, südlich von Peschiera.

Schon damals müssen die Bäume aufgeatmet haben: Endlich wurden sie wieder mit Wasser bedacht. Seither glänzen die Stämme der hohen Zypressen smaragdgrün – und was für ein sachtes, gelbgrünes Strahlen, wenn Goethes Lieblingsbaum, der Ginko Biloba, seine gelappten Blätter austreibt: »Fühlst du nicht an meinen Liedern, daß ich eins und doppelt bin...«

Es scheint, als wäre hier jedem Baum ein Ehrenplatz zugewiesen; hier muß keiner mit einem anderen ums Sonnenlicht wetteifern.

Signore Sigurtà schien eine Art besonders zu mögen: den Buchsbaum. An ihm ließ er zu, was er sonst nirgends zugestand: Hier darf die Heckenschere schneiden, der Buchsbaum nimmt's nicht übel – der taugt zu surrealistischen Grünskulpturen. Ein Hauch kindlicher Spielerei ist mit im Spiel, auch das Anlehnungsbedürfnis an die römische und griechische Antike.

Dieser Garten erlaubt keine Verwilderung. Unkraut kommt hier nicht vor. Jede Pflanze soll sich in idealer Einheit entfalten können.

Künstlich wirkt dieses Ensemble, und wenn auch die Bäume alle mit Namenstafeln kenntlich gemacht sind – es fehlt hier die Nötigung zu botanischer Didaktik. Natürlich: Jeder Baum scheint seinen Platz mit Bedacht zugewiesen bekommen zu haben, so daß er sich im besten Licht zeigen kann.

Dieser Garten ist Augenlust ... die Autos fahren pianissimo darin.

Auf ihren Parkplätzen machen sie keinen Mucks.

Mit einem Mal scheinen viele Besucher vom selben Virus der Freude angesteckt: Als spürten sie seit Jahren zum ersten Mal wieder die Kinderfreude am Barfußlaufen über und auf und in himmlischem Gras, der Haut der Erde.

Es ist, als gewähre diese Sonderlandschaft Einblick in einen Paradiesgarten und als flüsterten alle Gewächse zusammen: »Seid nicht betrübt, daß es draußen in der Alltagswirklichkeit niemals so sein kann – aber gesehen solltet ihr's doch wenigstens haben: diesen Vorgeschmack aufs Paradies ...«

Mich erinnerte der Garten jetzt ans »Hohelied«, an das Prachtstück aus dem Alten Testament: Immerzu seinen Geliebten anbeten ... In Wirklichkeit ist das unmöglich, eigentlich absurd – irgendwann muß man aus dem Liebeslager und sein Geld verdienen ... Aber dieses Verlangen, dieser brennende Wunsch: Immer wieder demselben seine Zuneigung zu gestehen und dabei erst zu entdecken, wie vielfältig der andere ist ... Wir ahnen es doch: Was wirklich schön und also der Verherrlichung wert ist ...

Diese unversehrte Schönheit der Baumgestalten über den Wellenlinien der Wiesen und Hügel ... Plötzlich ein Stachelschmerz: Einer der freistehenden Bäume heißt »Christusdorn«; er gehört zu den Kreuzdorngewächsen ...

Wir tranken Blütenpracht.

Wir saßen auf einer Bank.

Auf einem Hügel hob sich das Kammgeflamm der Zypressen ab.

Und immerzu bleibt uns der Blick ins Pflanzeninnere verwehrt. Wann sehen wir schon im Stamm einer Korkeiche die Markstrahlen – jene Harzkanäle, die Feinstruktur der Zellen ... Wann haben wir einen Blick für den Unterschied zwischen »zerstreutporigen« und »ringporigen« Holzarten der Laubbäume ...

Schlendergehen.

Augenschmausen.

Merkwürdig: daß die Erde seit Jahrhunderten keine neuen Baumarten mehr braucht – alles Notwendige ist da.

Wie versessen bedacht »die Natur« auf den Erhalt ihrer Arten ist. Natur plant weit voraus, bereitet sich weitsichtig vor und rüstet sich mit Reserven. Natur ist nicht perfekt, nicht vollendet – aber vollkommen, also in Fülle daherkommend. Wenn wir nur ein wenig abschauen könnten von ihrer Mitgift an Selbstheilungskräften ...

Schlendergehen durch ein Sondergärtlein mit Heilpflanzen ...

Augenschmausen an einem Seerosenteich ...

Wie sogar Wunden schön verheilen können: Wenn Bäume einen Sonnenrindenbrand überstehen – und eine Eiche sich schmückt nach Jahrzehnten mit einer Frostleiste ...

Wie ein Zugvogel verschwand inzwischen die Uhrzeit.

Urzeit setzte ein: Wie wär' das fortan, wenn wir uns neben unserer Gelderwerbsarbeit auch sähen als Gärtner, auf einer unkündbaren Stelle inmitten der Schöpfung, an der wir als Kenner und Bewunderer mitwirken ...

SeelenBatterieAufladen: Hier geschieht das.

Da fielen mir neugepflanzte Bäume auf: Aus samtbraunen Knospen begann sich etwas zu entfalten ... Am Nachbarbaum schimmerten schon die ersten Blaublütenkelche der Paulownia ... Noch war keines der breitlappigen Blätter an den Ästen, doch hingen noch daran jene dunkelbraunen Rispen, lauter Klapperkapseln der Samen ... Ein leichter Violettstich ist im Blütenblau der Paulownia – jetzt schon von Bienen beflogen: Mit einem Mal bekam das Wort Honig einen Beigeschmack vom Paulowniablau, und ich sah vor mir jene herrlichen vier Paulownias, die an der Place de Furstemberg, im Quartier Latin von Paris, jenen Platz veredeln, an dem der Maler Delacroix sein Atelier hatte. Die wahren Schönheiten, schrieb er in seinem Tagebuch, seien ewig – doch trügen sie immer das Kleid ihrer Zeit.

Bis zum nächsten Mal...

Ludwigs Thomas Fluchgebet

Verstopfte Uferstraßen; alles am Ufer abgemäht mit der Fotosense; an den Durchgangsstraßen die Auslieferungslager von Schlauchbooten und Luftmatratzen; auf Uferwiesen das Angebot von gestapelten Luxusyachten; und dann lauter Landsleute, die außer Weizenbier und Pizza sonst nichts Genießbares hier finden... Früher muß es noch Deutsche gegeben haben, die baedeckergehorsam von Sehstern zu Sehstern liefen, um von der Fülle der Eindrücke nur noch zu stammeln. Ludwig Thoma, der Autor der »Lausbubengeschichten«, schickte ihnen 1908 dieses Fluchgebet hinterher: »Heiliger Vesuv, speie sie alle miteinander an! Schmeiße ihnen Steine an die Köpfe! Überschütte sie mit Asche und gieße sie voll mit glühender Lava! Amen!« Nur ein paar Schritte ins Hinterland, und schon ist der Spuk vorbei.

Wiederkommen

Vier Stunden im Stau – noch vor München... Fluchen über die Staus vor den Baustellen nach dem Brenner... Umwege schon über die Schweiz und Mailand... Eingeschneit auf dem Brenner... Wütend über die österreichischen Mautabzocker... »Petitessen« nach Jahren, denn die Gegengaben sind unermeßlich... Wir könnten in Trento den Zyklus von den Zwölf Monatsbildern im »Torre Aquila« ansehen oder gleich ab Trento durchs Sarcatal fahren oder zuvor ins Weintal des Marzemino... Wenn das Alpengefels mit einem Mal ausklingt und der Sehnsuchtssüden wieder da ist: Dann können wir Albrecht Dürers Sehnsuchtsklage verstehen, nachdem er von Venedig nach Nürnberg zurückkehren mußte: »Oh, wie wird mich nach der Sunnen frieren...«

Oberitalienische Sporaden

Zwischen 1974 und 1998 wanderten unsere zwei Osterwochen durch ein Zeitfenster vom 18. März bis zum 1. Mai. Mitleidig sagte jemand: »Was, ihr fahrt seit Jahren immerzu an dieselbe Stelle? Wird euch das nicht über?« Unbeirrt entgegnete ich: »Das große dritte Auge, Nietzsches ›Theater-Auge‹ hat gerade erst begonnen, sich einzusehen...« Es ist wie der tagtägliche Blick zum Hügelkamm von Calmasino: Manchmal bleibt die Kontur der Kirche unklar im Morgendunst, ein andermal sticht sie gerade noch aus dem Diesigen eines Regenmorgens, tags darauf schlagen die Frühjahrsgrünfluten wie eine lachende Brandung an den Bergsaum, und wie abendmild zeigt sich anderntags das verglühende Licht, bis schließlich dieselbe Linie nur noch scherenschnittschwarz zu erkennen ist... Und dann sind diese Tage auch Lesetage, und in jedem Jahr werden unsere oberitalienischen Sporaden immer mehr... Nach dem botanischen Urgarten in Padua zur Oberstadt von Bergamo; nach den Mosaiken von Ravenna zu den Villen an der Brenta; nach der Wunderstunde bei Giotto in Padua im Jahr darauf zu Palladio, nach Vicenza; und wenn wir in Mantua sind, hören wir Monteverdi; in Parma kommt Verdi dazu... Ganz zu schweigen von Sabbionetta, Brescia oder Mailand... Wir sind in den Jahren noch nicht einmal dazugekommen, mit der »Funivia« auf den Monte Baldo zu fahren... Jedes Jahr tauchen neue oberitalienische Sporaden auf...

Mit einem Umweg prahlen

Nach getaner Arbeit ohne Heinzelmännchen alles für zwei Wochen zusammenpacken – manchmal müssen mich die Meinen wie einen Diktator empfinden, der sie unerbittlich zur frühmorgendlichen Abreise am Samstag vor Palmsonntag antreibt: drohend mit dem zu erwartenden Verkehrschaos.

Ich sehe schon: Mit Abfahrt früh um fünf wird's wieder nichts: Schwarze Wolken kommen aus »Bayern 3«. Ich horche die Meldungen wie steigenden Hochwasserstand. Die Westfalen haben doch schon eine Woche vor uns Ferien, und doch werden die Autobahnen immer verstopfter! Und es gibt keine Alternative!

Der AutobahnVerstopfPegel steigt: »Diesmal tricksen wir sie alle aus! Wir fahren nicht über München und das Inntaldreieck!«

Hinter Ansbach alles frei. Nur nach Ulm dickt sich's ein.

Kurz vor Autobahnende rauscht alles in den Stausack.

Jeder Satz, jede Unbequemlichkeit der Mitfahrenden macht den Staukriechgang noch klebriger.

Kurz vor der Österreichgrenze scheren wir aus, scheren uns nicht ums Stauzähe, halten an einem Wirtshaus; die bayrischen Leberknödel schmecken nach Preistreiberfett. Die Wut steigt.

Beim Herauskommen verheißungsvolle Stille, die sofort umschlägt in Zorn: »Die haben alle inzwischen den Motor abgestellt!«

Demutsstufe drei.

SackgassenFrustration.

Kriechen. Grenze.

Die mitreisenden Freunde fragen einen Austria-Gendarmen, der gemütlich auf seinem Maultier daherkommt: »Jaja, genauso zäh geht's weiter – bis über den Fernpaß.«

Wutsteigerungsgrad vier.

WildwestErinnerung: Der Karre die Sporen geben und am besten querfeldein... Warum macht hier niemand Reklame für Allradfahrzeuge?

Kurzer Kriegsrat: »Irgendwo muß es doch noch ein anderes Straßenloch in den Süden geben...«

Die Freunde machen mit: »Alles kehrt!«

Grenzer murren, weil wir die Pässe nicht zeigen: »Was brauchen Sie Pässe in dem Scheißstau?«

Links ab. Kleines Grenzschlupfloch: Juppheidi – es geht.

Abschwellen der Wutdrüsen.

Sogar Regen ist jetzt willkommen.

»Diesmal sind wir schlauer!«

Kaum Verkehr auf unseren Umgehungsstraßen.

Aber der Arlberg: Schnee – gesperrt.

»Na, dann den nächsten Schleichweg!«

Es flutscht. Wir holen Verspätung auf.

Waardt: Wieder nichts – SchneesperrenAbweisung.

»Also, weiter ausholen!«

Schneedorf auf Schneedorf. Schneewächten, Schneehöhe, Schneescheiße: Kein Durchkommen zum Brenner.

Ins erstbeste Wirtshaus. Kartenlesen, Einheimische befragen: »Die müssen doch was wissen...«

»Ja, nach Bludenz kann man durchfahren...«

Es dämmert bereits.

Niedergeschrien der Kindereinwand: »Im Stau wären wir schon längst weiter!«

»Quatsch! Ihr habt doch gehört, daß alles zu ist!«

Zurück geht also nicht – schon aus Stolz nicht.

Karten auf und Kilometer überschlagen: »Auf, packen wir's!«

Windungen. Landschaft – aus Transitwut gesehen.

Landschaft als KilometerDehnerin, Zeitbremserin, als Urtier.

Immerzu im zweiten und dritten Gang.

Glücklicherweise fällt Nebel ein, sonst würde dem hinterdreinfahrenden Freund bei jeder Schlucht schlecht.

Kehren. Nebel.

Die Kurvenstrecke als SchneeSchneidbrenner: »Wir lassen uns den Schneid nicht abkaufen!«

Die Kilometer schrumpfen nicht schnell genug: »Kinder, haltet den Mund! Papa muß aufpassen! Sonst kommen wir nie an!«

Not ist ein guter Garantieschein für erwünschten Gehorsam ... eine Zeitlang.

Es wird Abend. Bei Regen erreichen wir das Schlupfloch des Fürstentums Liechtenstein. Wieder mußt du den SchweizTyrannen grüßen – Geßlers Hut... Er hat seinen Lederkasten vor dem Bauch und verkauft die »Vignette« für die Frankenautobahn; als ob das ein Schmuck sei... Wie ein Stück Vieh trägst du den Freistempel der Schweiz an der Frontscheibe.

Jetzt nach Italien telefonieren: »Wir kommen auf dem üblichen Weg nicht durch! Wir kommen schon irgendwann! Bitte Schlüssel und Bettwäsche gleich ins Casetto!«

Vollgas.

Jetzt holen wir auf – bergauf.

Noch vor dem Bernardino fängt's an zu schneien.

Sommerreifenzittern und Aufholjägerzorn halten sich die Waage.

Wenigstens kaum Verkehr.

Ein Hinweisschild: »Via mala!« Das fehlte jetzt noch, so eine unverschämte Symbolik...

In Tunnels geht's gut, aber draußen durch frischen Schnee... Hoffentlich kommst du im Spurlosen nicht ins Schleudern...

Verschnaufpause in Splügen: Schnee – meterhoch.

Natürlich erscheint jetzt der Kellner im ersten besten Hotel am Platz, nachdem wir nur wenig bestellt haben, als der typisch hochmütige Schweizer.

»Kinder, versucht jetzt zu schlafen. Das letzte Stück schaffen wir auch noch – oder?«

Wir pfeifen auf die Uhr und schieben in Sommerschuhen den Wagen einen schneeglatten Buckel hinauf. Die Reifen singen dem einzigen Schneeloch zu.

Hinter dem Bernardino macht der Schneegott schlagartig seinen Sack zu und wirft die MondLichtscheibe an den Himmel.

Was für ein Blick spätabends: In die Arena der südwärts abfallenden Kehren und Hänge; dazu Schneewächten an Bergflanken, die Schneeschraffur der Fichten.

Du möchtest die schweizerischen Straßenbauer beglückwünschen: Die schönsten Straßen müssen Theaterkünstler, Bühnenbauer entworfen haben…

Der Zorn hat sich in Dankbarkeit verwandelt.

Die Natur hat ihre Zähne gezeigt, du hast die Sprache der Unbilden verstanden – es war reine Macht, der wir uns stellten.

Jetzt schrumpfen die Kilometer zum Ziel.

Endlich Italien durchs Nachtportal: »Mein Gott, ist der Grenzübergang Chiasso scheußlich« – als wolle er jeden Reisenden eindringlich warnen vor Italien.

Seit Stunden ist die Temperaturanzeige des Kühlwassers ganz nah am GefahrenRot. Wasser nachfüllen. Hoffentlich hält er durch!

Die Überlistungsbehaglichkeit steigt: »Bald nach Mitternacht könnten wir's geschafft haben.«

Italien begrüßt uns mit warmem Regen.

»Sind wir jemals von Mailand so schnell an den See gekommen?«

Nach 12 Stunden Fahrt Ankunft 1 Uhr nachts.

Alles okay.

Wir bekommen sogar noch in der bereits geschlossenen Bar von »Cristallo« Bier- und Mineralwasserdosen.

Der Kellner kennt uns und schmunzelt: »So spät heuer? Jaja, diesmal muß es ja auf der Brennerstrecke ganz fürchterlich gewesen sein…«

»Brenner? Wir sind über den Bernardino gefahren – kein einziger Stau…«

»Nächstes Jahr«, flachst der Freund, »versuchen wir's mal über Osteuropa und nehmen in Triest die Fähre nach Venedig – von dort ist's dann nur noch ein Katzensprung…«

Abendschiff

Irgendwo, eines Abends, hatte ein Bekannter aus einer großbauchigen Glasflasche uns mit Wein reichlich bewirtet – damit der Rotweinrest nicht seinen Duft verlor, schüttete er ein wenig Olivenöl, wie ein Siegel, auf den Wein. Ein guter Verschluß – um also wieder einmal einem Tag einen guten Beschluß zu geben, fuhren wir mit dem letzten Schiff von Bardolino nach Lazise. Abenddämmer zog auf. Hinter den Bergen erlosch das Kohlenglutrot der Sonne. Der Tag verblutet. Leise und rasch zieht das Batello am Ufer entlang. Kühle kommt auf. Am Schiffsbug schmiegen wir uns aneinander. Gleich wird einer von uns kindischen Erwachsenen die Schiffsglocke läuten, und der Kapitän wird sich an unserem Streich mitfreuen. Die Seestille entmündigt für eine Weile allen Lärm. Andächtig verrichten die Weiden am Ufer ihr hellgrünes Abendgebet. Wieder ärgern wir uns über die abgehauenen Orangenbäumlein, die einst die Kaimauer von Lazise schmückten; wir sind empört über den Autoparkplatz und noch mehr über die Verschandlungen durch Promenadendesigner, die anstelle des heimischen Marmors Kaltmetall aufstellten. Von einem weinroten Hausgesicht lächelt ein weißer Schwan. In so einer Stunde könnte man meinen: Wenn alle Welt so friedfertig wäre, dann müßte der Friede doch endlich einmal überall bleiben. Schon zieht die »Mantova« weiter zu ihrem Schlafhafen in Peschiera. Wir schlendern auf dem Feldweg dahin. Die Spurlosigkeit des Schiffes: daß uns unser Ebenbild nicht erschreckt … Wir schauen dem schwirrenden Gaukelflug der Fledermäuse zu – ihre Flugsicherheit in der Dämmerung ist beneidenswert; manchmal aber finden auch wir Lieblingsstellen beim Liebsten oder in Lieblingsbüchern genauso blindlings sicher.

Ortsübliches Lieblingswort

»Sofort! Auf der Stelle!« Dies deutsche Gebell mögen sie nicht sehr, obwohl die Kellner zu den hurtigsten gehören. Sie lieben das pfirsichsüße Wort »domani / morgen!«. Wir meinen dann immer, diese Faulpelze verschöben am liebsten alles auf den SanktNimmerleinsTag – für sie aber heißt »domani«, daß der Tag diesen Rand Zukunft unbedingt braucht; »domani« nimmt etwas von der drückenden Last des »heute«; »domani« heißt Verfügungsgewalt über die Zeit; »domani« ist das Guthaben der Freiheit; »domani« macht »heute« ein klein wenig größer; »domani« heißt: Ich mach' schon, aber nicht, wenn ein anderer mir befiehlt; »domani« ist die stolze Reserve italienischer Willkür – und zugleich ein Zeichen ihrer katholisch begründeten Glaubenszuversicht.